KB056691

밥 얻어먹고 살기가 어디 쉽다냐?

# 밥 얻어먹고 살기가
# 어디 쉽다냐?

초 판 1쇄 발행  2019년 4월 9일

지 은 이    성장현
발 행 인    권선복
편    집    전재진
디 자 인    서보미
전 자 책    서보미
마 케 팅    권보송
발 행 처    도서출판 행복에너지
출판등록    제315-2011-000035호
주    소    (07679) 서울특별시 강서구 화곡로 232
전    화    010-3267-6277
팩    스    0303-0799-1560
홈페이지    www.happybook.or.kr
이 메 일    ksbdata@daum.net

값 15,000원
ISBN 979-11-5602-708-9      03300

도서출판 행복에너지는 독자 여러분의 아이디어와 원고 투고를 기다립니다. 책으로 만들기를
원하는 콘텐츠가 있으신 분은 이메일이나 홈페이지를 통해 간단한 기획서와 기획의도, 연락처
등을 보내주십시오. 행복에너지의 문은 언제나 활짝 열려 있습니다.

# 밥 얻어먹고 살기가
# 어디 쉽다냐?

**성장현** 지음

도서
출판 행복에너지

## 밥 얻어먹고 살기가 어디 쉽다냐?

깊은 산골, 가난한 농사꾼의 맏이로 태어났으니 눈을 뜨면서 잠들 때까지 모든 것들이 농사(農事)와 관련된 일이었다. 글자 공부보다 농사일을 먼저 몸으로 배웠다. 풀을 베고 산에 가서 나무하고, 가마니를 짜는 일까지 농사꾼으로서 해야 할 일들을 어린 시절에 다 배웠다. 주로 아버지와 함께 일을 했는데 어린아이가 아무리 열심히 한다 해도 아버지 성에 차지 않았을 것이다. 그럴 때면 어김없이 하셨던 말씀이 있다.

"아이, 남의 밥 얻어먹고 살기가 어디 그렇게 쉽다냐?"

아버지는 무심코 던진 말씀이었겠지만 야단을 듣는 거 같기도 하고 자꾸 듣다 보니 작은 반항심이랄까 "내가 거지도 아닌데 왜 밥을 얻어먹고 살지? 내가 내 밥 먹고 살면 되지" 하며 그 말씀의 진짜 의미를 알지 못했다.

'밥'에 대한 개념정립이 안 됐었기 때문이다. 벌써 50년 저쪽의 일이다.

제대를 하고 서울에서 사회생활을 시작했다. 여러 직업을 전전했고 다양한 사람들을 만났다. 쉬운 일이 없었다. 세상에서 가장 큰 서러움이 배고픔이란 사실도 그때 알게 됐다. 그런 기억 때문인지 지금도 나는 사람들을 만나면 맨 먼저 "밥 먹었냐? 식사하러 가자."고 얘기한다. 나에게는 '밥'이 곧 인사였고 사회생활의 일부였으며 내가 사는 이유이기도 했다.

하지만 나뿐이랴? 겪어보니 많은 사람들이 살아가고 있는 것 자체가 먹고 살기 위함이라는 것을 깨닫게 됐다. 옛 선조들이 그러했던 것처럼, "하루 일하지 않으면 하루 먹지 않는다(一日不作一日不食)." 는 격언을 마음에 새긴 채 각자의 위치에서 고군분투(孤軍奮鬪)하는 것이다.

작업복을 입고 일을 하든 넥타이를 매고 일을 하든 모든 계층의 사람들이 다르지 않다. 중요한 것은 가진 사람이 더 가지려 하고, 출세하려고 하는 것도 결국은 '잘 먹고 잘 살기' 위함이라는 사실이다. 그것도 '폼 나게' 혹은 '존엄하게' 먹고 살아야 한다.

『조선왕조실록』에는 "임금의 하늘은 백성이고, 백성의 하늘은 밥이다(民維邦本 食爲民天)."라는 세종대왕 말씀이 여러 번 등장한다. 대왕은 흉년을 걱정하며 신하들에게 '백성의 하늘(밥)'을 챙기라고 한다. 백성이 배부르고 등 따뜻한, 태평성대를 만들라고 했다. 왕의 책무와 백성의 중요성을 강조한 말씀이지만 구청장인 나에게도 큰 가르침을 준다.

다산 정약용은 "다른 벼슬은 스스로 희망하여 얻어도 좋으나 목민관직은 구하여 얻어서는 안된다(他官可求 牧民之官 不可求也)."고 했다. 나에게는 주민을 보살피는 게 얼마나 힘든 일인가를 강조하는 글귀로 읽혀진다. 목민관이라면 자기가 책임지고 있는 구역에서 살고 있는 모든 이들이 행복하게, 그러니까 세종대왕의 말씀처럼 배부르고 등 따뜻하게 살 수 있도록 해야 하는 책임이 있다. 목민관의 밥값이라는 게 그렇게 무섭다. 구청장을 하다 보니 밥 얻어먹고 사는 것이, 밥값을 하는 것이 이렇게 어렵다는 것을 뼈저리게 깨달았다. 그래서 다산의 말씀이 더욱 이해가 간다. 그럼에도 나는 용산에서 구청장직을 네 번씩이나 맡아왔다. '구민들을 얼마나 배부르게 했던가?' 라는 질문 앞에 두려운 마음이 앞서는 것도 사실이다. 하지만 나는 원칙과 의무를 지키려고 애썼다. 밥을 얻어먹기 위해 밥값을 하려고 노력했다.

나는 구청 공무원들에게도 "밥값을 하고 살자"는 말을 자주 한다. 우리는 누가 뭐라 해도 주민이 준 월급으로 밥을 먹고 사는 사람들이기 때문이다. 물론 직원들에게도 각자의 처지와 상황이 있다. 하지만 주민들은 우리가 처한 상황을 모른다. 그렇기 때문에 공무원이 불친절하다고 질책할 수도 있다. 야속한 마음이 들 것이다. 하지만 우리는 공직자로서 그 모든 것을 가슴에 안고 가야 한다. 우리는 이름 그대로 '공복(公僕)'이기 때문이다.

이 책은 지난 10년간 나와 우리 직원들이 함께했던 밥값의 기록이다. 구정의 기본을 바로 세웠고(1장) 아이들을 제대로 키워내려 했다.(2장) 다 같이 잘 먹고 잘 사는 도시를 만들고자 했으며(3장) 오래된 미래인 역사도 되짚었다(4장). 지역의 가치를 새롭게 하는 일도 게을리 한 적이 없다(5장). 그 결과가 바로 안전하고 행복한 용산(6장) 일 것이다.

"아이! 남의 밥 얻어먹고 살기가 어디 그렇게 쉽다냐?"

아버지의 말씀처럼 오늘도 나는 밥값을 하기 위해 아침 여섯시에 집을 나선다.

| **염수정** 추기경 (천주교 서울대교구)

"민선 2기 (용산)구청장 시절, 신계동 재개발로 인해 (당고개)성
지가 사라질 위기에 처했었다. 땅 면적으로만 따지면 최소한 아
파트 2개 동이 더 들어설 수 있었기 때문이다. 하지만 나는 이곳
을 반드시 살려야 한다고 생각했다. (중략) 다행히 내 주장이 받아
들여졌고, 성지를 제외하고 아파트를 개발하는 쪽으로 사업이
변경됐다. 지금 생각해도 참으로 다행이다. (pp.197~198)

『밥 얻어먹고 살기가 어디 쉽냐?』의 출간을 앞두고 추천서 요청
을 받았습니다. 성장현(빈첸시오) 구청장의 이야기가 한 권의 책으로
나오길 바라던 차에 기분 좋은 소식이었습니다. 10년의 세월, 그가 밥
값하기 위해 흘렸던 땀의 결실이 오롯이 담긴 책입니다. 이미 알고 있
는 사실이지만 한 장 한 장 노력의 흔적들을 따라가다 보니 추기경으
로서 고마운 사연을 접할 수 있었습니다.

당고개성지로 시작된 성 청장과의 인연은 2014년 '서울 성지순례길
조성'이라는 역사적 사업으로 이어졌고, 그해 저에게는 김수환, 정진
석 추기경님에 이어 대한민국의 세 번째 추기경으로 서임되는 영광
이 있었습니다. 지난 2018년에는 교황청이 승인하는 '국제순례지 선
포식'에서 교황의 축복장을 받는 그의 모습을 볼 수 있었습니다. 대한
민국 천주교계를 대표하여 성 청장에게 다시 한 번 감사 인사를 전하

고 싶습니다. 앞으로도 빈첸시오와의 행복한 인연이 계속되길 희망합니다.

그간 제가 지켜본 성 청장은 지독하리만큼의 사명감을 가진 사람입니다. 한 치의 흐트러짐이 없는 공직자로서의 행동과 후대에 어떠한 역사적 평가를 받을지 두렵다는 그의 말은 저에게도 큰 울림을 주었습니다.

이 책 『밥 얻어먹고 살기가 어디 쉽다냐?』에서 성장현 구청장의 역사관은 물론이고 구민을 생각하는 진심을 읽을 수 있었습니다. 문득 지난해 뜨거웠던 여름, 서울시구청장협의회장으로서 다른 구청장들과 함께 명동성당을 찾아왔던 그의 모습이 떠오릅니다. '즐긴다'는 표현이 어떨지 모르겠지만, 용산에 대해 이야기할 때마다 얼마나 용산을 사랑하는지, 구청장의 일을 얼마나 좋아하는지를 느낄 수 있었습니다.

성장현 구청장이 밥값을 했던 내용을 읽고 있자니 "목민관직은 구하여 얻어서는 안된다."고 하셨던 다산 정약용 선생의 말씀이 더욱 이해됩니다. 구민을 위하는 즐거운 마음으로 행정을 이끌었기에 그 결실들이 더욱 빛나는 것이 아닐까 생각해봅니다. 용산의 미래가 기대되는 이유도 여기에 있습니다.

고(故) 김대중 대통령의 연설에 매료되어 1971년 열여섯 나이에 정치인을 꿈꿨다는 성장현 용산구청장. 오늘도 밥값을 제대로 하고 있는 그를 언제나 응원합니다. 그리고 용산에서 살아가는 이들에게, 또 살고 싶은 이들에게, 용산이 지닌 가치를 제대로 알고 싶은 이들에게 이 한 권의 책 『밥 얻어먹고 살기가 어디 쉽다냐?』를 추천합니다.

2019. 3. 18
염 수 정

| **박경서** (대한적십자사 회장)

갈대밭과 정원 박람회로 유명한 살기 좋은 곳, 내 고향은 순천이다. 유네스코 생물권 보전지역으로 선정될 만큼, 순천의 자연과 생태는 대한민국, 아니 세계적으로 손꼽히게 아름답다. 그리고 이 아름다운 향토에 대한 순천인의 애착과 자부심 역시 남다르다.

그런데 이 아름다운 순천에는 비극도 있었다. 내가 초등학교 4학년 때 그 유명한 여수·순천사건이 발발했다. 사람이 서로 죽이는 장면을 우리 모두는 보았고, 어린 내게 전쟁과 폭력이란 참으로 끔찍하고 비참한 것으로 각인되었다. 주위 사람들은 그래서 내가 그때의 기억 때문에 한평생 평화라는 단어와 씨름하며 살고 있는 것이라고 말한다.

그런데 내 순천 후배인 성장현을 지켜보면, 그 역시 '순천인으로서 매일 평화를 만들어가고 있구나.' 하는 생각이 든다. 그의 책 『봄을 이기는 겨울은 없다』를 읽었을 때, 나는 성장현 서울 용산 구청장이 순천인의 자부심을 갖고 공무를 수행하고 있음을 느꼈다. 그리고 이번에 두 번째 책 『밥 얻어먹고 살기가 어디 쉽다냐?』를 읽으며 그가 자수성가한 순천인임에 틀림없다고 확신하게 되었다.

최근 나는 그를 더 가까이 알게 되었는데, 그 인연은 몇 개월 전 점심식사 자리에서였다. 소위 각 분야에서 내로라하는 사람들이 모였다지만 사실은 모두가 고향을 그리워하면서 서울에 살고 있는 촌놈들이었다. 그 가운데 나는 순천의 정통이라 할 수 있는 금곡리에서 태어났고, 성 구청장은 촌이라 불렸던 황전면에서 태어났으니, 자수성가한 그의 인생 발자취가 나보다 훨씬 돋보인다. 물론 서울 사람들의 눈으로 보면 도토리 키 재기라고 할 테지만….

50년을 같이 산 나의 처는 심심할 때면 내게 순천에서 그대로 살지 왜 서울에 비집고 들어와 이리 복잡하게 만들어 놓았느냐며 서울 사람 티를 내곤 한다. 그런데 성장현 구청장의 경우, 서울은 물론이고 전국 각지, 세계에서 그의 성과에 찬사를 보내고 있으니, 그는 시골에서 서울로 잘 올라온 순천인이다. 우리 속담대로 개천에서 龍이 난 셈이니, 이런 내 후배가 자랑스럽고 든든할 따름이다.

내가 지금도 같이 일하고 있는 UN은 잘 알려진 대로 2006년부터 2015년까지 밀레니엄 개발 목표(MDG: Millenium Development Goals) 8가지를 내세워 193개 회원국가에 권고하였고, 2016~2030년에 이르는 15년 동안은 지속가능한 발전목표(SDGs: Sustainable Development Goals) 17가지를 국제사회의 공동 목표로 삼고 있다.

나는 성장현 서울 용산 구청장이야말로 이 목표를 실천하는 행정가라고 생각한다. 『밥 얻어먹고 살기가 어디 쉽다냐?』를 읽으면서 성구청장이 지방 자치 현장에서 17개의 지속가능한 발전 목표를 실천해오고 있었음을 더욱 분명히 확인할 수 있었다. 예컨대 용산기지 이전 후의 생태공원 조성이 그렇고 우리와 같이 더불어 살아가는 다문화 가정의 행복을 위한 프로그램들이 그러하며, 용산이 갖고 있는 전통 유산의 재조명 프로그램도 그러하다.

성장현 구청장의 행정에는 인권에 기초하여 지속가능한 발전을 지향하는 비전이 아주 돋보인다. 그래서 더욱 많은 사람들이 이 책을 읽기를 바란다. 나는 그가 꿈꾸는 정치 · 행정가로서 더욱더 많은 일을 하기를 기원하며, 큰 결실을 맺으리라 확신하기에 이 책을 즐겁게 추천하는 바이다.

| **박원순** (서울시장)

## "10년의 밥값"

　2013년, 시민들과의 직접 소통을 위해 현장시장실을 운영했습니다. 서울시 곳곳에 있는 수많은 현장을 다니며, 시민들과 직접 만나 많은 이야기를 나눴습니다. 그중에서도 서부이촌동 주민들과의 만남이 기억에 남습니다. '국제업무지구 개발사업 무산'이라는 민감한 사안 앞에 주민들 간 갈등과 불만이 극에 달해있었던 때. 부드럽게 주민들의 공감을 이끌어내던 성장현 용산구청장님의 모습이 그래서 더 인상적이었습니다.

　그로부터 6년이 흐른 지금, 구민의 밥그릇을 챙기려 노력하는 것이야 말로 구청장이 해야 할 일이라는 성장현 청장님의 의지와 진심이 『밥 얻어먹고 살기가 어디 쉽다냐?』에 고스란히 담겨 있습니다.

　책을 읽다 보면 용산 곳곳의 풍경과 골목골목 사람 사는 모습들이 눈앞에 생생히 그려집니다. 공교육을 살리는 묘책인 청소년 전공연구 프로그램, 대한민국 최초로 시도하는 '치매안심마을'과 같은 정책들을 확인하는 과정은 즐겁고 반갑습니다.

　일찍이 세종대왕께서는 "임금의 하늘은 백성이고, 백성의 하늘은 밥"이라고 하셨습니다. 정치의 길을 함께 걷는 동지로서, 시민의 밥을 챙겨야 하는 같은 목민관으로서 기본에 충실해온 성장현 구청장님의 모습에 박수를 보냅니다.

　이 책 『밥 얻어먹고 살기가 어디 쉽다냐?』에는 성장현 구청장의 10년 밥값이 기록돼 있습니다. 목민관의 길을 걷고 있거나, 준비하고 있는 이들이라면 꼭 한번 읽어보시길 권합니다.

　끝으로, 한 권의 책을 통해 서울시장으로서 목민관의 길을 제대로 걷고 있는지 되돌아보게 만들어주신 성장현 용산구청장께 감사의 뜻을 전합니다.

서울시장 박원순

| **진 영** (서울 용산 국회의원)

『밥 얻어 먹고 살기가 어디 쉽다냐?』는 지난해 전국 시장군수구청장협의회장으로 선출될 만큼 '자치와 분권'이라는 한길로 정진해 온 성장현 구청장의 노력의 기록이자, 우리가 살고 있는 용산의 역사와 다양한 모습을 담은 특별한 이야기책이기도 합니다.

현장 행정 속에 민선구청장의 역할을 진지하게 모색해온 성장현 구청장은 '지방자치란 추상적인 슬로건의 반복이 아니라 구체적인 정책대안을 설득해가는 과정과 결과'임을 보여주고 있습니다.

또 이 책은 '나의 용산 문화유산답사기'라는 부제와도 잘 어울립니다. 용산 서부, 중부, 동부를 권역별로 나눠 저자가 가진 용산에 대한 애정과 역사에 대한 통찰을 담담하게 보여주고 있습니다. 효창원과 김구 선생, 윤봉길 의사, 이태원 부군당과 유관순 열사 추모비, 안중근 의사 기념사업 추진과 이봉창 열사 기념관, 용산 역사박물관 건립 등 충의의 고장 용산을 지키려는 노력이 담겨 있습니다.

한편 미래도시 용산을 만들어가는 정책도 제시하고 있습니다. 용산은 고교연합 공교육특화프로그램, 숙명여대와 공교육 살리기 공조, 장학기금 100억 원 조성, 저소득 청소년 무료 사교육 지원, 대학수시전형상담, 꿈나무 종합타운 조성, 16개 구립도서관 지원 등 교육에 대한 투자에 집중해 왔습니다. 아울러 어르신이 많으신 용산의 특성에 맞춰(65세 이상 고령자전국 평균 전국 14.2%, 용산 16%) 서울에서 유일하게 80병상 이상 요양원을 2곳 이상 갖추고 있고, 네델란드 호그백 마을을 벤치마킹해 2022년까지 양주 구민휴양소에 전국 최초의 치매 안심마을을 조성하고 있습니다.

나아가 남산에서 용산공원을 거쳐 한강에 이르는 남북 녹지축을 만들기 위해 용산 미군기지 내에 역사적 가치가 있는 문화재는 보전하면서 생태공원을 최대한 넓혀 후손에게 온전하게 물려주는 노력을 앞장서 실천해가고 있습니다.

풀뿌리 민주주의의 성공 여부는 주민이 원하는 맞춤형 정책을 찾아내고 추진함으로써 정책수용성을 높이는데 달려있다고 믿습니다. 『밥 얻어먹고 살기가 어디 쉽다냐?』를 통해 많은 분들이 지방자치의 핵심인 소통의 기술과 모범사례를 접해보면서 매력 있는 용산의 참모습에 빠져보시기 바랍니다.

## | 오유방 (전 3선 국회의원)

　서울 용산구청장 성장현은 근래에 보기 드문 입지전적 인물입니다. 그는 깊은 산골 가난한 농사꾼의 아들로 태어나 아버지로부터 『밥 얻어먹고 살기가 어디 쉽다냐?』라는 말을 들으면서 성장했습니다. 그러다가 서울에 올라와 1979년 서울 용산구 보광동에서 웅변학원을 개원하고, 자라나는 2세들의 교육에 열중하였습니다. 그렇게 용산구를 제2의 고향으로 입지를 다진 성장현 구청장은 1991년과 1995년 용산구 보광동에서 구의원으로 연이어 당선되었습니다.

　내가 성장현 구청장을 처음 만난 것은 1996년 새정치국민회의 용산지구당(총재 김대중)을 창당했을 때입니다. 당시 50대 중반이었던 나는 청년기의 재선 구의원이었던 성장현 구청장이 당시에 보여준 탁월한 정세분석 능력과 논리정연하고 설득력 있는 언변에 깊은 인상을 받았습니다. 아마도 이때 그는 이미 탁월한 행정가이자 정치가로서의 잠재력을 완비하고 있었는지도 모르겠습니다. 그리고 급기야 성장현 구청장은 1998년 실시된 제2기 지방선거에서 서울 최연소 용산구청장으로 당선되는 역량을 보여주었습니다.

　그러나 이것은 시작이었습니다. 그동안 성장현 구청장은 용산구민의 복지향상과 서울 도심지로의 개발을 위해 정열을 기울여 왔습니다. 『밥 얻어먹고 살기가 어디 쉽다냐?』라는 그의 책 제목이 보여주듯, 그는 실속없는 공리공론이 아니라, 민생을 챙기는 구청장이었으며, 구의 개발이 구민 모두의 이익과 복리로 이어지는 것을 항상 절대과제로 두는 행정을 실현했습니다. 그리고 다시 그는 2010년 및 2014년 지방선거에서 당선되었습니다. 또 2018년 6월 실시된 제7기

16

지방선거에서는 용산 최초 4선 구청장이라는 금자탑을 달성하며 또다시 구민의 부름을 받게 되었습니다. 나아가 성장현 구청장은 서울특별시구청장협의회의 대표와 전국시장군수구청장협의회의 대표 회장으로까지 선출되어 왕성한 활동을 하고 있습니다. 이쯤 되면 그를 두고 지방행정의 달인(達人)이라 불러도 명실상부하지 않을까요?

이 책은 성장현 용산구청장이 실천해 온 용산개발사업 및 주민복지사업과 관련된 사항과 주민에 대한 진심, 소통과 상생을 우선으로 하는 자세 등을 깊이 있게 담아내고 있습니다. 행정가로서의 능력에 못지않게 그는 인간적으로도 매력적입니다. 약속을 하면 반드시 지키는 원칙주의자이므로 그를 좋아하고 존경하는 사람이 많습니다. 책을 읽다 보면 친절하고 겸손한 그의 인품이 글의 묵향 속에서 배어남을 느낍니다.

앞으로 성장현 구청장이 그동안의 풍부한 경험과 신망을 바탕으로 하여 정치생활을 계속한다면, 더 크게 성공할 것으로 믿어 의심치 않습니다. 그의 신념과 소망을 담은 이 책 『밥 얻어먹고 살기가 어디 쉽다냐?』가 독자 여러분께 널리 읽히기를 기원합니다.

| **김성종** (단국대학교 행정학과 교수, 정책과학연구소 소장)

　대도시 구청장은 지역의 선출직 정치지도자인 동시에 지방행정조직 책임자로서 주민들의 생활 현장을 챙겨야 한다. 정치지도자는 일상의 고단함에 지친 사람들을 보듬고 비전과 희망을 심어주어야 한다. 반면, 행정가는 중요한 정책 결정을 내리고 행정조직을 움직여 지역주민의 생활과 직결된 공공서비스를 차질 없이 제공하는 섬세한 역할을 한다.

　그러나 이합집산과 사분오열로 난마처럼 얽힌 대한민국의 정치현실에서 중앙정치의 소용돌이와 일정 거리를 유지하면서 지자체를 책임 있게 이끌어 간다는 것은 거의 기적에 가까운 일이다. 그럼에도 불구하고 저자는 기초자치단체장으로서 동일 지역에서 네 번이나 당선되는 보기 드문 기록을 수립했다. 유권자들과 진심으로 소통하고, 중앙 정치권에서도 인정받았기에 가능했던 일일 것이다.

　본인과 저자와의 만남은 저자가 민선 제2기 서울시 최연소 용산구청장으로 당선된 1998년으로 거슬러 올라간다. 반짝이고 패기 넘치던 저자가 단국대학교 박사과정에 입학하였다. 학업 도중에 저자가 뜻밖의 정치적 시련을 당하자 학업을 계속 수행할 수 있을지 염려스럽기도 했다. 그러나 흔들림 없이 묵묵히 학업에 정진하던 모습은 인상적이었다. 그리고 박사학위논문 주제를 「한미 주둔군 지위협정」의 문제점과 개정 방향으로 정하였다. 당시까지 학술적 차원의 연구가 거의 없던 상황에서 많은 난관이 예상되었기 때문에 지도교수로서 고민이 되었다. 따라서 좀 더 접근하기 쉬운 주제로 변경할 것을 제안하였다. 그러나 저자는 한미 주둔군 협정 개정 문제에 대한 박사학위

논문을 작성하여 심사 위원들의 인정을 받기를 원했다. 학위 취득 목적만을 위해 쉬운 길을 선택하지 않고 본인의 소신을 담아 논문을 완성하기 원했던 것이다. 후일에야 용산 미군기지 관련 역사와 지역 주민들의 삶이 어떻게 관련되어왔는지에 대한 저자의 깊은 통찰과 뜨거운 애정을 새삼 깨닫게 되었다.

이번에 출간하는 책 『밥 얻어먹고 살기가 어디 쉽다냐?』에는 지방정부 수장으로서 경험을 통해 다져진 심오한 철학이 담겨있다. 용산 미군기지 역사성과 용산의 지역정체성, 그리고 미군기지 내 역사유적의 보존과 생태적 환경의 복원과정에서 지역 주민의 뜻을 담아내기 위해 저자가 어떤 난관을 헤치며 속 깊은 고민을 해왔는지가 잘 담겨 있다.

또 '용산 기지 민간 투어'를 시작하고, '용산이 내게 오기까지' 등 강연, 평생학습 프로그램, 스터디 모임을 진행한 것은 일방적 관 주도 행정이 아니라, 참여와 존중에 바탕한 지방자치의 모범적 사례라고 할 수 있을 것이다. 아울러 '정부는 용산공원 조성에 있어 용산 구민의 뜻을 최우선적으로 반영해주기를 간곡히 소망한다.'는 요구는 적극적으로 중앙정부를 움직이는 지방정부 수장의 겸손하면서도 당당한 태도를 보여주고 있다. 이 밖에도 교육, 복지, 문화, 안전, 지역개발 등의 주제는 물론, 어린 시절부터 삶의 고단한 현장에서 선친으로부터 배운 것을 오랜 세월 실천해 온 철학이 고스란히 녹아 있다. 저자의 실천을 통해 기록된 내용들이 한국 지방자치 현장에서 지방행정 수장의 모범적 전형으로 읽혀지기를 기대해본다.

# 목차

밥 얻어 먹고 살기가 어디 쉽다냐?

# 제3장
# 복지로 통하다

# 제4장
# 역사와 문화는 용산의 힘

제1장

# 기본
# 바로 세우기

# 미래를 세우다

| 2030 용산구 중장기 종합발전계획 수립

자신을 이순신이라고 생각하는 사람들이 정말 많다. 그러나 우리는 대부분 원균에 가깝고, 그 위치까지 가 보지도 못하는 경우가 태반이다. 이순신은 장기전에 강한 사람이었고 준비를 철저히 잘했으며 섣불리 전투를 벌이지 않았다. 그렇지만 보통 사람인 우리는 그날그날 성과를 내고 뭔가 빠르게 결과를 낼 때 만족한다. 미래를 위해 뭔가 준비한다고 하지만 정작 실제로 준비하는 것은 거의 없다.(중략) 그러다 원균이 칠천량에서 패했다.[1]

개인의 인생은 물론, 가정, 사회, 국가와 같은 모든 조직의 올바른 운영은 제대로 된 준비와 계획에서 비롯된다. 비전이라고 해도 좋겠다.

2차 세계대전이 끝나고 냉전체제가 성립되면서 미·소 양 대국은 계획경제를 본격 도입했다. 한국 역시 세계적인 흐름에 따라 1950년

---

1 우석훈, 『잡놈들 전성시대』, 새로운 현재, 2015. 235쪽.

대 중반부터 국토계획과 계획경제 개념을 정책에 반영한다. 1959년 이승만 정권은 산업개발위원회 주관으로 경제개발 3개년 계획(안)을 마련했으나 1960년 4.19혁명으로 흐지부지되고 말았다.

경제를 우선시했던 장면 정부는 경제개발 계획을 만들면서 그 일환으로 1960년 11월 국토건설 사업본부를 발족시키고 1961년 3월부터 사업에 착수했다. 장준하, 신응균을 비롯한 『사상계』 사람들이 이를 주도했던 것으로 보인다.[2]

사람들에게 널리 알려진 것은 박정희 정권의 경제개발 5개년 계획이다. 1972년부터는 국토종합(개발)계획도 본격적으로 시행된다. 국토를 사통팔달로 연결하는 고속도로가 건설됐고, 서울에는 지하철이 개통됐다.

2000년 이전의 국토종합계획이 건설, 교통 등 사회적 생산이나 경제활동의 토대가 되는 기본 인프라 구축에 초점을 맞춘 데 비해 이후 계획은 국민 삶의 질을 높이고 지역 간 균형 발전을 모색하는 데 역점을 두게 된다.

서울시는 지난 2013년 도시기본계획으로 '2030서울플랜'을 수립했다. 기존 1도심-5부도심-11지역 중심 계획은 이때부터 3도심-7광역중심-12지역 중심으로 재편된다. 용산은 청량리·왕십리, 창동·상계, 상암·수색, 마곡, 가산·대림, 잠실과 함께 '7광역중심'에 포함됐다. 국가나 서울시 수준은 아니지만, 자치구에서도 저마다 이런저런 계획을 수립한다. 각종 사업계획에서부터 '국토의 계획 및 이용에 관한 법률'에 따른 도시계획까지 성격과 규모도 다양하다.

----------

2  표학렬, 『한 컷 한국 현대사』, 인문서원, 2018, 209쪽.

나는 지난 2010년 민선 5기 용산구청장으로 취임하면서 용산구에
도 좀 더 큰 그림이 필요하다고 생각했다. 비록 법적인 의무사항은 아
니지만 중장기적인 종합계획을 수립하는 것이 체계적인 구정운영의
기본이라 여겼다.

　그때도 지금처럼 용산은 새 서울 건설의 중심에 서있었다. 용산철
도정비창을 비롯해 서부이촌동 일대가 국제업무지구로 지정됐고 용
산 미군기지 주변, 한남재정비촉진지구 등 구 전역에서 개발 사업이
활발히 이뤄졌다. 구에서 선제적인 대응전략을 수립하는 것이 시급
해 보였다. 기획예산과에 '중장기 종합발전계획' 수립을 지시한 이유다.

　이후 각계 전문가들과 해당 분야 공무원들이 1년이 넘게 논의를 이
어갔다. 나도 주기적으로 계획을 보고받고 의견을 개진했다. 그 와중
에 국제업무지구사업이 무너져 내렸고, 용산은 큰 홍역을 치렀다. 국
내외적 변수와 더불어 우리 안에도 체계적이고 조직적인 계획이 없
었던 탓이었다. 나는 용산구 100년 역사를 되짚어 보고 현재 우리가
처한 국내외적 환경변수와 지역여건을 종합적으로 분석, 종합계획
수립에 소홀함이 없도록 했다.

　'2030 용산구 중장기 종합발전계획'은 2012년 초에야 완성된 형태
를 갖췄다. 창조, 생명, 균형이라는 3대 도시비전을 담아냈다. "창조
산업과 인재가 모여드는 세계의 중심, 사람과 자연이 함께하는 행복
한 도시!" 상상만으로도 즐겁지 아니한가.

　이러한 비전을 공간적으로 풀어낸 것이 바로 5대 비전축, 7대 창조
권역, 3대 특화벨트다. 간단히 '5-7-3계획'이라고 기억하자. 서울시 자
치구 중 이 정도 규모 계획을 내놓은 곳은 당시 용산구를 제외하고는
단 한 곳도 없었다.

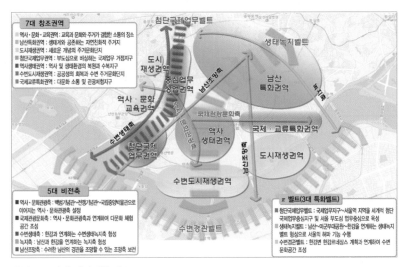

**7대 창조권역**
- 역사·문화·교육권역: 교육과 문화와 주거가 결합한 소통의 장소
- 남산특화권역: 생태계와 공존하는 자연친화적 주거지
- 도시재생권역: 새로운 개념의 주거문화단지
- 첨단국제업무권역: 부도심으로 비상하는 국제업무 거점지구
- 역사생태권역: 역사 및 생태환경의 복원과 수복지구
- 수변도시재생권역: 공공성의 회복과 수변 주거문화단지
- 국제교류특화권역: 다문화 소통 및 관광체험지구

**5대 비전축**
- 역사·문화관광축: 백범기념관~전쟁기념관~국립중앙박물관으로 이어지는 역사·문화관광축 설정
- 국제관광문화축: 역사·문화관광축과 연계하여 다문화 체험 공간 조성
- 수변생태축: 한강과 연계하는 수변생태녹지축 형성
- 녹지축: 남산과 한강을 연계하는 녹지축 형성
- 남산조망축: 수려한 남산의 경관을 조망할 수 있는 조망축 보전

**π 벨트(3대 특화벨트)**
- 첨단국제업무벨트: 국제업무지구~서울역 지역을 세계적 첨단 국제업무중심지구 및 서울 부도심 업무중심으로 육성
- 생태녹지벨트: 남산~미군부대공원~한강을 연계하는 생태녹지 벨트 형성으로 서울의 허파 기능 수행
- 수변경관벨트: 한강변 한강르네상스 계획과 연계하여 수변 문화공간 조성

용산구 중장기 발전계획 개요도.
5대 비전축과 7대 창조권역, 3대 특화벨트로 용산의 미래상을 그렸다.

　　5대 비전축은 역사·문화관광축, 국제관광문화축, 수변생태축, 녹지축, 남산조망축으로 구성된다. 역사·문화관광축에는 백범김구기념관과 효창공원, 전쟁기념관, 국립중앙박물관을 연계했고 국제관광문화축에는 이태원을 비롯한 다문화 체험 공간을 포함시켰다.

　　7대 창조권역은 역사문화·교육권역, 남산특화권역, 도시재생권역, 첨단국제업무권역, 역사생태권역, 수변도시재생권역, 국제교류특화권역으로 나뉜다.

　　3대 특화벨트는 첨단국제업무벨트(국제업무지구~서울역), 생태녹지벨트(남산~미군부대~한강), 수변경관벨트로 구상했다.

　　지역 공간구조 개편이 필요한 이유는 용산의 뼈아픈 근현대사에서 비롯된다. 용산은 대한민국 수도 서울의 중심이라는 것이 무색하게, 일제강점기 그 이전부터 외국군이 주둔하기 시작해서 지금도 미군부대가 도시 한가운데를 떡하니 차지하고 있다. 또 경부선, 경원선, 경의선 철도가 지역을 사분오열 시켰으니, 21세기 한국사를 주도할 용산에 있어 난해한 도시공간 구조 개선은 그 무엇보다 우선되는 과제다.

구는 공간 구상과 함께 부문별 전략과제도 수립했다. 동서 간 연계도로 확충, 공공보행 네트워크 구축 등 무려 67개에 이르는 사업이 구의 중장기 과제로 선정됐으며, 앞으로 2030년까지 구비 1,100억 원, 시비 6,000억 원, 국비 3조 9,000억 원 등 총 5조 원의 예산이 이들 사업에 투입될 예정이다. 사업안 선정에 주민 의견을 두루 반영했음은 물론이다.

한국처럼 급변하는 사회 속에서 20년 이상을 내다보는 장기적 플랜을 갖는다는 게 사실상 불가능한 일일지도 모른다. 1978년 노벨경제학상 수상자 허버트 사이먼의 말처럼 우리는 단지 제한된 합리성(Bounded Rationality)을 가질 뿐이다. 하지만 우리는 7년 전 수립한 로드맵을 대부분 계획대로 실천하고 있다. 물론 적절히 변경하고 조절해가면서 말이다. 확고한 계획만큼 유연한 적용도 중요한 법이다.

# 용산공원, 구민 뜻대로

| 용산기지는 우리 선조들 삶의 터전이었다

온전한 용산공원 조성. 민선 7기 우리 구 최대 공약사업이다. 물론 사업 주체는 용산구가 아니라 정부(국토교통부)다. 사업 완료 시점도 내 임기를 훨씬 벗어난다. 하지만 30만 구민을 대표하는 용산구청장으로서 사업에 일일이 관여하지 않을 수 없다. 미군 이전이 본격화된 지금, 우리가 어떻게 하느냐에 따라서 용산공원, 혹은 용산구의 미래가 달라질 수밖에 없기 때문이다.

뒤(4장)에서 자세히 다루겠지만 용산에 군사기지가 생긴 건 지금(2019년)으로부터 115년 전인 1904년의 일이다. 러일전쟁 중 대한제국(1897~1910)과 한일의정서를 체결한 일본은 현 미군 기지 일대 300만 평을 수용하려다 주민 저항에 부딪혀 최종적으로 118만 평을 수용했다.

그곳에 만들어진 군 기지가 1945년 해방 이후 고스란히 미 육군 제24군단 예하 7사단에 넘어갔다. 미군은 그 땅을 캠프 서빙고라 불렀다. 또한 옛 일본군 사령부 청사를 24군단 사령부 청사로 활용했다.

1948년 대한민국 정부가 수립되고 미 군정이 종료되자 주한미군은 이듬해 482명의 군사고문단만 남기고 모두 철수했다. 하지만 한국전

미군 기지 내 드래곤힐 호텔. 과거 '둔지미' 한인 마을, 그중에서도 신촌 마을이 자리했던 곳이다. 일제가 용산 땅 118만 평을 강제 수용한 뒤 군부 핵심 시설인 일본군 사령관저를 바로 그곳에 설치했다.

쟁과 휴전 이후 이승만 정부 요청에 따라 '한미상호방위조약(1953)'이 체결되면서 미군의 용산 주둔이 계속될 수밖에 없었다.

　땅은 생각보다 빨리(?) 우리에게 돌아올 뻔했다. 1970년 동서 데탕트와 더불어 한국 주둔 명분이 약해지자 미국이 완전한 철군을 추진했기 때문이다.[3]

　박정희 정부가 내세우고 있었던 가장 큰 업적이 베트남 파병을 통한 전쟁 특수와 주한미군을 한반도에 잡아두었다는 것이었는데, 두 업적이 모두 사라질 위기에 처했다. [4]

----------

3　지미 카터 대통령의 지상군 전투병력 철수 계획에는 주한미군을 크게 감축시키려는 내용이 있었으나 미 군부와 의회의 반발로 6,000명 정도만 감군했고, 이후로는 3∼4만 명 내외의 병력을 유지했다. (김동춘, 『대한민국은 왜?』, 사계절, 2015, 164쪽.)

4　박태균, 『베트남 전쟁』, 한겨레출판, 2015, 251쪽.

안보 위기를 느낀 박정희 정부는 미국에 한미연합사령부 설치를 요구한다. 그리고 1978년에 이르러 연합사가 용산에 설치됐다. 한미 상호방호조약에서와 마찬가지로 사령관은 미국인 대장, 부사령관은 한국인 대장이 맡았다. 40년이 흐른 지금도 마찬가지다.

1987년 대선 당시 노태우 후보는 용산 기지 이전을 공약으로 내세웠다. 그리고 실제로 사업을 추진, 1990년 6월 '용산 미군 기지 이전에 관한 한미 기본합의서'를 체결하기에 이른다.

저 땅에 국가공원을 만들겠다고 한 건 고(故) 노무현 대통령이다. 2003년 5월 노 대통령은 부시 미 대통령과 미군 기지 경기도 평택 이전을 합의했고 2005년 10월 "서울의 중심을 국민 품으로 돌려주겠다"라고 선언했다. 2008년 5월에는 용산공원 조성 특별법이 제정된다.

그리고 2017년 4월, 드디어 미 8군 사령부는 미군부대 내 설치된 워커 장군 동상을 평택으로 옮기겠다고 언론을 통해 밝혔다. 무려 72년 만에 기지 이전이 시작된 것이다. 상급부대이자 본대인 주한미군사령부 이전은 2018년 6월부터 시작됐고 현재는 소수의 병력만 남아 넓은 땅을 지키고 있다. 오는 2021년이면 이전이 모두 마무리될 것으로 보인다.

2018년 8월 15일. 문재인 대통령은 국립중앙박물관에서 열린 제73주년 광복절 및 정부 수립 70주년 경축식에서 "우리가 함께하고 있는 이곳은 114년 만에 국민의 품으로 돌아와 비로소 온전히 우리의 땅이 된 서울의 심장부"라며 "이제 용산은 뉴욕 센트럴파크 같은 생태자연공원으로 조성될 것"이라고 말했다. 또 "2005년 선포된 국가공원 조성계획을 이제야 본격적으로 추진할 수 있게 되었다"며 "대한민국 수도 서울의 중심부에서 허파 역할을 할 거대한 생태자연공원을 상상하면 가슴이 뛴다"라고 했다.

　나도 그 이야기를 들으며 가슴이 뛰었다. 대통령의 진심을 믿어 의심치 않는다. 다만 나는 지방정부의 수장으로서 온전한 용산공원을 만들 수 있도록 구민 의견을 먼저 들어달라는 말을 대통령에게 꼭 전달하고 싶다.

　저 땅은 외국군 주둔지이기에 앞서 우리 선조들 삶의 터전이었다. 예를 들어 현재 미군 기지 내 드래곤 힐 로지(DHL) 호텔 부지는 과거 '둔지미(屯芝味)' 한인마을, 그중에서도 신촌(新村) 마을이 자리했던 곳이다. 일제가 용산 땅 118만 평을 강제 수용한 뒤 군부 핵심 시설인 일본군 사령관저를 바로 그곳에 설치했다. 기지가 확장될 때마다 둔지미 사람들은 이전에 이전을 거듭했고 그들의 후손이 지금도 용산구 보광동 일대에 일부 거주를 하고 있다. 구술하자면 눈물의 가족사가 몇 권의 책으로 쓰일지도 모른다.

　1960~70년대 개발시대에도 용산은 미군 기지촌으로 기능하는 아픔을 겪어야만 했다. 강남을 비롯한 서울 곳곳에 고층 빌딩이 들어섰지만 용산은 군부대 인접지역으로 고도제한에 걸려 구민과 기업이 제대로 된 재산권을 행사하지 못했다. "일본에 의해 주도된 것이 강제된 근대화라면, 미국에 의해서는 60년간 근대화를 정지시키고 진공의 공간을 남겨두는 사태가 벌어졌[5]"던 것이다. 미군부대로 동서가 단절됐으니 정상적인 도시 발전은 기대할 수 없었다. 마치 모래주머니를 차고 달린 육상선수와 같았다. 군부대에 가로막혀 10분 거리를 30~40분씩 돌아가야 하는 일상의 불편은 말할 것도 없다.

----------

5　이광호, 『지나치게 산문적인 거리』, 난다, 2014, 14쪽.

일제의 군용지 수용에서부터 망향(望鄕), 건축물 고도제한과 개발배제에 이르기까지 우리 구민들이 저 땅 때문에 정말로 힘들었다. 그만큼 참고 참았으니 이제는 우리도 목소리를 내야 하지 않겠는가. 거듭 강조하건대, 정부는 용산공원 조성에 있어 우리 구민의 뜻을 최우선적으로 반영해 주기 바란다.

# 용산공원, 아는 만큼 보인다

| 금단의 땅, 빗장을 열다

2018년 11월 2일, 금단의 땅이 열렸다. 국토교통부와 서울시가 일
반을 대상으로 용산 기지 버스투어를 시작한 것. 나도 김현미 국토교
통부 장관, 박원순 서울시장, 박순자 국회 국토교통위원장, 유홍준 전
문화재청장 등과 함께 투어에 참여했다. 같은 달 8일에는 이낙연 국
무총리가 이어서 미군부대를 방문했고 내가 가이드를 맡았다. 한미
친선협의회 용산구위원장 자격으로 그간 수없이 드나들었던 땅이지만,
이렇게 국가 공식 행사에서 많은 이들과 함께하니 감회가 새로웠다.

코스는 14번 게이트→ ①SP벙커(일본군작전센터)→ ②121병원(옛 용산
총독관저터)→ ③위수감옥→ ④둔지산(屯芝山) 정상→ ⑤주한미군사령
부(한미연합사령부)→ ⑥한미합동군사업무단→ ⑦병기지창→ ⑧남단→
⑨드래곤힐 호텔 순이었다. 해설은 김천수 용산문화원 역사문화연구
실장이 맡았다.

참석자들은 우선 용산 기지의 역사성에 감탄했다. 110년 넘게 닫
혀있는 동안 기지가 사실상의 건축 박물관이 된 것이다. 예컨대 위수
감옥은 1909년 완공된 이후 구한말 의병장으로 활약한 강기동 선생

국토부 주관 용산기지 버스투어 행사에서 김현미 국토교통부 장관, 박순자 국회 국토교통위원장, 유홍준 전 문화재청장 등과 함께 위수감옥을 둘러봤다. 한미친선협의회 용산구위원장 자격으로 그간 수없이 드나들었던 땅이지만, 이렇게 국가 공식 행사에서 많은 이들과 함께하니 감회가 새로웠다.

에서부터 장군의 아들 김두한, 시인 김수영, 백범 김구 선생 암살범 안두희에 이르기까지 수많은 이들이 투옥된 등록문화재급 건물이다.

1908년 지어진 한미군사업무지원단(JUSMAG-K)은 당초 일본군 장교 숙소로 쓰였으며 1946년 한국 신탁통치를 논했던 제1차 미소공동위원회의 당시 소련군 대표단 숙소로 사용되기도 했다. 1949년 6월 미군 철수 후에는 미 군사고문단(KMAG) 청사로 쓰였으니 지금 '지원단'은 옛 '고문단'의 후신이라 볼 수 있다.

기지 내에는 만초천 지류 약 300m 구간이 복개되지 않은 채 옛 모습을 고스란히 간직하고 있다.
현장을 둘러본 이라면 오래된 산천에서 느낄 수 있는 어떤 아련함 같은 것을 이곳에서도 느껴
볼 수 있을 것이다.

　　참석자들은 용산 기지에 잘 보존된 생태 환경에 대해서도 놀라
움을 금치 못했다. 대표적으로, 기지 내에는 만초천(蔓草川) 지류 약
300m 구간이 복개되지 않은 채 옛 모습을 고스란히 간직하고 있다. 만
초천은 무악재길마재에서 발원하여 서대문 사거리, 서부역, 청파로, 원
효로를 따라가다 원효대교 아래서 한강으로 흘러들어 가는 물줄기로,
옛날 이 냇가에 만초(덩굴이 무성한 풀)가 무성했다 한다. 지금도 그러
하다. 현장을 둘러본 이라면 오래된 산천에서 느낄 수 있는 어떤 아
련함 같은 것을 이곳에서도 느껴볼 수 있을 것이다.

　　행사는 성공적이었다. 114년 만에 빗장을 연 이번 투어를 각종 언

론에서 대대적으로 보도했고 투어 신청도 전국에서 빗발쳤다. 사업을 수행한 용산문화원 직원들이 한동안 정신을 못 차렸을 정도다. 짧은 투어만으로도 이러한데, 임시로나마 공원 일부를 시민들에게 개방한다면 또 어떤 반응이 나올지 궁금하다.

나는 앞서 이용선 청와대 시민사회수석과 통화를 하고 미군 기지 임시 개방을 강하게 주장했다. 공원 조성에 있어 시민 의견을 반영한다면 우선을 그 땅을 개방해서 보여야 하지 않겠는가. 시민들도 뭘 알아야 얘기를 할 테니 말이다. 사실상 구에서는 진작부터 그렇게 해왔던 일이기도 하다.

우리 구는 지난 2014년 『용산의 역사를 찾아서』 책자를 발간했다. 오랫동안 지역사를 연구해 온 김천수 실장의 작품이다. 나는 이 책이 용산의, 또 용산 기지의 역사를 대중에게 알릴 수 있는 촉매제라 생각했다. 책은 러·일 전쟁 이전부터 용산 기지 탄생, 기지 내 일본군 각 부대와 주요 시설 현황, 대륙 침략과 전시 동원 기지로의

『용산의 역사를 찾아서』. 러·일 전쟁 이전부터 용산 기지 탄생, 기지 내 일본군 각 부대 및 주요시설 현황, 대륙 침략과 전시 동원기지로의 변화를 비롯한 일련의 역사가 두루 소개돼 있다.

변화를 비롯한 일련의 역사를 두루 담고 있다. 구는 김 실장을 가이드 삼아 지난 2016년 구민 30여 명과 함께 사실상 첫 번째 용산 기지 민간 투어를 시작했다. '용산이 내게 오기까지'라고 이름을 붙인 평생학습 프로그램을 통해서였다. 나는 강연을 통해 주민들이 용산의 역사, 그리고 용산 기지의 역사에 눈떠주시기를 바랐다. 아니나 다를까, 주민들 반응은 뜨거웠다. 일부는 계속해서 김 실장과 스터디 모임을 하며 또 다른 전문가로 커나가는 중이다.

김 실장은 2017년 6월 용산아트홀에서 열린 '용산공원 제1차 공론장' 행사에서 1906년 당시 용산 원주민 마을 모습을 상세히 기록한

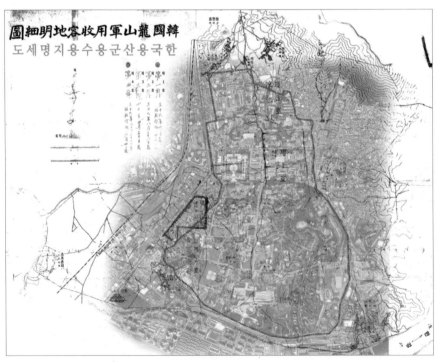

한국용산군용수용지명세도. 김천수 실장이 아시아역사 자료센터에서 발굴한 지도를 용산문화원에서 편집했다. 붉은 선은 용산기지 경계를, 파란 선은 만초천 지류를 나타낸다.

'한국용산군용수용지명세도(韓國龍山軍用收容地明細圖)'를 최초로 공개, 큰 반향을 일으키기도 했다. 아시아역사 자료센터(www.jacar.go.jp)에서 수십만 건 문서를 조회한 끝에 찾아낸 희귀 자료였다. 김 실장이 수년 간 자체 연구를 거친 뒤 이를 일반에 공개한 것이다.

명세도에는 신촌, 정자동 등 옛 둔지미 한인 마을의 위치가 상세히 표기돼 있다. 낡은 지도 한 장이 이곳에도 우리 선조들이 터전을 이루고 삶을 일궈왔다는 사실을 소리 없이 대변하고 있었다. 1만 4,110칸 가옥과 12만 9,469총의 무덤, 204만 평의 전답이 바로 그곳에 있었다. 명세도 한편에는 '1906년 6월부터 1907년 4월까지' 둔지미 마을을 철거한다는 기록이 있다. 그 모든 것들이 기지 조성과정에서 실전(失傳)되었던 것이다. 가슴 아픈 우리네 역사다.[6]

2017년 8월에는 나와 구청 공무원 40여 명이 용산 미군부대를 찾았다. 행사명은 '민선 6기 3주년 기념 미군부대 다크투어(Dark Tour · 역사교훈여행)'. 말 그대로 지난 3년을 돌아보고 남은 1년을 기약하는, 우리 구만의 작은 기념식이었다. 한여름이었지만 간간이 비가 내려 무덥지는 않았던 것으로 기억한다. 공무원들은 이날 둔지산 느티나무 군락지와 위수감옥, 한미연합사령부, 만초천 일대를 돌아보고 기지 역사를 더듬었다.

자고로 아는 만큼 보이는 법이다. 우리네 노력과는 대조적으로, 문화재청은 지난 2017년 아무런 공론화 절차 없이 '만주사변 전병사자

---

6  김천수 실장은 '한국용산군용수용지명세도'를 중심으로 일제의 군용지 수용 과정과 용산 둔지미 주민들의 격렬한 저항을 정리, 2017년 말 우리구와 함께 『용산기지 내 사라진 둔지미 옛 마을의 역사를 찾아서』를 발간하기도 했다.

충혼비'를 비롯한 문화재 56점의 평택기지 반출을 승인했다.[7]

기지 내 문화유산에 대한 안일한 인식을 단적으로 보여주는 사건이다. 과연 그들이 용산 기지 역사에 대해 제대로 알고 있었다면 일처리를 그렇게 했을까?

----------

7  만주사변 전병사자 충혼비는 일제가 만주사변(1931년) 당시 사망한 보병 제20사단 일본군 병사들을 추모하기 위해 1935년 용산기지 자리에 세웠다. 충혼비는 조선총독부 건물과 함께 일제강점기를 대표하는 네거티브 문화재로 꼽힌다. 주한미군은 한국전쟁 종전 이후인 1953년 용산기지 주둔을 시작하면서 충혼비 비석만을 교체해 한국전쟁 미군 기념비로 재활용했다. (강기헌, 〈일제 침략 상징 충혼비 평택 갔다〉, 《중앙선데이》, 2017.7.16.

# 온전한 용산공원을 위한 7가지 제언

| 생태·역사공원에 '평화'를 담아

구는 2018년 초 행정지원국장(단장)과 주민 32명, 전문가 8명(자문위원회), 7개 유관부서 직원 21명 등 총 62명 규모로 '용산공원조성 협력단'을 발족했다. 주기적으로 회의를 가졌으며 최근에는 전문가, 구민으로 나눠 미군 기지 투어도 진행했다. 이 과정에서 나는 각계각층의 다양한 목소리를 들었고, 많은 이들과 뜻을 함께할 수 있었다. 이를 바탕으로 '온전한 용산공원을 위한 7가지 제언'을 해본다.

첫째, 용산공원 조성 특별법 개정이다. 현 특별법에 따르면 용산 기지를 공원화하는 사업주체는 국가, 그중에서도 국토교통부다. 국토부를 폄훼하는 것은 아니지만, 사업의 중대성에 비춰볼 때 국토부만으로는 전체 사업을 조율하고 이끌어가기가 힘들다는 게 내 판단이다.

국토부는 지난 2016년 국립과학문화관 등 8개 콘텐츠를 담은 '용산공원 시설·프로그램 선정안'을 내놨다가 여론의 뭇매를 맞기도 했다. 형식적인 설문을 거쳐 부처별 나눠먹기 식으로 사업을 기획한 결과였다. 정부는 그 같은 과오를 다시는 반복해서는 안 된다.

국토부가 아닌 국무총리실 산하에 용산공원 태스크포스(TF) 팀을 설치·운영한다면 보다 다양한 의견을 듣고 부처, 기관 간 이해관계를 조율할 수 있다. 그때는 서울시와 용산구도 사업 주체로 반드시 포함이 돼야 한다. 정부와 서울시, 용산구가 뜻을 모아 사업을 진행한다면 용산 공원은 대한민국을 넘어 세계적인 공원으로 거듭날 수 있을 것이다.

둘째, 존치하는 미군 시설을 최소화해야 한다. 미군은 드래곤힐 호텔(8.4만㎡)과 헬기장(5.7만㎡) 등을 용산 기지 내 존치키로 했다. 미 대사관 부지(7.9만㎡)도 따로 펜스를 쳤다. 그래서 용산공원 조성 면적은 265만㎡가 아닌 243만㎡다. 전체 용산 기지 면적의 8.3%(22만㎡)를 미군에게 남겨주는 셈이다.

엎친 데 덮친 격으로 지난 2014년 전시작전권 환수 연기와 함께 한미연합사령부까지 기지 내 '추가로' 잔류한다는 소식이 들려왔다. 두고 볼 수 없었다. 박원순 시장을 비롯한 많은 이들이 남북 분단을 연상시키는 반쪽짜리 공원에 적극 반대하고 나섰다. 나 역시 미군 잔류 시설 확대가 "공간적 주권 회복과 우리 민족 자존심을 회복하는 역사적인 사건에 상처를 남겼다.[8]"라고 강하게 비판했다.

이런 여론을 의식한 탓인지, 미군 측은 연합사를 국방부 영내로 이전키로 결정했다. 신임 에이브럼스 주한미군 사령관 취임 후 계획이 원점에서 재검토되고 있지만 조만간 좋은 소식이 있을 것으로 기대하고 있다.

연합사뿐만 아니라 기존 잔류키로 했던 시설도 미국과 재협상을 거쳐 최소화하는 방향으로 가야 한다. 어렵겠지만 불가능한 것은 아

----------

8  성장현, 〈용산 공원 특별법 개정, 불가능하지 않다〉, 《한겨레》, 2016.9.28.

니다. 20여 년 전 아리랑택시회사 부지를 미군에게 돌려받겠다고 했을 때도 사람들은 '절대로 안 되는 일', '미친 짓'이라고 했다. 당시 나는 민선 2기 용산구청장으로서 미군들이 아리랑택시에 임대하고 있던 땅을 돌려달라고 주장했고, 미군을 설득한 결과 한·미주둔군지위협정(SOFA) 의제로 이를 끌어올릴 수 있었다. 그 자리에 지금 용산구청이 들어섰다.

잔류 시설들이 모두 빠진다면 금상첨화이겠으나, 국방상 꼭 필요하다면 공론화 과정을 거쳐 시설들을 한쪽으로 몰아서라도 주민들이 공원을 이용하는 데 불편함이 없도록 해야 한다. 물론 드래곤힐 호텔은 예외다. 국가공원 안에서 미군이 호텔을 운영한다는 것은 말이 안 되는 일이다. 반드시 내보내야 한다.

셋째, 콘텐츠 문제다. 우선은 비워둬야 한다. 2011년 '용산공원 정비구역 종합기본계획' 고시 후 계획은 수차례 바뀌었고 '녹지를 중심으로 한 주변 복합시설 개발'에서 '단일 생태공원 조성'으로 논의가 일단락이 났다. 최근 제기된 임대주택 건설 논의는 그야말로 근시안적인 단견이라고 보면 된다.

도심 한가운데, 그것도 무려 80만 평(265만㎡)의 막대한 공간을 차지해 온 미군 기지 반환은 용산, 아니 대한민국 근현대사를 통틀어 가장 중요한 사건의 하나가 될 것이다. 무주택자와 신혼부부, 청년을 위한 임대주택도 의미가 있지만, 그보다는 이곳을 원형 그대로 비워두고 우리 후손들에게 물려주는 게 더 올바른 자세가 아닐까?

2016년 말에서 2017년 초 전쟁기념관에서 진행된 '용산 공원 설계 모형 전시회'에서도 미래 용산 공원에 바라는 국민들의 키워드는 '가

1991년, 미8군 시설(골프장)을 일부 돌려받아 만든 용산가족공원.
용산공원은 결국 가족공원의 확대판이 될 것이다.

족'과 '힐링', 그리고 '자연'이었다.[9]

　현재 용산구 내 공원 면적은 서울시 자치구 중에서 중구 다음으로
작은 65만㎡에 불과하다.[10] 용산공원이 조성되면 그 면적이 308만㎡
로 5배 가까이 커진다. 그만큼 구민 삶의 질이 높아질 것이다. "뉴욕
이란 거대한 도시에 센트럴파크라는 공원이 없었다면 100년 뒤에는
그만한 크기의 정신병원이 들어섰을 것"이라는 말처럼 각박한 도시
생활에서 자연이 주는 혜택은 그 무엇보다도 크다.

----------

9 　전시회를 방문한 관람객은 약 7만여 명으로, 포스트잇과 엽서를 통해 미래 용산 공원에 대
　한 1,300여 건의 다양한 의견을 제시했다. '역사'도 주요 키워드 중 하나였다. (박경훈, 〈국
　민들이 용산 공원에 바라는 키워드는 가족 · 휴식 · 자연〉, 《서울경제》, 2017.3.1.)

10 　이원율, 〈서울 자치구별 공원 면적 차이 뚜렷〉, 《헤럴드경제》, 2018.10.17.

1991년, 미 8군 시설(골프장)을 일부 돌려받아 만든 용산가족공원(용산구 서빙고로 137)은 지금도 구민들이 가장 즐겨 찾는 휴식 공간의 하나다. 용산공원은 결국 가족공원의 확장판이 될 것이다. 아름다운 가족공원에서 용산공원의 미래를 고스란히 그려볼 수 있다.

넷째, 역사성 보존이다. 혹자는 생태공원을 만드는 만큼 기존 시설을 모두 없애야 한다는 무지막지한 주장을 하기도 한다. 하지만 단언컨대 생태와 역사는 함께 가야 한다. 우리는 지난 2012년 수립한 '2030 용산구 중장기 종합발전계획'을 통해 이미 용산공원 일대를 '역사생태권역'으로 규정한 바 있다. 역사 보존은 생태 보존과 궤를 달리하지 않는다.

앞서 일부를 언급했지만, 용산 기지 내에는 지역의 중층적 역사를 보여주는 역사유물과 건축물이 130곳 이상 남아있다. 이들 유적지를 제대로 보존한다면 주위 생태환경도 자연스럽게 보존할 수 있을 테다.

바라건대 시일이 걸리더라도 공원 조성에 앞서 철저한 발굴조사가 이뤄져야 한다. 이를 통해 둔지미 한인마을을 비롯한 옛 용산의 역사를 다시 찾아내야 한다. 혹시 모른다. 한강변 선사시대 유물 같은 것이 나와 교과서를 새로 써야 할 수도 있지 않겠는가.

다음으로, 끊어졌던 옛길을 다시 이어야 한다. 역사성 보존과 같은 주제다. 양효성의 『옛길 위의 조선통신사』란 책에는 조선시대 청파역(현재의 청파동2가)에서부터 전생서(현재의 후암동 영락보린원 자리), 이태원을 지나 제천정(현재의 한남동 하이페리온 인근), 한강진까지 이어지는 용산의 옛길이 잘 묘사돼 있다.[11]

----------

11   양효성, 『옛길 위의 조선통신사』, 보고사, 2016, 62~86쪽.

조선시대 수많은 민초들은 물론 조선과 일본을 오간 통신사 일행도 이 길을 이용했다. 지방에는 이미 조선통신사길이 여럿 조성돼 있는데 그 출발점이 바로 용산이었다.

김천수 실장이 발굴한 '한국용산군용수용지명세도'를 보면 미군 기지 내에도 후암동과 서빙고동을 잇는 조선시대 옛길이 분명히 자리했다. 지금의 미8군도로와 일치한다. 공원 조성 과정에서 옛길을 복원, 기지 밖 옛길과 연결한 뒤 '조선통신사길(제1코스)'이란 애칭을 붙이는 것도 나쁘지 않겠다.

여섯째, 명칭 문제다. 나는 용산공원을 이왕이면 '용산국가통일공원'으로 불렀으면 좋겠다. 요즘과 같은 분위기라면 용산공원이 조성될 즈음에는 정말로 꿈에 그리던 민족 통일이 완수될지도 모른다. 이미 파주와 강릉에 통일공원이 있는 것으로 알고 있다. 각각 1973년과 2001년에 개관했다. 하지만 이들 공원은 안보에 초점을 맞췄다. 안보는 여전히 중요한 가치지만, 시대가 바뀌었으니 이제는 평화에 초점을 맞춘 국가통일공원이 필요하지 않나 생각해 본다.

다가올 평화협정 때 정전협정 당시 테이블을 다시 사용하는 건 어떨까. 현재 한미연합사령부 건물 2층에는 1953년 7월 27일 정전협정 체결 당시 마크 클라크 유엔군 총사령관이 썼던 책상이 그대로 남아 있다. 그날 오전 10시 판문점에서 유엔군 윌리엄 해리슨 중장과 북한 남일 장군이 정전협정 서명을 교환했고 오후에 미·북·중 대표가 이를 확정했다.

김일성 조선인민군 최고사령관과 펑더화이(彭德懷) 중국인민지원군 사령원이 썼던 책상은 북한이 보존하고 있을 테다. 결자해지라, 정전협정 테이블을 평화협정 테이블로 다시 쓰고 이를 용산공원에 전시

한다면 이곳은 그대로 평화 박물관 성격을 띠게 된다.[12]

일곱째, 마지막이다. 국가통일공원 상징으로 '독도 정원' 혹은 '독도 모형 공원'을 꾸미는 건 어떨까. 독도는 지난 1905년 일본 영토로 강제 편입된 바 있다. 용산 기지 일대가 일제에 수용된 것과 같은 시기다. 용산 기지는 이제 우리 품으로 완전히 돌아오지만 독도는 영유권 문제로 여전히 시끄럽다. 독도 정원 혹은 독도 모형 공원은 용산공원을 찾을 전 세계 관광객에게 독도 문제를 제대로 알릴 수 있을 것이다.

축구 한일전이 열릴 때 시청 앞 광장에서 응원전을 펼칠 것이 아니라 독도를 배경으로 한 용산국가통일공원에서 온 국민이 하나 되어 응원하는 모습을 한번 상상해 보라. 가슴이 벅차오르지 않는가?

----------

12  성장현, 〈'243만㎡ 용산공원' 한국의 21세기 평화 상징으로 만들자〉, 《문화일보》, 2018.7.18.

# 미군도 지킬 건 지켜야 한다

| 또 다른 복병, 기지 환경오염

2000년 5월부터 나는 뜻하지 않은 칩거 생활을 하게 됐다. 선거 한 달 전 지인들과 식사를 하고 44만 원을 무심결에 카드로 결제한 것이 화근이 돼, 구청장 취임 2년 만에 선거법 위반으로 벌금 100만 원을 내고 직에서 물러나야 했다. 많이 억울하고 분했다. 하지만 그 시기를 재기의 발판으로 삼아야만 했다. 그대로 무너질 수는 없었다. 방법은 '공부'였다.

청소년 시절, 집안 형편으로 인해 대학을 포기해야 했던 나는 1993 년 서른여덟의 나이로 늦깎이 대학생이 되었다. 구의원 생활과 공부를 병행했다. 젊은 동기들과 함께 열심히 책을 읽고 토론했던 기억이 아직도 생생하다. 내 인생에서 가장 행복했던 시기 중 하나였다.

1997년 대학 졸업 후에는 곧바로 동국대학교 행정대학원(북한학과) 에 입학했다. 구청장직을 맡으면서 석사학위까지 따는 게 쉽지만은 않았지만, 늦게 배운 도둑질에 정말로 날이 새는 줄 몰랐다. 내친김에 단국대학교에서 행정학 박사과정까지 밟기로 했다.

재미난 일은 그 단국대학교가 야인 시절 내 직장이 되어줬다는 사실이다. 2003년부터 2007년까지 '지방자치 이론과 실제'라는 과목으로 학생들을 가르쳤다. 젊은이들과 함께 공부하고 호흡하면서 '내가 다시 일어설 수 있겠구나' 하는 용기와 힘을 얻었던 것으로 기억한다.

2003년 말에는 'SOFA의 정책의제 형성에 관한 연구'로 단국대학교에서 행정학 박사학위를 취득했다.[13] 이와 관련해서, 기왕 시간이 생겼으니 미군 주둔이 이뤄졌던 해외 현장도 둘러보고 싶었다. 간간이 들려오던 미군부대 환경오염 문제에 대한 대안이 필요해서였다. 군부대 이전 후 지역 상권이 타격을 입지 않을까 하는 불안도 있었다.

목적지는 이미 미군부대 철수가 이뤄진 필리핀 수빅만 해군기지와 클라크(Clark) 공군기지로 정했다. 필리핀에서는 미군기지 오염 때문에 반미 감정이 증대되어 지난 1991년에 미군 주둔 연장법안이 의회에서 부결되었다. 그리고 미군은 클라크 공군기지에서 모두 철수한 바 있다.

문제는 여전히 심각했다. 미군이 기지 주변을 오염시켜 많은 이들이 고통을 겪고 있었다. 최근 국내 언론에서도 여러 번 보도했던 바, 오염된 땅에서 오랜 기간 살아온 미군 기지 인근 여성들은 높은 비율

--------------

13  소파는 한미상호방호조약 제4조에 따라 대한민국에 주둔하는 미군의 지위와 한국 정부가 그들에게 제공하는 시설과 구역을 명시한 것이다. 한미행정협정이라고도 한다. 나는 논문을 통해 소파 정책의제 협상을 위해서는 우리에게 어떠한 전략이 요구되는지를 피력했다. 문제는 다른 미군 주둔국가의 관련 규정과 비교했을 때 '한미 소파'는 지나치게 불합리하다는 점이다. 1991년과 2001년 협정이 개정되었지만 형사재판권, 민사청구권, 환경, 노무 등 근본적인 불평등 요소는 여전히 남아있다. 무엇보다 중요한 것은 조약상의 권리 행사와 자국민 보호를 실천하려는 정부 당국의 강력한 의지다. 조약 중 구체성이 떨어지는 부분은 권리 주장이나 책임 추궁에 한계가 있으므로 이를 보완하려는 노력을 해야 한다. 한미 소파 전면개정은 국내의 반미감정을 완화하고 한미관계를 더 공고히 할 수 있는 기회가 될 것이다. 보다 실질적이고 현실적인 개정이 이뤄지기 위해서는 국민적 지지가 필요하다. 나 또한 정치인이자 국민의 한 사람으로서 빠른 시일 내 소파 전면개정이 이뤄질 수 있도록 관심을 가지고 지켜볼 것이다.

로 유산 문제를 겪고 있었고 주민의 암 발생률도 늘었다고 한다.[14]

남 이야기가 아니다. 용산공원 조성의 또 다른 복병은 기지 환경오염 문제다. 2017년 녹색연합 등에 의해 1990~2015년 사이 용산 기지 내 기름 유출 사고가 최소 84건 이상 발생했었다는 사실이 밝혀졌다.[15] 사고가 1년에 3번 정도 꾸준히 발생했던 셈이다. 1,000갤런(3,780L) 이상의 유출 사고도 무려 7건에 달했다. 기름 유출은 지하수 오염으로 이어진다. 실제 2015년 5월 진행된 환경부 조사에 따르면 허용치의 162배에 달하는 벤젠이 미군 기지 내 지하수에서 검출되는 등 오염이 심각한 것으로 드러났다.[16] 2018년 서울시 조사 결과에 따르면 벤젠이 기준치의 최대 1,170배(17.557㎎/L)를 초과하기도 했다.

2001년에 마련된 SOFA '환경보호에 관한 특별양해각서'는 "주한미군에 의해 야기되는 인간 건강에 급박하고 실질적인 위험을 초래하는 오염의 치유를 신속하게 수행한다."라고 규정하고 있다. 하지만 미군은 여전히 기지 내 오염이 실질적 위험은 아니라는 입장이다.[17] 1급 발암물질이 위험이 아니라니? 어불성설이다. 앞뒤가 맞지 않다.

미군은 '오염자 부담원칙'이 국제적으로 통용되는 상식이라는 사실을 분명히 인지해야 한다. 2017년 5월 서울시가 진행한 설문조사에서도 서울시민 65.2%가 용산 기지 정화비용을 미군이 부담해야 한다고

----------

14  김은애, 〈우리는 춤과 노래로 평화를 지킬 거예요〉, 《미디어 제주》, 2018. 5. 15. (http://www.mediajeju.com/news/articleView.html?idxno=305711)

15  윤지로, 〈용산 미군기지 기름유출 77건 더 있었다〉, 《세계일보》, 2017.4.3.

16  강찬수, 〈용산 미군기지서 허용치 162배 1급 발암물질〉, 《중앙일보》, 2017.4.19.

17  최현수, 〈정화 비용, 오염자인 미군 아닌 한국서 낼 가능성〉, 《국민일보》, 2017.4.19.

응답한 바 있다. 한·미공동 부담은 30.5%, 한국 부담은 3%였다.[18]

기지 내 지하수, 토질 오염 실태를 조사하고 이를 정화하는 데는 적지 않은 시일이 걸릴 것이다. 정화 책임과 비용을 놓고도 지난한 법정 다툼이 이어질 수 있다. 하지만 이를 분명히 하고 넘어가야만 우리는 필리핀 수빅의 비극을 피해 갈 수 있다.

한국 민족과 국민에게 언제나 '상전'의 상징인 용산에서 얼마 전에 조그마한 이변이 일어났다. 그것은 마치, 두 발을 들고 서서 전차를 막으려는 사마귀의 고사를 21세기에 연출하려는 어리석음과 같아 보인다. 하지만 나에게는 그것이 얼마나 신선한 충격으로 다가오는지 형용할 수조차 없다. 이런 일이 있을 수 있구나!

일인즉, 한국의 민선 자치단체(장)인 용산구청(장)이 대한민국 주둔 아메리카군 사령부가 그 시설 안에 불법으로 건축 중인 지하 1층 지상 6층 호텔과 그 부속 시설 건물들을 철거하라고 요구했다는 소식이다. 보도에 의하면, 성장현이라는 용산구청장은 아메리카군 사령부에 3월 31일까지 철거하라는 '최후통첩'을 보냈다고 한다.

그뿐만이 아니다. 주한미군사령부가 자행하고 있는 각종 '불법' 영리 행위도 중단하라고 강력히 요구했다는 말이다. 주한미군사령부가 긍정적인 조처를 취하지 않으면 "부대 앞으로 불도저를 몰고 가서 철거를 시도하겠다."라고 말했다니, 보통의 기개

--------

18  정혜아, 〈시민 65.2%, 미군이 용산기지 정화비용 부담해야〉, 《뉴스1》, 2017.6.5.
    (http://news1.kr/articles/?3012608)

가 아니다. 이것은 정말 전차에 맞서는 사마귀가 아닌가![19]

　고(故) 리영희 선생의 글이다. 지난 2010년 당시 내가 주한미군 불법 건물 철거를 요구했을 때, 선생은 나를 보고 "전차에 맞서는 사마귀"라고 했다. "보통의 기개가 아니"라는 과찬도 섞었다. 하지만 나는 반미주의자도 아니고 지자체장 입장에서 "법을 준수하라" 요구했을 뿐이다. 그때나 지금이나 내 원칙에 변함은 없다. 아무리 미군이라도 지킬 건 지켜야 하고 우리가 요구할 건 요구해야 한다.

- - - - - - - - - -

19　리영희, 〈용산구청장의 주한 미군 불법 건물 철거 요구〉, 《시사저널》, 2000.4.6.
　　(http://www.sisapress.com/journal/article/105080)

# 숨은 재산 찾기와 제주 유스호스텔

| 곳간에서 인심 난다

2017년 4월 16일, 제주행 비행기에 몸을 실었다. 용산 제주 유스호스텔(구민휴양소) 준공식에 참여하기 위해서였다. 행사에는 구청공무원과 구정 관계자, 서귀포시 지역인사까지 100여 명이 함께했다. 기쁜 봄날이었다. 깔끔하게 리모델링된 건물과 오픈 첫날부터 시설을 이용하기 위해 몰린 인파까지 모든 것이 만족스러웠다.

그간 사업 진행이 원활한 것만은 아니었다. 특히 사업 초기 일부 언론을 통해 불거진 혈세 낭비 여론은 커다란 난관이었다. 덕분에 나를 비롯해 여러 직원들이 마음고생을 했다. 굳이 오해를 살 바에야 그냥 사업을 접자는 내부 의견도 있었다. 하지만 결론부터 말하면, 제주 유스호스텔 사업은 혈세로 한 것도 아니고 낭비를 한 것도 아니다. 정확히 말해 구유재산을 가치 있게 '보존'한 것이라 할 수 있다.

나는 관계 공무원에게 정상 추진을 지시했다. 나 스스로 사업 성공에 자신이 있었고 용역을 통해 확보한 전문가들의 의견도 그와 같았다.

용산은 전국에서 가장 많은 개발이 이뤄지는 지역이다. 그로 인해 개발예정지에 포함된 구유지를 조합이나 시행사에 매각해야 하는 일도 많다. 예컨대 지금 주상복합아파트가 들어선 문배업무지구 특별계획구역 내에는 1,449m²의 구유지(원효로1가 57-17 외 2필지)가 있었다. 이 땅은 2010년 7월 사업자에게 150억 원에 매각됐다. 이어 2011년 9월에는 육군 중앙경리단이 점유하던 구 소유 토지(이태원동 295-1 외 8필지)와 국방부 소유 동빙고어린이집 부지(동빙고동 7-40 외 1필지)를 교환하고 차액 47억 원을 국방부로부터 받아내기도 했다.

용산 제주 유스호스텔 전경

2012년, 나는 본격적으로 숨은 재산 찾기에 돌입했다. 재무과에서 용산의 구유재산목록을 일목요연하게 정리해서 『용산구 재산 현황』 책자를 만들었다. 성과는 막대했다. 몇 개월간 지적공부 대조와 현지 조사를 거쳐 25개 필지(9,190m²)를 반환 조치하는 등 시가 369억 원 상당의 재산을 새롭게 찾아냈다. 토지 무단점유자에 대한 변상금 수익도 24억 원이 생겼다. 변상금을 내는 대신 땅을 아예 매입하려는 이들도 있었다. 또 2013년에는 전쟁기념관 북쪽 주차장 부지(3089㎡)가 구 소유라는 사실을 새롭게 확인했다. 기념관 측에 부지 사용료를 내라고 통보했으며 소송 끝에 5년치 사용료를 모두 돌려받게 됐다. 기념관이 그 땅을 무단으로 쓴 건 20년이 넘는다. 하지만 지방재정법상 채무·채권의 소멸 시효가 5년이기 때문에 그 이전으로 소급할 순 없다. 연간 6,000만원 상당 수익을 얻은 것에 만족키로 했다.

그렇다면 구유지를 팔거나 대부해서 생긴 돈은 다 어디로 갔을까? 만약 구 재정자립도(지자체의 예산규모 대비 자체수입 비율)를 높이려면 그 돈을 모두 예산에 포함시키면 된다. 한데 2015년 기준 용산구 재정자립도는 45% 수준이다. 유사 지자체(중구, 종로구 등 서울시내 13개 자치구) 평균인 32%를 크게 웃돈다.

때문에 나는 그 돈을 당장 예산으로 써버리는 것보다 기금으로 조성해서 훗날 정말 필요한 곳에 사용하는 것이 좋겠다고 생각했다. "구 재산을 매각해서 생긴 돈은 새로운 재산을 매입하는 데 사용해야 한다."라는 대원칙도 세웠다. 용산구는 우리 세대만 살다 가면 끝나는 곳이 아니기 때문이다. 우리 시선이 현재에만 머물러서는 안 된다. 그런 이유로 만든 게 '용산구 공유재산 관리기금'이다. 2011년 전국 자치구 최초로 구가 관련 조례를 제정했다.

제주 유스호스텔은 결코 즉흥적인 사업이 아니다. 중간중간 경로당, 어린이집 같은 복지시설을 조성하는 데 일부를 사용했음에도 불구하고 2016년 상반기 기준으로 기금이 102억 원이나 모여있었다. 나는 5년이 넘도록 돈의 용처를 고민했다. 신중에 신중을 기했다. 그 결과가

민선 7기 첫 서울시구청장협의회 워크숍이 제주도에서 열렸다.
구청장들은 우리 구 휴양소를 보고 부러움을 금치 못했다.

바로 제주였다. 제주도는 지난 2016년 한 해 전국에서 공시지가가 가장 많이 오른 곳이다. 설문조사 결과 휴양지로서 일반인의 선호도 가장 높았다. 구에서 2012년부터 4년간 용산구 내 34개 초·중·고교의 수학여행지를 분석한 결과 제주도가 거의 절반(42.6%)을 차지했던 사실도 새롭게 확인됐다.

우리가 시설 용도를 청소년 유스호스텔로 정한 것은 유스호스텔이 국가가 지자체에 설치를 권장하는 청소년 수련시설일 뿐 아니라 지속적으로 수요를 확보할 수도 있었기 때문이다.

제주도에 유스호스텔을 조성하기 위해 구청 직원들이 한라산 산간부터 해안까지 제주 곳곳을 누비며 1차로 후보지 26곳을 정했다. 물건에 대한 면밀한 비교 분석이 이어졌음은 물론이다.

우리는 결국 2016년 8월 공유재산관리기금 75억 원을 투입, 제주도 서귀포시 하원동 1697 일원 유스호스텔 부지 1만 1,422㎡와 건물 2개 동을 매입했다. 제주도에서도 가장 많은 관광객이 찾는 중문관광단지와 중문해수욕장, 제주올레길 8코스, 그리고 동양 최대 규모 법당 약천사가 인근에 있어 미래가치가 밝다는 판단에서였다. 가까운 성산읍 일대에는 제주 제2국제공항 건설이 논의되고 있었다.

몇 달간 리모델링 공사를 거쳐 남부럽지 않은 휴양소가 생겼다. 감귤 체험농장과 족구장, 세미나실, 식당, 노래방, 탁구장 등 여러 부대시설은 이용객에게 숙식뿐 아니라 다양한 맞춤형 서비스를 제공할 수 있다. 한 푼 혈세 투입 없이, 그것도 전국 자치구 최초로 제주도에 구민 휴양소를 만들었으니 행정 우수사례란 바로 이런 걸 두고 하는 말이겠다. 성과는 금세 나타났다. 개원 100일 만에 이용객이 1만 명을 넘겼고 2018년 말 6만 명에 육박했다. 소셜 네트워크 서비스SNS에 올라온 제주 유스호스텔 이용 후기에는 "용산구민이라 자랑스럽다"라는 댓글이 수두룩하다.

2018년 7월, 나는 민선 7기 첫 서울시구청장협의회장으로 선출됐다. 두 달 뒤 협의회 워크숍이 제주도에서 열렸었는데, 구청장들이 우리 휴양소를 보고 부러움을 금치 못했다. 나에게 건물을 팔 생각이 없느냐 묻는 이도 있었고 자기네 구민들도 시설을 싸게 이용할 수 있도록 자매결연을 맺자는 요청도 들어왔다.

곳간에서 인심이 나는 법이다. 나는 지자체장 제1 책무를 '공유재산 늘리기'로 본다. 제주도 공시지가 상승률은 2016년부터 3년째 전

국 1위를 기록했다. 공시지가로만 따져도 제주유스호스텔 재산 가치
는 2017년 18%, 2018년 17%만큼 늘었다. 제주도 뿐이랴. 2018년 말
기준 용산구가 보유한 전체 공유재산 규모는 4조 원이 넘는다.

　그 바탕에 주민 복지가 있다. 어려운 이들을 돕는 게 복지고 마음을
채워주는 도서관이 복지라면, 힘든 일상에서 잠시 여유를 갖고 삶을
즐길 수 있게 하는 것도 복지임에 틀림없다. 이를 두고 '신개념 보편
복지'라고 하면 과할까?

# 진실하면 다 통한다

| 용산의 중심, 구민과의 소통

　우리 구 슬로건은 '세계의 중심 이제는 용산시대'다. 민선 5기 때 만든 것을 민선 6기와 7기까지 계속해서 쓰고 있다. 나름 구가 지향하는 바를 함축적으로 잘 담고 있다고 생각한다. 각종 인쇄물과 조형물도 그대로 썼으니 예산도 적잖이 아낀 셈이다.

　구정 목표는 조금씩 바뀌었다. 민선 5기는 소통하는 열린 행정, 상생하는 균형개발, 미래지향 선진교육, 함께하는 복지실현, 품격 높은 문화 창조 5개 분야였고 민선 6기는 찾아가는 나눔 복지, 꿈이 있는 미래교육, 살기 좋은 안전도시, 함께하는 상생개발, 세대 공감 소통문화 5개 분야였다. 민선 7기에서는 함께하는 나눔복지, 꿈을 여는 미래교육, 믿음 주는 안전도시, 조화로운 균형발전, 번영하는 문화도시로 목표를 수정했다. 비슷비슷하지만 한 가지 눈에 띄는 점은 '소통'이란 말이 첫 번째 목표(민선 5기)에서 다섯 번째 목표(민선 6기)로 밀려난 뒤, 이번(민선 7기)에는 아예 사라졌다는 사실이다. 짧은 문구에 구가 지향하는 바를 모두 담을 수는 없지만 내심 아쉬움이 남는다.

　소통이란 뭘까. 고(故) 신영복 선생은 글자 그대로 "소외(疏)를 극복

나는 2012년부터 이른바 '동 현장소통'으로 짧게는 1개월, 길게는 5개월까지 기간을 정해 16개 동을 모두 돌며 현장을 찾아다녔다.

(通)하는 것[20]"이라 했다. 공감한다. 돌이켜 보면 나 역시 한 사람도 소외되지 않는 구정을 만들기 위해 지난 10년간 정말 열심히 뛰어왔다. 이제는 자신 있게 말할 수 있다. "진실하면 다 통한다"라고.

나는 민선 5기 구청장으로 취임한 직후 매주 목요일을 주민들과 대화하는 날로 잡았다. 이날만 되면 구청장실이 문전성시를 이뤘다. 하지만 기다리는 행정에는 한계가 있었다. 어느 정도 시일이 지나자 방

----------

20  신영복, 『담론』, 돌베개, 2015, 14쪽.

2018년 하반기에는 관내 주요 거점에서 주민들과 특정주제를 토론하는 식으로 소통 방식을 바꿨다.

문 인원이 현저히 줄어들었다.

2012년부터는 방법을 바꿨다. 이른바 '동 현장소통'으로 짧게는 1개월, 길게는 5개월까지 기간을 정해 16개 동을 모두 돌며 경로당, 어린이집, 교육 시설, 민원 현장, 위험 시설물 등등 현장을 찾아다녔다. 그곳에서 학부모와 어르신, 통반장에 이르기까지 수천, 수만 명의 주민들을 만났다. 2018년 하반기에는 이마저 식상하다고 판단, 주요 거점 7곳(용산꿈나무종합타운, 구립갈월데이케어센터, 평생학습관, 원효로실내다목적체육관, 한강로동주민센터, 용산구청)을 정해 보육, 어르신 복지, 평생교육 등 특정주제를 주민들과 함께 토론하는 식으로 변화를 줬다. 소통에 관해서는 이것저것 안 해본 게 없는 셈이다.

주민들은 할 말이 참 많았다. 그저 생업에 바빠, 혹은 좋은 게 좋은

이태원부군당. 400년 역사를 자랑하는 조선시대 사당으로 23위 마을 수호신을 모신다.
소유권을 둘러싼 소송이 길게 이어지면서 과거 이태원부군당은 을씨년스럽기 그지없었다.

거라고, 아니면 악성 민원으로 취급받는 게 껄끄러워 표현을 삼갔을
뿐이다. 하지만 한번 봇물이 터지자 남녀노소 불문하고 각종 민원과
정책 제안, 그리고 구정에 대한 불만까지 많은 걸 쏟아냈다.

　나는 받은 의견을 담당 부서로 전달, 1주일 이내에 처리 결과를 안
내토록 했다. 추진이 불가한 사항은 설득을 거쳐 주민의 이해를 구했다.
현장에서 얻은 아이디어를 바탕으로 각 부서에 구청장 지시사항을
내리기도 했고 건의사항 처리 결과는 책으로 만들어 주민들과 공유
했다.

　소통의 힘은 놀라웠다. 우리 주위 많은 것들이 변화했다. 주민의 편
지 한 통으로부터 시작된 '이태원부군당 역사공원(이태원동 191-3일대)'

조성이 대표적이다. 이태원부군당은 무려 400년 역사를 자랑하는 조선시대 사당이다. 23위 마을 수호신을 모신다.

역사적 가치에도 불구하고 과거 이태원부군당은 을씨년스럽기 그지없었다. 소유권을 둘러싼 소송이 22년간 이어졌기 때문이다. 소송 끝에 소유권을 되찾은 이태원동 동민들은 2011년 나에게 문서를 보내 이곳 민속 제례를 보존할 수 있도록 시설을 정비해 달라고 요청했다.

나는 그 의견을 즉각 수용했고 서울시로부터 29억 원 예산을 지원받아 2013년 '이태원부군당 역사공원'을 그곳에 만들었다. 2015년에는 과거 이태원 공동묘지에 묻혔던 유관순 열사의 넋을 달래고자 부군당 옆에 유 열사 추모비를 세우기도 했다.

서울의 대표적 핫플레이스(hot place)인 '이태원 세계음식문화 특화거리' 또한 지역 상인 모임인 이태원관광특구연합회와 주민들 건의를 받아들여 추진한 사업이다. 세계음식거리 방문자 수는 특화거리 조성 이후 3배 이상 늘었다. 주민들의 적극적인 관심과 참여가 좋은 사업을 이끌어낸다는 사실을 제대로 보여줬다. 대한민국의 중심이 용산이라면 용산의 중심은 우리 30만 구민이다.

나는 몇 해 전부터 SNS에도 재미를 붙였다. 특히 페이스북에 글을 올린 뒤 주민 댓글을 읽고 다시 답글을 달거나 '좋아요'를 누르다 보면 시간이 참으로 잘 간다. 맨날 핸드폰을 달고 사니 피곤할 때도 있지만 이 또한 업무의 연장이라 생각하고 자나 깨나 열심이다.

덕분에 내 페이스북은 민원 창구와 다를 바 없다. 굳이 행사장을 찾지 않더라도 주민들의 생생한 목소리를 바로바로 들을 수 있다. 주민들과 수시로 교감하면서 구정에 문제가 있다 싶으면 관련 부서에 시정을 요구한다.

구 차원에서도 지난 2010년 트위터를 개설한 이래 페이스북과 카카오스토리, 블로그와 인스타그램까지 다양한 SNS를 운영하며 주민들과 소통하고 있다. SNS를 통한 여론 수렴과 민원처리는 이제 지자체의 일상이 되었다.

모든 대화에서 가장 중요한 것은 인간적 신뢰를 쌓는 것이다. 입장이나 의견 차이가 없을 수는 없다. 하지만 진심으로 대하면 신뢰가 생기고, 신뢰가 쌓이면 모든 문제는 풀 수 있다. 진정성이 상대의 마음을 움직인다. 진정성 있는 대화는 그 시작은 힘들지만, 한번 시작되면 쉽게 깨지지 않는다.[21]

고(故) 김대중 전 대통령의 말처럼, 진심을 갖고 구민들과 대화하면 자연스럽게 신뢰가 쌓인다. 나는 아직도 용산구를 위해 하고 싶고, 해야 하는 일이 너무나도 많다. 매 순간순간이 구민들과의 약속을 실천할 수 있는 마지막 기회라고 생각한다. 진실하지 않을 수 없다. 1분 1초도 헛되이 보낼 수 없다.

- - - - - - - - - -

21 강원국, 『대통령의 글쓰기』, 메디치, 2014, 188쪽.

# 구민 갈등 해결사

| 갈등 해결이야말로 정치인의 첫 번째 과제

나는 1991년 서른일곱 나이에 용산구의회 초대 구의원으로 정치에 입문했고 1998년 서울시 최연소 타이틀로 민선 2기 용산구청장에 취임했다. 시쳇말로 '잘나갔던' 시절이다. 하지만 구청장 취임 2년 만에 자리에서 물러났고 이후 10년은 그야말로 인고의 세월이었다. 인생지사 새옹지마라 했던가. 대외적으로 할 수 있는 게 아무것도 없었다. 감옥에만 안 갔을 뿐 갇혀있는 것과 하나도 다르지 않았다.

내가 10년 만에 재기하자 구청 공무원들 사이에서 인사태풍이 불 것이라는 소문이 나돌았다. 물론 기우였다. 나는 분쟁보다 화합을 택했다. 전임 구청장 시절 부구청장은 물론 총무과장까지 그대로 유임시키면서 이른바 탕평 인사를 이어갔다. 고난의 10년을 보내면서 사람을 포용하고 용서하는 법을 그럭저럭 터득한 셈이다.

조직 내부가 정비되자 다음은 구민들 사이 갈등 해소가 시급해 보였다. 나는 지방선거 당시 경쟁자였던 이들과 당적이 다른 인사를 두루 포함시켜 명예구청장 제도를 운용하기 시작했다. 이해관계를 떠나 다 함께 지역 발전을 논하자는 뜻이었다. 그들이 왜 구청장이 되고 싶어 했고 또 구청장이 되면 어떠한 정책을 펴고 싶었는지 지혜를 빌리고자 했다. 이어 명예국장·명예동장 제도까지 시행을 했다.

화합의 조짐이 보였다. 명예국장으로 활동하고 있는 한 주민은 재개발 관련 주민 설명회에서 갈등 조정자 역할을 자임, 마을 어른으로서 권위와 모범을 보였다. "명예국장으로 구정에 직접 참여하면서 구청의 입장을 일정 부분 이해했고 주민을 위해 어떤 방향으로 가야 할지 고민하게 됐다"라고 말한 주민도 있었다. 이런 과정을 보면서 혹자는 나에게 화해의 전도사란 별명을 붙였다. 한데 곰곰이 생각할수록 부담스러운 별명이 아닐 수 없다. 쉬 해결할 수 없는 갈등이 여전히 우리 주변에 산재해 있기 때문이다.

대표적으로, 올해 10주기를 맞은 용산참사가 그러하다. 국제빌딩 주변 제4구역 도시환경정비사업 과정에서 이주대책을 요구했던 철거민들이 2009년 1월 20일 한강로동 남일당 빌딩 옥상 망루에 올랐고, 시위 진압 과정에서 철거민 5명과 경찰 특공대원 1명이 한꺼번에 목숨을 잃었다. 남은 이들도 모두 법정에서 유죄판결을 받게 된다. 유시민의 표현대로 "국가는 그들을 사회 안전을 위협하는 도시게릴라로 취급했다.[22]"

2018년 9월 경찰청 인권침해 사건 진상조사위원회는 용산참사 당시 경찰 지휘부가 안전대책이 미비함에도 불구, 진압을 강행했으며 사건 이후에도 진상 규명보다 경찰 공권력 행사의 정당성을 홍보하기 위해 경찰을 조직적으로 움직였다고 밝혔다. 과잉진압 개선 지침 마련과 철거민·특공대원 유족에 대한 사과도 경찰 측에 권고했다.

----------

22  유시민, 『국가란 무엇인가』, 돌베개, 2011, 20쪽.

민갑룡 경찰청장은 2019년 1월 "(위원회) 권고 사안에 대해 개선 조치를 하나하나 추진하고 있다"라며 사과의 뜻을 밝혔지만 유족들은 여전히 고통에 신음하고 있다. 사건 책임자에 대한 처벌도 이뤄지지 않았다.

2013년 10월에는 '단군 이래 최대 개발사업'으로 불리던 서부이촌동 일대 국제업무지구 도시개발구역 지정이 해제됐다. 계획 발표 후 6년 만의 일이었다. 그동안 해당 지역 집값은 요동을 쳤고 주민들은 개발에 찬성하는 쪽과 반대하는 쪽으로 나뉘어 극심한 갈등을 겪었다. 오른 집값을 믿고 무리한 빚을 냈다가 가계가 풍비박산 난 사람도 한둘이 아니었다.

이런 일들을 생각하면 구청장으로서 머리와 가슴이 아프지 않을 수 없다. 해결 방법은 무엇인가? 특별한 건 없다. 상대방을 인정하고 끊임없이 대화하는 수밖에는.

상호 견제와 비판이 민주주의 기본 원리라면 갈등 역시 민주적 현상이라 말할 수 있다. 다만 그 갈등이 지나치면 막대한 사회적 비용을 초래한다. 반대를 위한 반대는 민주주의 자체를 훼손시킬 수도 있다. 주민을 참여시켜 정책을 만들고 대화를 통해 불필요한 갈등을 줄여나간다면 민주주의의 새로운 발전을 야기할 수 있을 것이다.

용산에는 갈등이 많은 만큼 갈등 해결 사례도 많다. 대규모 집창촌이 있던 용산역 전면 도시환경정비구역(제3구역) 사건이 대표적이다. 이곳에 개발이 시작되면서 집창촌 부지에서 장사를 하던 포장마차 상인들과 재개발 조합 사이에 분쟁이 생겼다. 당시 포장마차는 무허가 영업으로 조합에 보상을 요구할 권리가 없었지만 나는 상생 차원에서 원만한 합의가 될 수 있도록 양측을 설득했다.

용산역 전면 도시환경정비구역에 들어선 초고층 주상복합아파트. 과거 대규모 집창촌이 있던 곳으로 사업 시행 초기 포장마차 상인들과 재개발 조합 사이에 분쟁이 있었다.

　결국 재개발 조합은 포장마차들이 영업을 계속할 수 있도록 당장 공사가 진행되지 않는 부지 일부를 내어주기로 했다. 아파트 공사가 끝나면 포장마차를 곧바로 철거 한다는 조건이었다. 덕분에 2012년 말부터 약 3년간 영업을 이어갈 수 있었으니 사업주들 입장에서도 나쁠 게 없었다. 그곳에 지금 초고층 주상복합아파트와 대규모 공원이 들어섰다.

　용산참사로 인해 8년간 중단됐던 국제빌딩 주변 제4구역 도시환경정비사업도 지난 2016년 말 재개됐다. 구는 서울시와 함께 사업 수익성과 공공성을 모두 확보할 수 있도록 노력했다. 이를 통해 용산역에서 국립중앙박물관까지 이어지는 1.4㎞ 구간의 문화공원·공공보행로(용산파크웨이)와 이벤트 공간, 복지시설을 두루 확보할 수 있었다.

서부이촌동 역시 충분한 논의를 거쳐 주민들이 가장 원하는 방향으로 대안을 만들어가고 있다. 구는 지난 2014년 이촌2동주민센터에 주민커뮤니티 시설인 '나루 이촌북카페'를 조성했으며 일대 150여 개의 점포 간판을 정비해 이촌로변 상권 침체를 막았다. 2016년에는 경관 취약지역인 이촌 고가차도 하부에 휴게공간과 엘리베이터를 설치하고 범죄 예방 차원에서 고해상도 방범용 CCTV를 11개 설치했다.

나는 갈등 해결이야말로 정치인의 첫 번째 과제라고 생각한다. 정치란 결국 정치인의 비전을 통해 사람들의 마음과 마음, 힘과 힘을 모으는 과정이다. 정치의 시작과 끝은 갈등이 아니라 화합이다.

# 청렴은 공직자의 생명이자 무기

| 2016년 공공기관 청렴도 '전국 7위'

"피청구인 대통령 박근혜를 파면한다."

2017년 3월 10일, 대한민국 역사가 새롭게 쓰였다. 헌법재판소에서 박근혜 전 대통령 탄핵안을 가결했던 것이다. 이정미 전 헌재소장은 "피청구인의 위헌 위법행위가 국민의 신임을 배반한 것으로 헌법 수호 관점에서 용납될 수 없는 중대한 법 위배행위"라고 탄핵 인용 사유를 밝혔다.

모두가 잘 알고 있듯이, 박근혜 전 대통령은 '비선실세' 최서원(최순실)에게 국정개입을 허용하고 대통령 권한을 남용했다. 그 결과 1심에서 무려 230억 원의 뇌물수수 혐의가 인정돼 징역 24년을 선고받았으며 항소심에서는 25년형으로 1년이 되레 늘었다. 박근혜 게이트는 우리 사회의 민낯을 가감 없이 보여준, 참으로 부끄러운 사건이었다.

대한민국 헌법 제25조는 '모든 국민은 법률이 정하는 바에 의하여 공무담임권을 가진다'고 명시한다. 여기서 공무담임권이란 '공무원의 직책을 맡을 권리'다. 국민이면 누구나 공무원이 될 수 있다는 뜻이다. 하지만 나는 감히 '아무나' 공무원이 되어서는 안 된다고 생각한다.

오늘날 이른바 천민자본주의 세상에서 청렴한 공무원으로 산다는 것이 쉬운 일은 아니다. 고(故) 신영복 선생의 말처럼 "부패는 치열한 자본축적 과정의 필연적 사회현상[23]"이기 때문이다. 쓰임새는 다르겠지만, 철학자 스피노자는 "모든 고귀한 것은 힘들 뿐만 아니라 드물다.[24]"고도 했다. 정말로 아무나 공무원이 되어서는 안 된다. 청렴은 공직자의 생명이자 무기다. 청렴하지 못한 공무원은 자신도, 가족도, 사회도 지킬 수 없다.

지난 2010년, 나는 구 감사담당관에게 구청 공무원 중 가장 청렴한 직원을 찾아 획기적인 포상을 해주자고 했다. 청렴하고 친절한 공무원에게는 합당한 대우가 주어져야 한다는 생각에서였다. 또 우리 직원들이 청렴 공무원을 일종의 귀감으로 삼는다면 자연스레 조직 청렴도도 향상될 것이라 믿었다. 그 결과 2011년 우리 구는 서울시 자치구 최초로 '청백 공무원상'을 만들었다. 2011년부터 2018년까지 청백 공무원 15명(대상 7명, 본상 8명)을 선발, 상패와 상금(대상 200만 원, 본상 100만 원)을 지급했으며 인사상 특전도 제공했다.

청백 공무원은 역시 남달랐다. 수상자 중 일부가 자신이 받은 상금을 또 기부하고 나선 것이다. 지역 저소득층을 위해 써달라고 돈을 구에 기탁한 이도 있었고 아프리카 아동 돕기에 상금을 사용한 이도 있었다. 말 그대로 '감동'이었다.

청백공무원상 외에도 구는 여러 가지 정책을 개발, 직원들의 맑은 기운을 지키고 있다. '청백-e 시스템', '자기진단 제도', '공직윤리관리

---

23  신영복, 앞의 책, 396쪽.

24  B. 스피노자, 『에티카』, 서광사, 2008, 367쪽.

시스템'등 정보기술IT 기반 자율적 내부통제가 대표적이다. 5대 행정
정보시스템과 연계, 재정 집행과 세외수입 처리 등에 상시 모니터링
이 이뤄진다. 전 직원을 대상으로 하는 '청렴교육'도 공연·콘서트 등 매
년 새로운 형태로 선보인다. 청렴도 재밌어야 한다는 게 내 지론이다.

공연 · 콘서트 등 매년 새로운 형태로 청렴 교육을 선보이고 있다. 청렴도 재밌어야 한다.

　노력은 헛되지 않았다. 구는 국민권익위원회 주관 '2016년 공공기
관 청렴도 측정'에서 종합청렴도 2등급(전국 7위)을 받았다. 명실상부
청렴 1등 구로서 명성을 드높인 것. 2017년에는 개인 자격으로 한국
반부패정책학회 주관 '대한민국 반부패 청렴대상'을 받기도 했다.
　구는 또 서울시 감사위원회 주관 반부패·청렴실천 우수사례 공모

에서 6년 연속 수상의 대기록도 세웠다. 복지사각지대 노인요양원, 효심돌보기로 들여다보다(2013년 청렴실천 최우수), 사이비 장애인 대부의 가면을 벗긴 청렴공무원(2014년 청렴실천 최우수), 어머니! 이제 편히 주무세요! (2015년 청렴실천 장려), 사회적 약자를 위한 소통환경정비대 운영(2016년 청렴실천 최우수), 뻔하지 않은 Fun한 청렴 이야기 (2017년 반부패 장려), 청탁금지법은 지키고 전통시장은 살리고 (2018년 청렴실천 최우수) 사업이 수상의 영광을 차지했다.

직원들은 저장강박에 시달리는 취약계층을 위해 자원봉사자들과 함께 주민 집청소에 나섰으며(사회적 약자를 위한 소통환경정비대 운영) 청탁금지법 시행 이후 더 힘겨워진 전통시장을 살리기 위해 모델을 자처, 시장별 CF를 만들었다. ('청탁금지법은 지키고 전통시장은 살리고')

청탁금지법 시행 이후 더 힘겨워진 전통시장을 살리기 위해 직원들이 모델을 자처, 시장별 CF를 만들었다. 어렵고 힘든 일을 적극적으로 처리하는 것 또한 청렴 실천의 방법이다.

청렴은 단순히 돈, 향응을 받지 않는다는 좁은 의미에 그치지 않는다. 공무원이 투철한 봉사정신으로 어렵고 힘든 일을 적극적으로 처리하는 것 또한 청렴 실천의 방법이다. 공자가 말했듯이 "인(仁)한 사람은 어려운 일에는 먼저 나서서 하고 이익을 챙기는 데는 남보다 뒤지는데, 이렇게 하면 인하다고 할 수 있다.[25]"

용산을 이끌고 있는 1,300여 공무원의 건투를 빈다.

25  공자, 『논어』, 홍익출판사, 2007. 82쪽.

제2장

# 교육이
# 미래다

# 강북 교육 1번지

| 아이들의 앞날에 봄날만 가득하길

　'와이로(わいろ)'란 말이 있다. 기성세대라면 흔히들 들어봤을 테다. 일본말로 뇌물을 뜻한다. 촌지와 선물 등 형태는 다양하다. 재밌는 점은 같은 소리와 뜻을 지닌 '蛙利鷺(개구리로 백로를 이롭게 하다)'란 말이 한문에도 있다는 사실이다.

　고려 명종 때 일이다. 임금이 야행(夜行)을 나갔다가 어느 선비 집에서 하룻밤을 묵게 됐다. 그 집 대문에 '유아무와 인생지한(唯我無蛙 人生之恨 : 나는 있는데 개구리가 없는 게 인생의 한이다)'이란 문구가 붙어있었으니 임금이 궁금증을 참지 못하고 글공부에 몰두하던 선비에게 그 뜻을 물었다.

　선비 왈, "옛날, 꾀꼬리와 까마귀가 백로를 심판 삼아 노래 시합을 하기로 했습니다. 꾀꼬리는 자신이 있었죠. 그래도 지지 않으려고 열심히 노래 연습을 했습니다. 반면 까마귀는 자루 하나만 들고 논두렁 개구리만 잡으러 돌아다녔다고 합니다. 결과는 어떻게 됐을까요? 어이없게도 백로가 까마귀 손을 들어 줬습니다. 알고 보니 까마귀가 백로에게 개구리를 뇌물로 갖다 바쳤던 겁니다."

말하자면 당시 부정과 비리로 얼룩졌던 고려 과거시험 제도를 선비가 동물 세계를 빌려 풍자했던 셈이다. 임금은 느끼는 바가 있었다. 선비에게 "곧 과거시험이 있을 테니 반드시 응하라."라고 권한 뒤 임금은 궁궐로 돌아와 과거시험을 열라고 신하들에게 명했다.

며칠 뒤 선비는 시험장을 찾았다가 시제(試題)를 보고 깜짝 놀랐다. 시제가 바로 '유아무와 인생지한'이었던 것이다. 선비는 그제야 그때 그 어른이 임금임을 깨닫고 임금 있는 곳을 향해 절을 올렸다. 결과는 장원급제였다.

이야기의 주인공, 선비는 「동명왕편」으로 잘 알려진 이규보 (1168~1241) 선생이다. 나는 이 이야기를 주민이나 직원들에게 심심찮게 들려준다. 한국의 대학입시 혹은 인사채용 분야 '불공정의 역사'를 한 번쯤 되새길 수 있기 때문이다.

조선시대 과거시험은 소과와 대과로 나뉘었다. 소과에 합격하면 생원이나 진사가 되고 성균관 입학 자격이 주어졌다. 대과에 합격하면 관료의 길을 걷게 된다. 과거시험, 특히 소과의 현대판 버전이 바로 대입시험이다.

조선시대 부모들이 자녀 과거시험에 목숨을 걸었다면 지금은 대입시험에 목숨을 건다. 사회학자 김동춘은 이를 "오랫동안 지속되어 온 시험을 통한 관리 등용 제도가 현대식 교육제도와 독특하게 결합[26]"한 것으로 이해했다. 우리나라 교육열의 문화적 기원이다.

해방 후 급격한 사회변동, 특히 지주계급의 몰락과 전 사회적 평등의식 확대는 교육을 통한 출세를 거의 종교적인 것으로 만들었다. 좋

---

26  김동춘, 앞의 책, 231쪽.

은 대학이 좋은 직장, 좋은 배우자, 행복한 인생을 결정한다는 믿음이 유포됐으니 이를 학벌주의라 한다. 그 결과 학군이 집값을 좌우하고 학업성취도가 지역 가치를 결정하는 희한한 세상이 돼버렸다.

물론 이게 다 잘못된 것만은 아니다. 학벌과 출세에 대한 욕망은 한국의 산업화를 이끈 동력이다. 하지만 IMF 외환위기 이후 일상적 고용불안과 무한경쟁, 노동시장 양극화는 학교 교육까지 엉망으로 만들었다. 행여 우리 아이가 낙오되지 않을까 하는 부모들의 '공포'가 사교육 시장을 눈에 띄게 키웠고 교실은 경쟁하는 아이들과 포기한 아이들로 극렬히 분리됐다.

최근 태국 영화 '배드 지니어스'를 봤다. 나타우트 폰피리야 감독의 작품이다. 가난한 우등생, 말하자면 거의 천재에 가까운 '린'과 '뱅크'가 국가 간 시차를 이용, 미국대학입학자격시험(SAT) 답안을 금수저 친구들에게 팔아넘기는 과정을 스릴 있게 묘사했다.

결론만 얘기하면, 거래는 실패였다. 린과 뱅크가 SAT 답안을 모두 외워서 쉬는 시간마다 이를 문자로 친구들에게 알렸는데 결국 감독관에게 걸리고 만다. 처음부터 불가능한 일이었다. 한데 놀라운 일은 영화가 실화를 바탕으로 한다는 사실이다. 그것도, 바로 우리나라에서 있었던 일이다.

지난 2007년 학원 강사 손 모 씨가 태국에서 실시된 SAT 시험 답안을 자신이 운영하는 인터넷 카페에 올렸다가 2012년에야 적발된 사건이 있었다. 태국 SAT 시험이 미국보다 11시간 일찍 시작되는 점을 노렸다. 답안은 태국 시험에 응시했던 지인으로부터 입수를 했다고 한다.

영화 같은 일은 계속 이어졌다. 2016년 경기도 모 고교 교무부장은 교육행정정보시스템 나이스(NEIS) 프로그램에 임의로 접근, 자녀 학생부를 1,789자나 허위로 기재했다. 또 2017년 광주에서는 모 여고가 일부 학생들 학생부를 '조직적으로' 조작했다 적발된 사건도 있었다. '선택과 집중'을 통해 학교 명문대 진학률을 높인다는, 학교장의 그릇된 욕망이 빚은 촌극이었다. 2018년 이른바 '숙명여고 쌍둥이' 사건은 내신 성적과 학교생활기록부에 대한 신뢰를 바닥으로 떨어뜨리기도 했다.

교육 불공정 문제를 해소하려면 교육부와 교육청, 교사와 학부모, 그리고 학생과 전문가 그룹이 머리를 맞대고 대입제도를 획기적으로 개선해야 한다. 하지만 이해관계가 워낙 복잡하다 보니 현 정부 내에서는 조정이 불가능할 것이란 관측이 많다. 근본적으로 이중 노동시장 개혁 없이는 대입제도를 어떻게 손봐도 효과는 미미할 것이란 의견도 있다.

이러한 상황에서 지자체는 과연 무엇을 해야 할까? 나는 지난 민선 5기 때부터 용산을 '강북 교육 1번지', 강남 못지않은 '교육특구'로 키우겠노라 공언했다. 하지만 이왕이면 우리가 지향할 교육 1번지는 대치동의 그것과는 결을 달리해야 하지 않을까?

결론은 세 가지였다. 첫째, 공교육을 정상화시킬 것. 비대해진 사교육 문제도 일정 부분 해결할 수 있다. 둘째, 교육격차를 줄일 것. 개천에서 용이 나야 나라가 산다. 셋째, 창의교육 인프라를 갖출 것. 학교가 못하면 지자체라도 해야 한다. 자세한 내용은 뒤에서 다시 살피도록 하겠다.

# 일반고가 뭉쳤다

| 공교육 살릴 '묘책'

공교육 정상화는 역대 모든 정권이 내세운 교육 분야 지상과제다. 하지만 보수, 진보 가릴 것 없이 모두 실패했다는 게 국민들의 공통된 인식이다.

가장 큰 문제는 수시 전형이다. 지난 2002년 김대중 정부가 도입한 대입 수시 전형은 이후 지속적으로 확대됐고 지금은 정시 모집 비율을 크게 앞지른 상태다. 수시 전형은 다시 학생부교과전형, 학생부종합전형, 논술전형, 특기자전형으로 나뉜다. 특히 미국식 입학사정관제를 한국에 도입한 학생부종합전형은 성적 줄 세우기가 아닌 학생 개개인의 특성을 살려 학생들을 선발한다는 점에서 분명 의미가 있다.

문제는 수시 전형이 일반고보다 자사고, 특목고, 비평준화 명문고 등에 지나치게 유리하다는 점이다. 전형이 워낙 복잡해서 평범한 학생과 학부모, 심지어 교사들 조차 관련된 정보를 얻기가 어렵다. 전국 고3 담임 1,268명을 대상으로 한 설문 조사에서 85%의 교사가 수시 모집 진학지도의 어려움을 호소했다.[27] 부모도 교사도 자연스레 사교육에 의존할 수밖에 없다. 수시를 '금수저 전형'이라 부르는 이유다.

정시도 문제가 많다. 2019학년도 '불수능'은 많은 이들의 공분을 불러일으켰다. 일부 문제는 학교 선생님들도 쉽게 풀지 못할 정도로 어려웠다. 변별력을 위해서 어쩔 수 없다는 교육 당국의 설명은 구차하게 들렸다. 지나치게 어려운 수능은 사교육 시장만 키울 게 분명하기 때문이다. 일부에서는 정시를 금수저를 넘어선 '다이아몬드 전형'이라 비아냥댄다.

대안이 뭘까? 쉽사리 답할 수 없다. 다만 문재인 정부가 장기 과제로 내세우고 있는 '고교학점제'가 눈길을 끈다. 이는 학생이 듣고 싶은 과목을 자율적으로 선택할 수 있는 제도로 대학처럼 누적 학점이 일정 기준에 도달해야만 졸업이 인정된다. 특히 문·이과 구분 없는 통합형 인재를 키울 수 있다는 점에서 상당히 혁신적인 모델로 평가를 받고 있다.

고교학점제를 대입제도와 무리 없이 연결하는 것은 상당한 시일과 기술을 요하는 일이다. 공론화도 필요하다. 2025년 고교학점제가 전면적으로 실시되기 전까지 아직 여유가 있는 만큼 정부에서 많은 공을 들여 최적의 제도를 만들기 바란다. 이왕이면, 용산구에서 한 수 배워 가는 것도 나쁘지 않겠다.

우리 구는 지난 2012년 민선 5기 구청장 공약사업으로 '고교연합 공교육 특화 프로그램'을 전격 도입했다. '청소년 전공연구 프로그램'이

---

27  세부적으로, '대학별 전형이 너무 많고 복잡하다'가 53.6%, '대학이 제공하는 평가 기준에 대한 정보가 부족하다'가 31.4%였다. (EBS《대학입시의 진실》제작팀, 《교육대기획 대학입시의 진실》, 다산에듀, 2018, 98쪽.)

라고도 한다. 배문고, 보성여고, 성심여고, 신광여고, 오산고, 용산고, 중경고 등 관내 인문계 7개 고등학교(일반고)가 7년째 구와 함께해 오고 있다.

구 역할은 금전적 지원에 그치지 않는다. 교사와 대학교수, 외부 전문가 등으로 강사진을 구성, 학기별 60여 개 강좌를 고교연합과 함께 운영한다. 환상예술과 19세기 프랑스 환상문학, 감정과 이성의 철학, 4차 산업혁명을 위한 코딩, 수학, AI의 이해와 실습, 한중일의 사회, 과학, 기술의 충돌 및 장래와 연결 주제 연구, 전자공학입문과 로보틱스(robotics) 등등 대학 수업 못잖은 강연들이 학기별 5회씩 이뤄진다.

7개 고교 외 숙명여자대학교, 중앙대학교 등 대학 캠퍼스와 과학동아 천문대, 커피교육센터 같은 지역인프라가 교육장소로 활용된다. 특히 2016년 공대를 신설한 숙명여대는 아두이노로 배우는 코딩의 세계, 다이나믹셀을 이용한 로봇 기초수업, VR 기초 이론과 체험 등 공학 관련 수업을 여럿 개설했다. 수강료는 한 학기 4만 5,000원~6만 원 수준이다. 보조금을 활용해서 비용을 최소한도로 낮췄다. 저소득층은 이마저 면제된다. 그 덕분에 지난 7년간 8,000여 명의 학생들이 우리 프로그램을 거쳐 갈 수 있었다.

상상해 보라. 영화인이 되고자 하는 청소년들에게 연기와 연출을 할 수 있는 무대, 그리고 장비가 주어진다면? 실제 우리 구 전공연구 프로그램의 하나인 '신문방송·영상학' 수업에서는 학생들이 직접 PD와 연기자로 변신, 방송을 하고 영상을 만들면서 자신이 꿈꾸던 이상의 나래를 마음껏 펼친 바 있다. 이들이 과연 목표를 이뤘는지는 모르겠다. 하지만 막연히 꿈만 꾸는 아이들과는 분명 미래를 달리했을 것이다.

커피 바리스타 자격 과정은 또 어떤가. 대입 준비와는 무관한, 말

청소년 전공 연구 프로그램 '커피 바리스타 자격과정'.
하나라도 놓칠세라 메모하고 따라하는 학생들 눈빛에서 반짝반짝 빛이 났다.

그대로 직업 교육이다. 나도 한 번 교육장을 찾은 적이 있는데, 전문가 강연을 들으며 하나라도 놓칠세라 메모하고 따라 하는 학생들 눈빛에서 반짝반짝 빛이 났다. 꽉 막힌 교실에서는 쉽게 볼 수 없는 광경이었다. 이런 게 바로 자기주도 학습이다.

전공 연구 프로그램의 성과는 연말에 진행하는 '소논문 대회'를 통해 확인할 수 있다. 우리 구는 전공 연구 참여 학생들을 대상으로 매년 소논문 대회를 여는데, 학생들이 내놓는 논문 수준이 어른들 혀를 내두르게 한다. 웬만한 대학생들도 저리 가라다.

우수 논문을 대상으로 시상도 한다. 2018년 소논문 대회에서는 성심여고 2학년생 이연재 양이 대상을 받았다. '학교협동조합 매점의 발전방안-학생을 중심으로'라는 주제였다. 나도 찬찬히 논문을 읽어봤다. 학생 스스로 질문하고 답을 내놓은 과정이 대견스럽게 여겨졌다. 또 이렇게 번뜩이는 논문들을 보노라면 대한민국 미래가 밝을 것이란 자신감마저 들었다.

우리 구는 전공 연구 프로그램 일환으로 '모의 유엔(UN) 총회'도 1년에 한 번씩 열고 있다. 일반계 고등학생 50여 명이 참가, 각 국 입장을 대변해 치열한 토론을 벌인다. '비핵화를 위한 효과적 방법 찾기', '인신매매에 대한 해결 방안 추구' 등 토론 주제도 만만찮다. 게다가 모든 토론은 영어로 이뤄진다. 세계화시대, 국제무대에서 활약할 우리 아들딸의 모습을 이곳에서 미리 그려볼 수 있다.

전공 연구 프로그램에 참여한 학생들은 자신의 흥미분야는 물론 강점과 약점을 두루 깨우칠 수 있다. 캠퍼스에서 미리 대학생이 돼보는 즐거운 체험을 할 수도 있고 마음 맞는 타 학교 학생들과 널리 교류할 수도 있다. 학교 간 연대를 통해 단위 학교의 교육 역량도 키울 수 있는 계기가 된다. 학생 스스로가 교육의 주체임을 깨닫는 것도 우리 프로그램의 강점이다.

비록 학생들에게 학점이 주어지진 않지만 나는 우리 전공 연구 프로그램이 앞으로 도입될 고교학점제의 훌륭한 모델이 되지 않을까 생각한다. 전국 단위로 확대된다면 충분히 공교육의 대안이 될 수 있다. 이는 우리만의 생각이 아니다. 외부에서도 그렇게 인정했다. 2014년 '제6회 방과후 학교 대상' 시상식에서 우리 구가 청소년 전공 연구 프로그램으로 '지역사회파트너' 부문 우수상을 받았다.

또 2017년 '제2회 대한민국 지방자치 정책대상'에서는 무려 대상의 영광을 안기도 했다. 당시 심사위원장이었던 이달곤 전 행정안전부 장관은 "구청과 대학, 그리고 지역 지식인들이 공동으로 사교육에 대한 대안적 공교육을 시도한 것이 혁신적이었다."라고 우리 정책을 높이 평가했다.

　사교육 문제를 해결하는 첫 번째 방법은 공교육 질을 높이는 것이다. 물론 사교육도 일정 부분 필요하다. 너무나도 복잡한 시대인데, 어찌 표준화된 공교육만으로 부모와 학생들 욕구를 모두 채울 수 있겠는가. 다만 기회는 평등해야 한다. 중앙 및 지방정부는 공교육 질을 높이고 더 많은 아이들에게 같은 기회를 제공해야 할 분명한 책임이 있다.

# 개천에서 龍 나는 용산구

| 가난의 대물림을 끊어야 한다

"기회는 평등할 것입니다. 과정은 공정할 것입니다. 결과는 정의로울 것입니다." 문재인 대통령이 대선 당시 연설에서 자주 했던 말이다. 명문이다. 우리 사회가 나아가야 할 방향을 명확히 드러내고 있다. 많은 이들이 여기 공감했을 것이다.

하지만, 슬로건과 달리 빈부격차는 날이 갈수록 심각해지고 있다. 통계청 자료에 따르면 2018년 3분기 기준 하위 20% 가구와 상위 20% 가구는 소득에서 7.3배나 차이가 났다. 『21세기 자본』의 저자 토마 피케티는 2016년 기준 우리나라 소득 상위 10% 계층이 전체 소득의 43%를 가져갔다는 내용을 세계불평등데이터베이스WID 사이트에 공개해 논란을 낳기도 했다. 한국의 소득집중도가 대다수 선진국보다 높다는 사실이 처음 드러난 것이다. (유럽 국가는 30% 초중반이었다.)

1980년대까지만 해도 우리나라 상위 10% 소득은 전체의 20%대에 불과했다. 불과 30년 만에 격차가 2배 이상 벌어진 이유가 뭘까? 여러 가지가 있겠지만 나는 계층 이동의 사다리가 끊어진 게 주 원인이라고 본다. '금수저, 흙수저' 담론이 보여주듯, 빈부격차는 교육격차로 이어지고 이는 다시 빈부격차를 세습시키는 악순환을 야기한다. 그런 사회는 결코 지속 가능할 수 없다.

다시 한번 지자체 역할을 강조해야겠다. 교육부나 교육청만으로는 교육격차 문제를 해소할 수 없다. 이미 많은 지자체에서 대안을 만들기 위해 노력하고 있는 것으로 안다. 여기서는 우리 구 사례를 몇 가지 소개토록 하겠다.

몇 해 전 어느 모자(母子)가 구청장 집무실을 찾았다. 구에서 장학금 혜택을 받았던 조 군과 그의 어머니였다. 조 군은 고등학교를 졸업하고 고려대학교에 입학한 상태였다. 자신감이 엿보였다. 짧은 시간이었지만 많은 이야기를 나눴다. 힘든 시기를 무사히 보낸 조 군이 너무나도 자랑스러웠다.

나는 민선 5기 출범과 함께 '용산구 장학기금 설치 및 운영조례'를 만들었으며 2011년부터 현재까지 기금 100억 원을 모았다. 장학금

꿈나무 장학증서 수여식. 우리 구는 지난 2013년부터 2018년까지 지역 학생 1,759명에게 장학금 7억 원을 지급했다. 30만 용산 가족 이름으로 주는 장학금이라 의미가 더 크다.

은 기금 이자수익으로 마련된다. 2013년부터 2018년까지 지역 학생 1,759명에게 장학금 7억 원을 지급했다. 30만 용산 가족 이름으로 주는 장학금이라 더 의미가 크다. 장학생 선정 기준은 가정 형편이나 성적으로만 한정하지 않는다. 봉사활동에 열심히 참여하거나 예체능 특기를 가진 학생들에게도 장학금을 일정 부분 지급한다. 물론 어려운 형편에서 열심히 공부하는 학생들이 최우선 대상이다.

우리 구는 지난 2012년부터 '호프 업 드림 업(Hope up Dream up) 사업'도 이어오고 있다. 관내 보습학원과 연계해서 저소득층 청소년에게 무료로 사교육 기회를 제공한다. 그렇다고 구가 사교육을 조장하는 게 아니다. 현실적으로 사교육이 필요하다면 저소득층도 동등한 기회를 누려야 한다는 게 우리의 생각이다. 구와 중부보습학원연합회, 서울사회복지공동모금회가 공동으로 사업을 이끈다. 매달 70여 명의 학생들이 보습학원 20여 곳에서 강의를 듣고 있다. 소요예산은 연간 5천만 원 정도다. 구 예산이 아니라 구민들이 기탁한 '따뜻한 겨울나기' 성금에서 재원을 마련한다. 교재도 사회복지 공동모금회에서 무료로 제공하고 있다. 주민들 반응은 상당히 좋다. 가난한 집 부모들도 자녀교육에는 관심이 많기 때문이다. 공교육이든 사교육이든 모든 학생들에게 동등한 기회를 제공하는 것, 이것은 정의의 문제다.

우리 구는 '드림스타트' 사업도 열심이다. 드림스타트란 취약계층 아동에게 맞춤형 서비스를 제공, 아동의 건강한 성장과 발달을 도모하는 '통합사례관리' 사업을 말한다. 구는 2016년 드림스타트 팀 신설 이후 저소득층 아동과 청소년을 위해 '체험' 프로그램을 아주 다양하게 선보여 왔다. '행복UP! 사랑UP! 가족캠프', '드림스타트 학습 멘토링', '주니어 로봇 인코딩 캠프' 등이 대표적이다. 주기적으로 열린 가

선린인터넷 고등학교에서 열린 '주니어 로봇 인코딩 캠프'. 우리 구 드림스타트 사업의 하나다.

족캠핑이 특히 만족도가 높았다.

입시에 있어 '정보 불균형'을 막는 것도 중요하다. 우리 구는 매년 초 대규모 대입설명회를 열고 학부모, 학생들을 지도한다. 최고 수준 강사를 모셔 무료로 강연을 진행하니 행사장은 늘 만원이다.

6월쯤 되면 '대학별 수시전형대비 1:1 상담지도' 프로그램을 이어간다. 수도권 주요대학 입학사정관을 모시고 학생 100명을 대상으로 상담을 해주는 방식이다. 수시 전형이 워낙 복잡하다 보니 미리 방향을 설정해 놓지 않으면 닥쳐서 후회할 수밖에 없다.

이 외에도 구는 면접특강, 모의면접, 학부모 아카데미 등을 통해 아

고교 친환경 학교급식 업무협약.

이들과 부모님들의 '한편'이 되어주고 있다.

　친환경 무상급식에 대해서도 한마디 해야겠다. 올해(2019년)부터 서울시내 모든 고등학교에서 고3 무상급식이 시작됐다. 이후 1년에 한 학년씩 급식 대상을 늘려간다. 2021년이면 서울의 모든 초·중·고등학교에서 무상급식 혜택을 받을 수 있다. 나도 서울시구청장협의회장으로 관련 업무협약서에 날인을 했다. 사실 처음에는 고민을 좀 했었다. 예산 부담이 적지 않기 때문이다. 2019년도 서울시 초중고 무상급식 소요액이 5,682억 원인데 이 중 1,136억 원(20%)을 자치구가 부담해야 한다. 나머지는 시교육청(50%)과 서울시(30%) 몫이다. 국비 지원은 없다.

결론적으로, 나 역시 보편적 교육복지를 위해 결심을 내렸다. 적어도 우리 아이들이 밥걱정은 하지 않게 됐으니 기쁘게 생각한다. 가계 교육비 부담도 어느 정도 덜 수 있게 됐다. 함께 해준 구청장님들께 감사드린다.

# 창의교육, 독서로 시작한다

| 하버드 졸업장보다 소중한 '독서습관'

대한민국 청년들이 공무원 시험에 목을 매고 있다. 2016년 기준 이른바 공시족 수는 26만 명에 달한다. 전체 청년층(15~29세) 취업준비자 69만 명의 36%에 해당하는 수치다. 현대경제연구원은 젊은이들이 경제활동을 유예한 채 공무원 시험에 매달리면서 한해 17조 원의 경제적 손실을 야기하고 있다고 주장했다.[28]

국가적으로 큰 손실이 아닐 수 없다. 청년들을 비난하는 게 아니다. 문제는 사회다. 노동시장 양극화와 불안정성, 그리고 양질의 일자리 부족이 사태의 핵심이다. 엎친 데 덮친 격으로 오는 2020년이면 로봇에 의해 전 세계 일자리 500만 개가 추가로 사라질 것이라는 암울한 이야기까지 들려온다. 근본적인 대책이 없으면 상황 변화는 쉽게 기대할 수 없다. 그렇다면 대책이 뭔가. 여러 가지가 있겠지만 교육도 그중의 하나다.

----------

28  이지상, 〈청년 공시생 26만 명. 한해 경제손실만 17조 넘어〉, 《중앙일보》, 2017.4.5.

오늘날 우리가 가장 주목해야 할 제도는 바로 인적 자본과 관련된 제도와 정책이다. 미국의 경우, 인적 자본에 대한 투자 정책 덕분에 국민의 상당수가 학교 교육과 직접 교육을 받게 되었고, 그 결과 이들이 후기산업시대 기업이 필요로 하는 산업 일꾼으로 변신할 수 있었다. 물론 대학에 가는 숫자가 많아진다는 것만으로 만족해서는 안 된다. 졸업하고 나서 일자리가 거의 없는 분야에서 많은 학생이 공부하도록 내버려 두면 결코 안 된다. 고등교육, 즉 대학교육은 시장의 변화를 보아가며 이뤄져야 하는 것이다. 이는 기회가 더 많이 주어지는 분야가 어디인지를 보면서 인재를 양성해야 한다는 뜻이다.[29]

일자리와 연계된 교육이 필요하다. "대학을 취업학원으로 만들잔 말인가?"라고 누군가 반론할 수도 있겠다. 이미 우리네 대학이 "글로벌 자본과 대기업에 가장 효율적으로 부품을 공급하는 하청업체[30]"가 되었다는 청년 김예슬의 지적도 일리가 있다.

하지만, 그렇기 때문에 더 장기적인 비전과 안목이 필요하다. 스티브 잡스가 그랬던 것처럼, 우리 교육은 기술과 인문학이 결합된 통섭(統攝, consilience) 교육, 창의교육이 되어야 한다. 대학은 물론이고 중·고등학교 교육도 그렇게 바뀌어야 한다.

2015년 영국 옥스퍼드 대학 칼 프레이 교수와 마이클 오즈번 교수가 쓴 '창의성 대 로봇'이란 보고서에 따르면 미국 기준, 2010년 직업

---------

29  데이비드 워시, 『지식경제학 미스터리』, 김영사, 2008, 687쪽.

30  김예슬, 『오늘 나는 대학을 그만둔다, 아니 거부한다』, 느린걸음, 2010, 12쪽.

군 중 47%가 10~20년 안에 컴퓨터 자동화의 영향으로 줄어들거나 사라질 위험에 처해있다고 한다. 창의성 높은 21%의 직업군만 컴퓨터와 자동화에도 안전할 것으로 조사됐다.[31] 다시 한번 결론은 '통섭'과 '창의'다.

한데 우리 현실은 어떠한가? 한국의 중앙집권적이고 획일화된 교육은 적어도 '소품종 대량생산'으로 요약되는 산업화 교육에는 적합했을지 몰라도 '다품종 소량생산'이란 탈산업화 논리에는 부응하기 어렵다. "전국 수백만의 아이들의 머릿속에 모두 똑같은 것만 집어넣고 있어"라고 했던 서태지의 외침(교실 이데아)은 지금도 상당 부분 유효하다.

물론 변화는 있다. 이우학교, 풀무학교 같은 대안학교가 지역 곳곳에 세워졌으며 진보 교육감들의 활약으로 혁신학교도 빛을 발했다. 또 교육격차 해소와 공교육 혁신, 창의교육 강화를 위해 시교육청이 주도하고 있는 '혁신교육지구' 사업도 자리를 잡아가는 중이다. 우리 구도 지난 2017년 서울형 혁신교육지구로 선정이 됐다. 마을-학교 연계사업, 청소년 자치 활동, 민관학 거버넌스 운영 등 다방면에 걸쳐 새로운 실험을 진행하고 있다.

학교와 별개로 구가 자체적으로 하는 사업도 많다. 가장 중요한 게 도서관을 비롯한 교육 인프라 구축이다. 창의성은 그냥 나오는 게 아니라 학습에서 비롯된다. 암기도 상당 부분 필요하다. 기본적으로 '아는 게 있어야' 그걸 조합하고 뒤집어 새로운 것, 남다른 것을 만들 수 있다. 그래서 책과 도서관이 중요하다.

----------

31  구본권, 『로봇시대, 인간의 일』, 어크로스, 2015, 126쪽.

한강로동주민센터 북 카페 라온아토. 나는 공공청사를 지을 때 무조건 작은도서관(북 카페)을
포함시키도록 했다.

세계에서 가장 창의적인 사람들 가운데 한 명인 빌 게이츠도 "오늘
의 나를 있게 한 것은 우리 마을의 도서관이었다. 하버드 졸업장보다
소중한 것은 독서하는 습관이었다."라고 말한 바 있다.

우리 구는 '책 읽는 도시 용산'을 목표로 지난 2015년 인재양성과 내
독서진흥팀을 신설, 본격적인 구립도서관 확충에 나섰다. 하지만 규
모 있는 도서관을 지으려면 상당한 예산이 드는 법. 우선은 공공청사
를 지을 때 무조건 작은도서관(북 카페)을 포함시키도록 했다. 기존 공
공청사 유휴공간도 북 카페로 고쳤다. 한강로동주민센터 '라온아토'
가 전자고 용문동주민센터 '오렌지나무'가 후자다.

2018년 말 기준 관내 구립도서관은 모두 16곳이다. 아이부터 어른
까지 누구나 편리하게 시설을 이용할 수 있다. 구는 도서관 신설에 그
치지 않고 신간도서와 물품 구매비, 프로그램 운영비도 주기적으로
지원한다.

북스타트 책놀이 개강식. 독서는 습관이며 습관은 어릴 때부터 길러야 한다.

2018년에는 도서관 통합 네트워크도 구축했다. 우리 구 도서관을 모두 '책이음서비스'에 가입시켜 주민들이 하나의 통합 회원증으로 서비스에 참여 중인 전국 도서관에서 도서 대출, 반납 서비스를 이용할 수 있도록 한 것이다. 또 도서관 통합 자료관리시스템과 홈페이지를 구축, 서비스 향상을 도모하고 있다.

도서관 외에도 구청 2층 민원실 한편에는 '책물결 공유서가'를 만들었다. 授BOOK受BOOK 도서 나눔 캠페인을 통해 주민들로부터 기증받은 책 5,326권을 비치했다. 또 남산공원과 용산가족공원, 응봉공원 등 주민들의 왕래가 잦은 곳에도 부스형 작은 도서관을 설치했다. 학교 운동장에는 컨테이너 북 카페 설치를 지원했다. 언제 어디서나 책을 읽을 수 있는 분위기를 만들기 위해서다.

한데 이런 노력에도 불구하고 사람들이 책을 읽지 않는다면? 백약이 무효다. 『명심보감』에 쓰여 있듯, 아무리 많은 재산을 모아도 자손이 지키지 못하면 필요가 없고, 아무리 많은 책을 쌓아두어도 자손이 읽지 않으면 아무 소용이 없기 때문이다.[32]

문화체육관광부가 발표한 '2017 국민독서실태조사'에 따르면 지난 1년간 교과서, 잡지, 만화책 등을 제외하고 종이책을 1권 이상 읽은 성인이 59.9%에 불과했다. 스마트폰의 영향력과 급증하고 있는 영상미디어 탓이다. 하지만 나는 여전히 고급한 정보를 습득하는 데 있어 책이 최적의 매체라고 생각한다. 그래픽과 영상, 단문 위주 텍스트는 사람들의 이해력과 상상력을 갉아먹을 수 있다. 인식 주체로서 '할 일'이 없어지기 때문이다.

독서는 습관이며 습관은 어릴 때부터 길러야 한다. 구는 '책과 함께 인생을 시작하자'는 취지로 '북스타트' 책놀이 사업을 수년째 이어오고 있다. 영·유아에게 그림책을 선물하고 책과 놀게 함으로써 책 읽는 습관을 길러준다. 물론 최고의 스승은 부모다. 책 읽기 좋아하는 부모는 학교도 지자체도 따라갈 수 없다. 어른들의 노력이 더 필요하다.

끝으로 팁 하나. 책은 어떻게 읽어야 할까? 헤르만 헤세의 조언을 들어보자.

----------

32 원문은 이렇다. 「司馬溫公曰 積金以遺子孫이라도 未必子孫이 能盡守요 籍書以遺子孫이라도 未必子孫이 能盡讀이니 不如積陰德於冥冥之中하여 以爲子孫之計也니라(사마온공이 말하기를, 금(돈)을 모아서 자손에게 남겨주더라도 자손이 반드시 다 지키지는 못하고, 책을 모아서 자손에게 남겨주더라도 자손이 반드시 다 읽지는 못하니, 남모르는 가운데 음덕을 쌓아서 자손을 위한 계책을 삼느니만 같지 못하니라.)」 (성백효 편역, 『명심보감』, 전통문화연구회, 2017, 13쪽.)

"그저 시간이나 때우려고 읽는 사람은 좋은 책을 아무리 많이 읽은 들 읽고 돌아서면 곧 잊어버리니, 읽기 전이나 후나 그의 정신은 여전히 빈곤할 것이다. 하지만 친구의 이야기에 귀를 기울이듯 책을 읽는 사람에게 책들은 자신을 활짝 열어 온전히 그의 것이 될 것이다.[33]"

옳거니, 친구를 대하듯 책을 읽자. 삶의 위안과 기쁨을 얻을 수 있을 것이다.

---

33 헤르만 헤세, 『헤르만 헤세의 독서의 기술』, 뜨인돌, 2006, 109쪽.

# 줄탁동시(啐啄同時)

| 아이들 스스로 길을 찾도록

계속해서 교육 인프라에 관한 이야기다. 용산 꿈나무 종합타운과 진로직업체험지원센터 '미래야'를 소개한다.

먼저 꿈나무 종합타운은 1978년에 세워진 옛 용산구청사를 새롭게 활용한 시설로 구 교육사업 최대 결실이다. 우리 구는 지난 2010년 원효로에서 이태원으로 둥지를 옮겼다. 민선 2기 용산구청장 시절 내가 SOFA의제로 끌어올려 반환을 추진했던 아리랑택시회사 부지에 후임 박장규 전 청장이 건물을 올렸다.

나는 취임하자마자 옛 구청사를 어떻게 활용할지에 대한 숙제를 떠안았다. 모 일본계 회사가 나에게 건물을 팔라는 제안도 해왔다. 상당한 액수를 제시했지만, 따르지 않았다. 독립운동의 성지(聖地) 효창공원이 지척이다. 적어도 일본계 회사는 아니라고 생각했다. 무엇보다 청사는 구청이 아닌 구민 모두의 재산이다. 결국 2013년 주민협의체를 꾸렸다. 주민 의견을 광범위하게 모았다. 2년 만에야 결론이 났다. 그게 (가칭)어린이·청소년 종합타운, 즉 지금의 꿈나무 종합타운이다.

꿈나무 종합타운. 1978년에 세워진 옛 용산구청사를 새롭게 활용한 시설로 우리 구 교육사업 최대 성과물이다. 개관 1년 만에 이용객 60만 명을 돌파했다.

구는 2015년 10월 종합타운 건립 기본계획을 수립, 2016년 12월부터 공사를 시작했으며 2017년 12월 1일 자로 시설을 오픈했다. 본관(지하1층, 지상 5층)과 별관(지상 3층), 어린이집(지상 2층) 등 3개동(연면적 8,380㎡)을 갖췄다.

본관에는 청소년 문화의 집(B1층, 4층, 5층), 장난감 나라(1층), 원어민 외국어 교실(1층), 육아종합지원센터(2층), 꿈나무 도서관(3층), 꿈나무 극장(5층)이 있다.

청소년 문화의 집은 유아발레, 아이돌 방송댄스, 인라인스케이트, 꼬마셰프 요리교실, 어린이 도예교실, 초등 글쓰기 등 음악·미술·과학·체육·패션 제 분야에 걸쳐 80여 개 프로그램을 운영하는 종합 교육·문화 시설이다. 청소년 외 영유아, 성인 대상 프로그램도 함께 운영한다.

꿈나무 종합타운 2층에 자리한 영유아 실내 놀이터.
엄마들 입소문을 타고 육아 핫플레이스로 자리 잡았다.

　구는 이촌1동에서도 '청소년 수련관'을 운영해 오고 있는데, 이참에
용산 서부권역에도 비슷한 규모 시설이 생겨 많은 이들이 기뻐했다.
청소년 수련관은 이용률이 상당히 높아서 신규 회원 모집 때 주민들
이 새벽부터 줄을 선다. 청소년 문화의 집은 아직 그 정도는 아니지만
일부 강좌는 이미 상당한 인기몰이를 하고 있다.

　장난감 나라는 영유아를 위해 장난감 2,000여 점을 무료로 빌려준다.
서빙고동에서 이곳으로 확장 이전을 했다. 대여 기간은 최장 21일이
며 준회원은 2점, 정회원은 3점씩 장난감을 빌릴 수 있다. 접근성이
향상된 덕분인지 최근 1년간 이용률이 과거보다 두 배 이상 늘었다.

　원어민 외국어 교실은 외국어 정복을 위한 전진기지다. 우리 구는
지난 2011년부터 외국어 교실을 이어오고 있다. 저렴한 비용과 실용
회화 수업으로 인기가 높다. 외국어 종류도 영어·중국어·일어·스페

인어·아랍어·베트남어까지 6개 국어에 달한다. 당초 구청사 내에 공간을 마련했었는데 꿈나무 종합타운으로 장소를 옮기면서 기존 16개 반을 30개 반으로 대폭 늘렸다.

육아종합지원센터는 수요자 맞춤형 보육서비스 기관이다. 학교법인 숙명학원이 위탁받아 어린이집·가정양육 지원, 지역사회 연계사업을 진행한다. 육아 스트레스, 훈육 방법에 대한 상담과 영유아 언어·미술치료 혜택도 받아볼 수 있다. 센터가 운영하는 영유아 실내 놀이터는 엄마들 입소문을 타고 육아 핫플레이스로 자리를 잡았다.

꿈나무 도서관도 있다. 3만 권 장서를 갖췄다. 성인 자료실과 영유아 자료실이 분리돼 있으며 특히 계단 형태로 만든 '책다락'은 초등학생 아이들에게 인기가 많다.

꿈나무 극장은 175석 규모의 전문 공연장이다. 어린이집 프로그램 발표회서부터 청소년을 위한 각종 공연과 강연, 영화 상영, 대관이 이뤄진다.

본관 뒤편에 자리한 별관은 용산서당과 꿈나무서실(2층), 청소년학습실(3층)로 꾸몄다. 특히 서당은 내 '야심작'이다. 어릴 적 서당 다녔던 기억을 되살려 전통한옥 형태로 시설을 꾸몄고 이홍섭 전 성균관 석전교육원장님을 훈장님으로 모셨다.

수업은 초등학생반, 성인반, 직장인반(야간)으로 나눠 주 1회씩 진행하며 기초한문과 동양고전 전반을 가르친다. 수강료는 분기별 2만원이니 거저나 다름없다. 옛말로 '학채'(學債: 글방 선생에게 보수로 준 곡식)만 받는 셈이다. 반응은 기대 이상으로 뜨거웠다. 부모들도 한학, 한문교육에 대한 갈증이 컸던 것이다. 버릇없이 구는 자녀들 예절교육도 필요했으리라. 수업 후 눈에 띄게 예의발라진 아이들 덕분에 부모들

꿈나무 종합타운 별관에 자리한 용산서당. 외국인 전통문화체험 이벤트도 주기적으로 연다.

로부터 고맙다는 인사를 꽤 많이 들었다.

서당에서는 외국인 대상 전통문화체험 이벤트도 가끔씩 열린다. 전통에 대한 애정은 내외국인을 가리지 않는 듯하다. 나는 참석한 이들을 보며 외국인들에게도 한복이 참 잘 어울린다는 생각을 했다.

꿈나무서실은 용산서당 건너편에 자리했다. 서예가 매곡 조윤곤 선생(현 용산 서예협회장)을 강사로 모셨다. 서당 한학교실과 연계, 붓글씨 강좌를 운영함으로써 교육 효과를 극대화한다.

이렇게 다양한 시설과 프로그램으로 인해, 꿈나무종합타운은 개관 1년 만에 이용객 60만 명을 돌파했다. 지역의 보육·교육·문화 인프라로 역할을 톡톡히 해낸 셈이다.

이어서 구 진로직업체험지원센터 '미래야'에 관한 이야기다. 구는 지난 2013년 남영역 인근 서울시립청소년미디어센터 2층에 미래야

용산구 진로직업체험지원센터 '미래야'에서 '솔깃한×프로젝트' 동화책 만들기 수업에 참여한 예비 동화작가들이 포즈를 취하고 있다.

를 오픈했다. 미래야는 UN경제사회이사회에서 특별협의지위를 받은 청소년NGO '푸른나무 청예단'이 위탁 운영한다. 대학교 학과체험, 직업체험, 자유학기제 프로그램 운영 등 다양한 업무를 하고 있다.

특히 직업체험 분야가 압권이다. 대표적으로 '솔깃한×프로젝트'는 문화·예술 직업인과 청소년이 협업하면서 수준 높은 직업체험 기회를 제공한다. 예비 동화작가와 일러스트레이터, 포토그래퍼를 다수 양성했다.

또 이곳은 사회적 기업, 마을기업, 협동조합, NGO처럼 생계유지와 사회적 기여를 동시에 추구하는 '대안직업'의 세계를 학생들에게 적극 소개하는 차별화된 교육으로 호평을 받고 있다. 덕분에 일 년 내내 꿈을 찾는 청소년들의 발길이 끊이지 않는다.

『이토록 멋진 마을』의 저자 후지요시 마사하루는 "일본에 결정적으로 부족한 것은 환경 변화에 대응할 수 있는 '좋은 괴짜'[34]"이며, "새로운 사회를 만드는 주인공은 교과서의 지식을 완벽하게 습득하는 사람이 아니라 교과서가 가르치지 않는 시각으로 문제를 해결하는 굿 엑센트리서티(good eccentricity)[35]"라고 했다. 우리나라에도 그대로 적용되는 이야기다. 용산 꿈나무 종합타운과 미래야의 강점은 개별 학교 단위로서는 기획할 수 없는 다양한 체험과 비교과 학습 기회를 아이들에게 제공한다는 데 있다.

교육에 있어 가장 중요한 건 학생들이 뭔가를 배우고 싶고, 하고 싶어 하는 '의지'이다. 아이들 스스로 길을 찾게 하는 것, 그것이 어른들의 역할이며 구가 여러 인프라와 프로그램을 갖추는 이유가 될 것이다.

선불교의 대표적 경전 『벽암록』에는 '줄탁동시(啐啄同時)[36]'라는 말이 있다. 병아리가 알을 깨고 나와야 하는데 그 작은 부리로 껍질을 깨는 건 어림도 없다. 어미닭이 한 번에 쪼아주면 나올 수 있지만 절대 쪼아주지 않고 병아리가 어디를 쪼았는지 따라다니다가 마지막에 병아리가 쫀 자리를 딱 맞춰서 쪼아 깨뜨려 준다. 병아리가 알 속에서 쪼는 것을 줄(啐), 밖에서 어미닭이 쪼는 것을 탁(啄)이라고 한다. 우리네 교육도 그러해야 한다.

---

34 후지요시 마사하루, 『이토록 멋진 마을』, 황소마을, 2016, 227쪽.

35 앞의 책, 231쪽.

36 원문은 이렇다. 「僧問鏡淸, 學人啐, 請師啄(승이 경청에게 물었다. "제가 안에서 찍을 테니 스님이 밖에서 쪼아주십시오.")」 (원오극근(圜悟克勤) 저 · 석지현 역주, 『벽암록』, 민족사, 2007, 399쪽

# 사교육비 줄이는 법

| 공무원표 공교육

 

통계청이 발표한 '2018년 사회조사 결과'에 따르면 자녀의 교육비가 '부담스럽다'고 응답한 가구는 전체의 64.4%였다. 부담요인으로는 '학원비 등 보충교육비(사교육비)'가 많았다. 특히 30대의 경우 92.1%가 사교육비를 교육비 부담 1순위로 꼽았다.

교육부도 관련 통계를 냈다. '2017년 초중고 사교육비 조사 결과'에 따르면 전국 초중고교생의 1인당 월평균 사교육비는 27만 1,000원으로 역대 최고치였다. 사교육비 총액은 18조 6,000억 원으로 전체 교육비의 절반 수준이다. 수시 전형을 대표하는 학생부종합전형의 경우 컨설팅 비용이 2,000만 원 이상 된다는 보고도 있다. 비용을 더 내는 만큼 컨설팅의 '질'이 달라진다고 한다.[37]

그럼에도 불구하고 맞벌이 부부가 증가한 탓에, 또 지나친 경쟁 심리로 인해 사교육 도움을 받지 않고 아이를 키우기가 쉽지 않다. 교육비 부담은 출산율 저하로 이어진다. 특히 대학교 학비와 사교육비는

---------

37  EBS《대학입시의 진실》제작팀, 앞의 책, 59쪽.

출산에 직접적 영향을 미치는 것으로 알려졌다.

우리 사회의 공고한 학벌주의와 서열화된 대학 구조, 그리고 고용에 있어서의 학력차별 문제를 깨뜨리지 않고는 사교육 문제를 근원적으로 해결할 수 없다. 공교육의 질을 사교육 이상으로 높이고 '방과후 학교', '초등 돌봄교실' 같은 대체제도 확대해야 한다. 저녁이 있는 삶, 혹은 직장 내 '워라밸(일과 삶의 균형)'에 대한 인식도 개선할 필요가 있다. 어느 하나 간단한 게 없다. 사회적 대타협이 필요한 이유다.

논의가 너무 커지지 않도록, 여기서는 지자체가 할 수 있는 부분에 국한해 보자. 나는 시·군·구 단위로 시행하고 있는 이른바 '공무원표 공교육'도 어느 정도 대안이 될 수 있다고 생각한다. 우리 구 역시 가계 사교육비 절감을 위해 저렴하고 질 높은 교육 프로그램을 다수 개발, 운영해 왔다. 대표적인 것만 몇 가지 소개해 본다.

먼저 초등학생 영재교육이다. 구는 지난 2012년 봄에 고려대학교와 양해각서(MOU)를 체결, 2013~2015년까지 40여 명의 학생들에게 고대 캠퍼스 내에 있는 영재교육원에서 수학, 정보과학 분야 교육을 받을 수 있도록 했다. 아이들로서는 통상적인 공교육 틀에서 벗어나 본인의 재능과 잠재력을 마음껏 시험해 볼 수 있는 좋은 기회였다. 수강료는 구와 대학이 각각 절반씩 부담했다.

구는 또 매 분기별 생활과학교실을 통해 과학 분야 인재도 키운다. 이화여대 창의교육센터 강사를 모시고 주 1회씩 총 10회에 걸쳐 위조지폐 감별기, 물질의 변화, 빛의 굴절, 멸치 해부 등 강의를 진행한다. 친구들과 함께 재미난 실험을 두루 할 수 있는 게 특징이다. 2011년부터 방과 후 교실 형식으로 초등학교 3곳과 동주민센터 5~6곳에서 사업을 진행했다. 수강료는 무료다.

방학 기간에는 용산아트홀과 구 평생학습관에서 '창의과학캠프'가 이어진다. 초등학생 30명씩 2개 반으로 총 60명이 참가한다. '3D펜으로 만드는 드림', '드론으로 만드는 드림' 등 아이들 흥미를 끌 만한 주제를 여럿 다뤘다. 이화여대 산학협력단이 위탁 운영하며 수업만족도는 거의 90%에 육박한다. 참가비는 3만 5,000원이며 저소득층은 무료다.

방학 중에는 영어캠프를 진행한다. 장소는 숙명여자대학교 캠퍼스다. 초등학교 3~6학년생 60여 명을 대상으로 1일 7시간씩 2주간 다양한 어학활동을 벌인다. 국제 영어교사 양성 기관으로 유명한 숙대 테솔(TESOL)대학원에서 과정을 꼼꼼하게 편성했다. 참가비는 1인당 70만 원이다. 개인이 40만 원을 부담하면 구가 나머지 30만 원을 지원하니 비슷한 과정의 사교육에 비해 부담이 훨씬 적다. 저소득층은 구가 비용을 전액 부담한다.

지난 2010년부터 이어오고 있는 청소년 해외연수 프로그램도 자랑할 만하다. 연수지역은 교육도시로 알려진 미국 캘리포니아(California) 주 새크라멘토(sacramento) 시 일대다. 우리 구는 지난 1997년 새크라멘토와 '자매도시 체결에 관한 협정'을 맺고 우호 관계를 이어오고 있다.

학생들은 이곳에서 10일 정도 머물면서 현지 교육 환경을 몸소 체험한다. 캘리포니아 대학교 로스앤젤레스 캠퍼스(UCLA), 캘리포니아 공대(Caltech, California Institute of Technology), 스탠퍼드 같은 세계적인 대학에 가서 한국인 유학생도 만나볼 수 있다. 홈스테이를 통해 미국 생활과 문화도 체험한다. 그리피스 천문대, 유니버설 스튜디오, 요세미티 국립공원 같은 관광지도 빼놓을 수 없다. '세상은 넓고 할 일은 많다'란 진리를 학생들이 직접 체득할 수 있도록 프로그램을 설계했다.

2016년 청소년 해외연수 프로그램에 참여한 학생들이 캘리포니아 대학교 로스앤젤레스 캠퍼스(UCLA)에서 포즈를 취하고 있다.

 아울러 구는 청소년들이 사교육을 통해 만들어지는 학습이 아닌 자기주도 학습을 체화할 수 있도록 여러 프로그램을 운영해 왔다. 앞서 소개한 고교연합 공교육 특화 프로그램이 대표적이다. 중학생을 대상으로 '자기주도 학습 멘토링 캠프'를 운영, 전문강사와 대학교 멘토들의 공부 노하우를 알리기도 했다. 주기적으로 개최하고 있는 '공부의 신' 공개특강도 상당한 인기다.

 국정화, 획일화된 교육시스템과 망국적인 대학 서열 문제를 해결하고 지자체 노력을 더한다면 우리도 서구 선진사회처럼 '교육비 지옥'에서 벗어날 수 있다. 궁극적으로 대학 안 가도 먹고 살 수 있는 세상을 만들어야 한다. 스위스 같은 나라는 대학진학률이 25%에 불과하다. 교육비 부담이 줄면 자연히 소비지출이 늘고 경제도 활기를 띨 것이다. 세계 최고 수준의 10대 자살율과 저출산 문제도 자연스럽게 해결할 수 있다.

추위를 이겨내고 홀로 핀 울타리 밑 국화여(耐寒唯有東籬菊)
금빛 꽃술 활짝 피어 새벽하늘처럼 맑아라(金粟花開曉更淸)

당나라 시인 백거이의 작품 '국화'다. 한바탕 추위가 지나야 인생의 내공을 쌓을 수 있는 법. 나는 우리 아이들이 이런 국화 같은 존재가 되길 바란다. 기성세대로서 이렇게 냉혹한 나라를 만들었다는 사실에 자괴감이 들기도 하지만, 나는 그들을 믿는다. 어느 한 사람도 빠짐없이 '노오란 꽃'을 피울 수 있도록 구가 최선을 다하겠다.

# 용산을 세계적인 교육도시로

## | 명품 교육 벨트 구축

  우리 구에는 숙명여자대학교와 오산고, 보성여고, 선린인터넷고(옛 선린상고), 금양초, 남정초 등 100년 넘은 학교가 7개나 된다. 이 밖에도 배문고와 용산고, 성심여고 등 명문 학교가 많아 용산은 한때 교육도시로 이름을 날렸다. 1970년대 '고교평준화'와 '강남 8학군' 출현 이전의 일이다.

  용산은 높은 잠재력에도 불구하고 교육 시설과 학군이 약하다는 지적이 많다. 누구나 인정하는 바다. 하지만 오는 2022년이면 상황이 달라진다. 우리 구가 다시 옛 영광을 찾을 수 있다. 시교육청이 후암동 168번지 일대 옛 수도여고 자리(1만 3,708㎡)로 옮겨 오기 때문이다.

  시 교육청 이전이 처음 언급된 건 지난 2003년 일이다. 종로구 신문로에 위치한 현 교육청사는 시설이 좁고 낡았지만 문화재보호구역(경희궁 터)에 위치한 탓에 증·개축이 불가했다.

  장소가 마땅치 않아 이전 계획이 차일피일 미뤄지던 중 2009년에 와서야 수도여고 부지로의 청사 이전 계획이 수립된다. 하지만 서울시가 도시계획(후암동 특별계획구역) 결정을 미루면서 사업은 오랫동안 지지부진했다.

2013년, 용산구와 서울시교육청이 '교육청사 이전을 위한 협약'을 맺은 뒤 상황은 급변한다. 구는 교육청 제안에 따라 수도여고 부지를 후암동 특별계획구역에서 떼어내는 데 행정력을 집중했다. 교육청 유치가 지역 발전에 새 획을 그을 것이란 판단에서였다.

드디어 2014년 후암동 특별계획구역(32만 1,282㎡)이 동자동, 후암동, 갈월동 3개 구역으로 쪼개진다. 옛 수도여고 부지도 이때 후암동 특별계획구역에서 떨어져 나왔다. 이어 2016년 말 서울시 도시·건축공동위원회가 용산 지구단위계획을 변경 결정, 해당 부지 용적률이 150%에서 190%로, 건설 가능 층고가 7층 이하에서 12층으로 높아졌다. 지정된 도시계획시설도 학교에서 공공청사로 바뀌었다.

교육청은 2019년 착공, 2021년 준공을 목표로 본격적인 설계 작업

후암동 옛 수도여고 터에 들어설 서울시 교육청 조감도(안). 국내·외 건축가를 대상으로 한 설계공모는 27개 팀이 참가할 정도로 성황을 이뤘다.

112

에 나섰다. 국내·외 건축가를 대상으로 한 설계공모는 27개 팀이 참가할 정도로 성황을 이뤘다.

교육청 신청사는 지하 2층~지상 12층, 연면적 4만 5,728㎡ 규모로 지어진다. 1~3층은 지역 주민이나 민원인 등이 머물 수 있는 개방형 공간으로, 4~7층은 사무용 공간으로 만든다. 사업비는 약 1,200억 원이다. 학교용지나 폐교 등 시 교육청 자산을 매각, 재원을 마련한다.

조희연 서울시교육감은 "학생, 교직원, 학부모, 지역주민이 소통·공감·융합할 수 있는 다양한 공간을 신청사에 마련한다."라며 "신청사가 미래 서울교육의 허브로서의 역할을 하게 될 것"이라고 포부를 밝혔다.

옛 수도여고는 과거 강북의 명문 고등학교였다. 1946년 6월 경성 제2공립고등여학교로 개교한 뒤 같은 해 10월 수도여자중학교로 명칭을 바꿨다. 1951년에는 수도여자고등학교를 신설하고 1971년 중학교를 폐쇄했다. 그리고 2000년에 동작구 신축교사로 이전했다. 이후 17년간, 거의 비어있다시피 했던 공간에 시 교육청이 들어온다는 사실에 주민들은 꽤나 반가워하는 눈치였다.

구체적으로 어떤 시설이 들어올지 모르지만, 이 정도 건물이 생기면 주변 상권도 살고 도시 이미지도 크게 달라질 것이다. 교육감 말처럼 교육 환경도 개선할 수 있다. 교육청사에 규모 있는 도서관을 하나 만들면 어떨까. 반기는 주민이 적지 않을 것이다.

구청장이라고 해도 시교육청 방문이 쉬운 일은 아니었다. 눈치가 보일 수밖에 없다. 청사가 멀리 떨어져 있다면 더욱 그렇다. 하지만 앞으로 용산구 내에 교육청이 자리를 잡으면 관내를 다니면서 수시로 교육청을 들르도록 하겠다. 교육감과도 자주 소통하고 의견을 주고받겠다.

　나는 확신한다. 교육청사 이전은 용산이 서울 교육 1번지로 거듭나는 계기가 될 것이다. 시교육청과 숙명여대, 주변 중고등학교를 '명품 교육 벨트'로 묶고 서울형 혁신교육지구사업과 숙대 캠퍼스 타운 사업을 활발히 이어가겠다. 용산이 보스턴(Boston)과 뉴욕(New York) 같은 세계적 교육도시와 어깨를 나란히 할 날도 멀지 않았다고 본다.

# 행복을 보장하는 평생학습

| 행복도 학습의 대상이다

한국보건사회연구원에 따르면 한국인의 행복지수는 경제협력개발기구(OECD) 34개 회원국 중 최하위에 해당하는 33위다. 그저 해맑게 놀아야 할 아이들이 초등학교에 들어가면 친구들과의 경쟁으로 생기를 잃는다. 중·고등학교를 거쳐 대학입시라는 혹독한 통과의례를 마친 뒤에도 청년실업의 공포 혹은 과중한 노동이 우릴 기다리고 있다. 여유 있는 저녁 따위 기대할 수 없는 삶에서, "뭐시 중헌지도 모르고" 삶을 겨우 살아내기 급급하다. 정신 차리고 보면 공허감만 밀려올 뿐.

이러한 때 '평생학습은 행복을 보장한다.'란 주장은 순진한 이야기로 들릴 수 있다. 하지만 이것은 진실이다. 공부하는 자만이 진실로 행복을 느낄 수 있다. 행복도 학습의 대상이기 때문이다. 학습을 통해 자신의 위치와 감정, 지식을 객관화시킨다면 더 높은 시각에서 삶을 관조(觀照)할 수 있는 여유가 생긴다. 돈, 시간, 관계와 같이 우리를 구속하는 많은 것들로부터 자유로워질 수 있다.

2016년은 용산구가 교육부로부터 '평생학습도시' 지정을 받은 뜻깊은 해다. 공무원과 구의원, 주민들이 합심해 일군 성과였다. 우선 용산구의회 의원들은 2월 '서울특별시 용산구 평생학습도시 조성을 위한 결의안'을 채택했다. 이어 구는 6월에 평생학습관 개관을 마무리했다. 학습관은 한남동 공영주차장·복합문화센터 2층에 들어섰으며 300.6㎡ 규모에 강의실, 나눔실, 배움실 등을 갖췄다. 구는 지난 2008년 평생교육 전담 부서를 신설했으나 전용공간이 없어 용산아트홀 강의실을 빌려 인문학, 자격과정 등 프로그램을 운영해 온 바 있다.

9월에는 우리 구가 교육부 주관 '지역 평생교육 활성화 지원 사업' 공모에 선정됐다. 평생학습도시라는 타이틀과 사업비 9천만 원을 함께 확보했다. 우리 구는 기존의 인적·문화적 네트워크와 향후 조성될 용산 공원 생태자원을 활용해 용산 전역을 '지붕 없는 에코 뮤지엄(친환경 박물관)'으로 만들고 역사와 미래, 구민과 세계를 이어주는 평생학습도시 비전을 달성하겠다고 선언했다. 그리고 2018년, 또 한 번 도약의 기회가 찾아왔다. 구가 유네스코 글로벌 학습도시 네트워크 (UNESCO Global Network of Learning Cities)에 당당히 이름을 올린 것. 평생학습 분야에서 국제적 협력체계 기반을 마련한 셈이다.

구 평생학습 프로그램은 기본적으로 20세 이상 모든 주민들을 대상으로 한다. 관계 직원들이 주민 취향과 요구에 맞는 다양한 학습과정을 개발하고 있다. 인문학적 소양을 포함한 주체적 능력인 '시민력'을 키우는 교양강좌에서부터 청년과 경력단절여성의 취업을 위한 자격 과정, 어르신의 여가선용을 위한 성인 문화교육까지 셀 수 없을 만큼 많은 프로그램이 이어졌다.

대표적인 게 용산학(學) 강좌다. 나는 역사에 관심이 많다. 인간은 역사를 통해서만 현재를 제대로 성찰하고 올바른 미래를 개척할 수

'용산이 내게 오기까지' 미군 기지 탐방 프로그램에 참여한 주민들이 위수감옥 담장 앞에서 포즈를 취하고 있다.

있다고 본다. 때문에 우리 구 평생학습 사업에도 다양한 역사 강의를 포함시켜 달라고 부서에 요청했다. 그렇게 해서 2016년 용산학 강좌 '용산이 내게 오기까지'가 열렸다. 용산의 역사, 지리, 향토에 관한 전반적인 강연과 함께 '금단의 땅' 미군 기지를 주민 30여 명이 직접 방문하고 특유의 장소성을 체험했다. 탐방에 참여한 70대 노(老) 학우는 "지난 50년간 용산에 살았는데 이번 기회에 몰랐던 사실들을 정말 많이 배웠습니다. 좋은 공부가 됐어요."라며 즐거워했다.

2017년에는 '뚜벅뚜벅 용산 속으로'란 제목의 지역 근현대사 특강을 열었다. 한국 근현대 건축전문가인 안창모 교수 등이 참여, 강연과 현장 탐방을 함께 진행했다. 독립운동과 미군부대의 역사, 대중문화사에 이르기까지 다방면에 걸쳐 용산을 이해하는 과정이었다. 안 교수는 수강생 20여 명과 함께 미군 기지 주변 답사에도 나섰는데 반응이 뜨거웠다. 이들은 LS타워(옛 국제빌딩), 옛 철도고등학교터(현 용산 시티파크 주변), 일제강점기에 조성된 적산가옥(敵産家屋)과 골목, 옛 간조경성지점[38] 등을 두루 방문하고 지역사를 몸으로 익혔다.

구는 또 한남동 '용산공예관' 개관(2018년 2월)에 발맞춰 우리 것에 대한 이해를 높인다는 취지로 전통주와 전통공예, 전통자수 교실도 연달아 운영했다. 이화선 우리술 문화원장과 김택상 삼해소주가 대표(서울무형문화재 제8호), 김은영 매듭장(서울시무형문화제 제13호), 김태자 자수명장 등 저명인사들이 직접 강사로 나서 눈길을 끌었다. 우리 것에 대한 구민들의 갈증과 호기심을 일부나마 해소시킬 수 있는 기회였다.

어르신을 대상으로 한 '문해(文解) 골든벨' 행사도 기억에 남는다. 성인 문해교육 일환으로 참가자들의 학습 의욕을 고취시키기 위한 이벤트였다. 행사장 앞에 전시돼 있던 어르신의 시를 읽고 내가 얼마나 감동했는지 모른다.

> 한글을 몰라 당달봉사로 살아온 인생,
> 작고 초라하게만 살아왔다네.
> 이제는 글 배우고 세상 부러울 게 없이 행복한 일만 남았네.

구는 학습동아리에 대한 지원도 강화하고 있다. 학습동아리는 개인

----------

38 간조는 압록강 철교와 한강 인도교를 건설한 일본 유수의 건설회사다. 간조 경성지점은 1926년 준공된 건물로 지금 봐도 모양새가 아름답다. 현재는 식품소재 개발 회사 ㈜광성이 건물을 소유하고 있다

과 공동체가 함께 성장할 수 있는 기틀이다. 구민 7명 이상이 월 1회 이상 모여 공동의 관심사로 학습과 토론을 하면 된다. 현재 구에서 활동하고 있는 학습동아리는 총 53개에 이른다. 책품세(책으로 품은 세상), 이웃나라 문화 알기(일본어 심화학습) 등 종류도 많다. 조경관리사 자격과정 수료생들은 학습동아리 '용산조경회'를 구성, 지역 생태자원 보전을 위한 실천 방법을 모색하는 중이다.

용산 공원 조성 이후를 대비한 생태·환경 분야 강좌도 인기다. 식물을 활용해 건강과 인테리어를 함께 챙기는 '그린 인테리어 전문가 되기', 내 집을 꾸미는 데서 벗어나 지역의 생태 환경을 가꾸는 용산 가꿈이 양성과정 등을 운영했다. 경력단절 여성을 대상으로 학습형 일자리 프로그램 '조경관리사', '생태 숲 해설가' 자격 과정도 진행했다.

나는 구청 직원들의 평생학습도 적극적으로 지원해 왔다. 민선 2기 시절인 지난 1999년 3월 한경대학교 야간대학 행정학과에 구청공무원 40명을 입학시켰다. 2000년에는 구 직원 뿐 아니라 경찰서, 소방서, 우체국 직원까지 합쳐 40명을 또 입학시키기도 했다. 그때만 해도 고등학교만 졸업하고 공직에 들어선 이들이 상당히 많았기 때문이다. 하지만 구청장이 바뀌면서 직원 대상 대학교육은 한동안 중단되고 만다.

교육이 재개된 건 2013년 일이다. 구는 호원대학교와 '산업체 위탁교육 운영'에 대한 업무협약을 체결, 주 2회씩 구청에서 수업을 이어오고 있다. 평소 공부에 목말랐던 공무원들에게 산업체 특별전형 형태로 배움의 기회를 제공하다 보니 구청 분위기도 살아났다. 직원들의 전문성과 민원 대응능력이 향상됐음은 물론이다. 이 일로 나는

2016년 강희성 호원대학교 총장으로부터 감사패를 받기도 했다.

　앞서 평생학습의 행복을 이야기했지만 사실 우리는 생존을 위해서라도 학습에 매진해야 한다. 고도의 지식정보사회가 이미 우리 눈앞에 펼쳐졌거니와 대학 졸업장만으로 평생직장을 보장받던 시대는 과거의 유물이 돼버렸기 때문이다. 하지만 이왕이면 생존보다 재미와 행복을 위해 학습하는 게 더 낫지 않을까? 모든 것은 마음먹기에 달렸다.

# 제3장

# 복지로
# 통하다

# 최고의 복지는 일자리

| 2015년 조건부 수급자 탈수급율 자치구 '1위'

합계출산율 0명 시대다. 2017년 말부터 우리나라 분기별 합계출산율이 1명 미만으로 떨어졌다. 우려했던 '인구 절벽'이 현실화된 것이다. 삼성경제연구소는 지난 2010년 「저출산 극복을 위한 긴급 제언」을 통해 2100년 한민족 인구가 절반으로 줄고, 2500년에는 인구가 33만 명으로 줄어 장기적으로는 소멸할 우려가 있다고 경고한 바 있다.[39]

지구상에서 가장 먼저 사라질 나라가 바로 대한민국이다. 원인은 무엇인가. 딴 게 없다. 아이 키우기가 너무나 힘들다. 보육도 그렇고, 교육도 그렇다. 심지어 자식이 성인이 되어서도 부모가 자녀 취업을 위해 '아낌없는' 지원을 해야 한다. 사회적 지원은 부족하다. 정치와 경제가 제대로 돌아가지 않는다는 뜻이다.

정치권 역할이 중요하다. 일자리 문제를 앞서 해결해야 한다. 그래야 교육도 제자리를 찾고 저출산 문제도 해결할 수 있다. 방법은 이미

----------

39  KBS 《명견만리》제작팀,《명견만리》, 인플루엔셜, 49쪽.

나와 있다. '부의 낙수효과(Trickle-down effect)'를 더 이상 기대하기 어렵다면, 대기업 위주 경제 정책을 중소기업 혹은 사회적기업 중심으로 바꿔나가야 한다.

천문학적으로 쌓아둔 대기업 사내유보금 일부를 청년 일자리 창출에 쓸 수 있도록 하는 것도 하나의 방법이다. 사내유보금에 세금을 물려 고용을 유도하자거나, 초과이익을 협력업체와 공유하도록 하자는 주장도 있다.[40]

소비자 운동도 필요하다. 기업별 일자리 창출 통계를 수시로 공개함으로써 일자리를 만들지 않는 기업 제품을 사주지 않는 것이다. 미국에서는 이미 이런 소비자 운동이 활발히 이뤄지고 있다. 똑똑한 소비자가 착한 기업을 만든다.

대기업, 정규직 중심의 위계화, 양극화된 노동시장을 평평하게 만드는 것도 중요하다. 88만 명은 억대 소득을 벌고 800만 명은 최저임금도 못 버는 게 우리의 현실이다.[41] 중산층이 더 이상 버틸 재간이 없다. 그 결과는 공멸일 것이다.

수십 년간 구조화된 경제 정책을 하루아침에 바꿀 수는 없다. 기존 특권계층 반발도 무시할 수 없다. 하지만, 대졸 실업자가 50만 명을 넘어섰다. 이들은 연애, 결혼, 출산을 포기한 '삼포세대'와 집과 경력까지 포기한 '오포세대', 나아가 인간관계와 희망까지 포기한 '칠포세대'로 나날이 퇴화하고 있다. 나라의 근간이라 할 수 있는 청년들이

---------

40  앞의 책, 143쪽

41  최우성, 〈88만 명 억대 소득인데… 800만 명은 최저임금도 못 번다〉, 《한겨레》, 2018.10.8..

희망을 버린 것이다.

최장집 교수는 "경제민주화, 보편적 복지, 재벌 개혁과 같은 포괄적이고 추상 수준이 높은 슬로건이나 언어는 불필요할 뿐만 아니라 공허한 구호를 반복하는 것에 지나지 않는다. 추상적 언어가 꼭 필요하다면, 개별적이고 구체적인 정책 대안들이 충분히 형성된 후에나 불러들여질 수 있을 것[42]"이라고 말했다.

공감한다. 일자리 문제는 교육과 경제·산업구조, 인구정책 등 다방면에 걸쳐 심도 있는 논의가 필요한 사항이다. 현실과 괴리된 고답적 논의는 일선에서 무기력할 수밖에 없다. 어떻게 하면 주민들에게 실질적인 도움을 줄 수 있을까? 쉽지 않다. 그저 계속해서 궁리하고 시도할 뿐이다.

나는 지난 2014년 민선 6기 공약사업으로 '좋은 일자리 8,000개 창출'을 구민들에게 약속했다. 이를 효과적으로 추진하기 위해 2015년 1월 일자리경제과를 신설했다. 기존 지역경제과와 고용정책과를 통합해 시너지 효과를 낸다는 전략이었다.

성과는 금세 나타났다. 직원들이 직접 구민들의 이력서를 들고 다니며 기업의 문을 두드린 결과, '지역 맞춤형 일자리 창출 지원사업'으로 2014년 한 해만 구민 1,550명을 포함해 1,800명이 넘는 사람들에게 양질의 일자리를 제공할 수 있었다. 구는 또 찾아가는 취업박람회를 주기적으로 열고 매월 19일을 '일구데이'로 정해 구인·구직자 간 만남의 장을 만들었다.

호재도 잇따랐다. 2015년 말 용산역에 들어선 HDC신라면세점은

---

42 최창집, 『노동 없는 민주주의의 인간적 상처들』, 후마니타스, 2013, 109쪽.

구민 일자리 창출에 호의적이었다. 용산구는 신라면세점 인력채용 업체들과 '용산구민 일자리 창출 업무 협약식'을 갖고 상생 협력을 약속했다. 구는 면세점 인력채용을 위한 현장 면접을 지원했으며 용산 여성인력개발센터를 통해 '면세점 전문인력 양성과정'도 열었다. 국내 최대 규모 1,700객실을 자랑하는 관광호텔 '서울드래곤시티' 개관(2017년)에 발맞춰 '호텔객실관리사 양성과정'을 운영하기도 했다. 독일이나 스위스처럼, 우리 구 역시 구민 직업교육에 사활을 걸었다. 그 결과 HDC신라면세점과 서울드래곤시티에 각각 100명이 넘는 구민을 취업시킬 수 있었다.

구는 다양한 종류의 공공 일자리를 통해 실업자, 일용근로자, 노년층, 장애인 등 이른바 취약계층을 지원하고 있다. 공공 일자리는 외부 재원이 많이 소요되는 만큼 구청장 마음대로 확대시킬 수 없다. '운영의 묘'를 살려야 한다.

구는 청년 일자리 창출을 목적으로 지난 2015년부터 공공근로 사업에 외국인 통역 업무가 가능한 청년 2명씩을 선발, 이촌1동과 이태원1동에 위치한 글로벌빌리지센터에 파견했다. 외국인에게 필요한 각종 생활 정보를 제공하기 위해서다. 외국인들과 함께 생활한 경험은 사업에 참여했던 청년들에게도 도움이 된 듯하다. 참가자들 중 미래창조과학부 정보통신산업진흥원을 비롯한 각종 기관에 취업한 사례가 줄을 이었다. 공공근로가 그들의 인생에 작은 징검다리 역할을 해준 것 같아 구청장으로서 흐뭇했다.

뒤(5장)에서 다시 다루겠지만, 한남동 용산공예관 건립도 공공 일자리 창출 모범 사례다. 공예관은 공예품 판매장, 도자기 체험장, 공방 등 시설을 갖췄다. 시설 운영을 위해 공예가 24명, 운영보조인력 16명,

시간선택제 임기제공무원 3명 등 46명을 새롭게 채용했다. 이들은 용산공예관을 국내 최고의 전통문화 체험, 교육, 판매시설로 만들고자 하루하루 최선을 다하고 있다.

서울용산지역자활센터 개관식.
우리 구는 2015년 정부합동평가 조건부수급자 탈수급률 부분에서 서울시 내 자치구 중 1위를 차지했다.

우리 구는 자활사업도 열심이다. 남영동에 위치한 서울용산지역자활센터는 구 자활사업의 본부다. 2003년 8월, 국민기초생활보장법에 의해 설립됐다. 1개의 교육과정과 7개의 자활사업단, 3개의 자활기업을 운영하며 저소득 주민 100여 명에게 자활에 필요한 체계적 서비스를 제공한다.

기쁘게도, 구는 지난 2014년 서울시로부터 3억 6천만 원의 예산을 지원받아 노후한 시설을 보강하고 외관도 산뜻하게 개선할 수 있었다.

2015년에는 정부합동평가 조건부수급자 탈수급률 부분에서 용산구가 서울시 내 자치구 중 1위를 차지하기도 했다.

한편 구는 지난 2011년 설립된 창업지원센터를 통해 주민들의 성공적인 창업을 지원하고 있다. 우수한 기술과 아이디어에도 불구하고 제반 여건이 갖춰지지 않아 이를 사업화하지 못하던, 예비창업자와 창업초기 기업체로부터 큰 호응을 얻고 있다. 2년간 저렴한 비용으로 창업공간을 임대해 각종 사무장비와 다목적실 등 부대시설을 활용할 수 있고, 정기적인 경영컨설팅과 소자본창업 강좌 등 혜택을 누릴 수 있기 때문이다.

구는 자금난을 겪는 지역 중소기업과 소상공인에게는 전국 최저 금리로 육성기금도 지원한다.

침체된 한국경제의 새로운 대안으로서 '사회적 경제'도 중요하다. 대기업과 정부의 빈틈을 사회, 혹은 '제3부문'이 메워야 한다는 취지다. 물론 대한민국의 사회적 경제는 이탈리아, 캐나다 등 선진국에 비해 걸음마 수준이다. 하지만 지금 속도로 확산된다면, 조만간 스페인 몬드라곤이나 이탈리아 에밀리아 로마냐, 캐나다 퀘벡처럼 사회가 대규모 일자리를 만드는 모습을 우리나라에서도 보게 될지 모른다.

구는 사회적 경제기업 지원을 통해 그날을 앞당기고 있다. 2015년 한 해 동안 구에서 발굴한 사회적 경제기업은 사회적 기업 3곳, 협동조합 17곳 등 총 20개소로 관련 종사자가 100여 명에 이르렀다. 구는 이들에게 맞춤형 컨설팅과 판로 개척을 지원했다.

또 2017년 7월에는 한남동에 576.73㎡ 규모의 사회적 경제 지원센터를 개소, 용산이 사회적 경제의 메카로 거듭날 수 있도록 했다. 센터에는 드림미즈, 레드스톤시스템, 드림트리빌리지 등 6개 업체가 입주한 상태다.

나는 이들 기업 대표들과 간담회를 갖고 "용산구가 사회적 기업들을 위해 다양한 채널을 연결해 주는 전화 교환원이 되겠다."라고 약속한 바 있다. '특혜'를 제공해서라도 사회적 경제가 바로 설 수 있도록 노력할 것이다.

이렇게 해서 지난 민선 6기에 신규 일자리 9,240개를 만들었다. 목표치 8,000개를 훌쩍 넘겼다. 그리고 이번 민선 7기에서는 100억 원 규모로 일자리 기금을 만든다. 재원은 구 일반회계 출연금과 기금 운용 수익금, 기타 수입금이다. 2019년부터 2022년까지 4개년에 걸쳐 기금을 조성하고 고용절벽 문제에 보다 적극적으로 대처하고자 한다.

(가칭)역사문화 박물관 특구 사업도 계획 중이다. 옛 용산철도병원(등록문화재 428호) 부지에 용산역사박물관을 만들고 국립중앙박물관, 국립한글박물관 등 지역 내 기존 11개 등록박물관과 연계, 시너지 효과를 내겠다. 용산공예관을 통해 입증했던 것처럼 관광산업은 일자리 창출의 중요한 열쇠가 될 것이다.

"인생의 의미는 활동하는 데 있다. 일이야말로 인생에 필요한 소금이다." 프랑스 계몽주의자 볼테르의 말이다. 일자리야말로 최고의 복지다. 시혜적 복지보다 우선되는 생산적 복지라 할 수 있다. 구의 작은 발걸음이 대한민국의 큰 변화로 이어지기 바란다.

관광산업은 일자리 창출의 중요한 열쇠다. 옛 용산철도병원부지에 역사박물관을 짓고 기존 11개 박물관과 연계, 시너지 효과를 내겠다.

# 대한민국을 지켜야 한다

| 부모와 나라가 함께하는 육아

저출산 문제에 대해서도 이야기해야겠다. 2019년도 정부 예산 470조 원 중 저출산 관련 예산이 24조 원이다. 정부나 지자체에서 저출산 대책이라고 수많은 사업을 쏟아내고 있지만 정작 국민들에게 와닿는 건 별로 없다. 장기적인 대안이나 비전만큼 당장 국민들이 원하는 부분에 대한 집중적인 투자가 필요한 이유다.

요즘은 맞벌이 부부가 대세인데, 아이를 가졌다고 해도 마음 놓고 일을 쉴 수가 없다. 무상보육이 이뤄지고 있지만 주거비나 생활비 부담이 너무나 큰 탓이다. 육아휴직자의 경우 어린이집 정원이 초과돼 아이를 맡기지 못하면 복직은 무한정 연기된다.

육아 스트레스도 적지 않다. 새벽부터 일어나 정신없이 출근하고 밤 늦게 돌아와 아이를 또 돌봐야 한다. 아이와 함께할 시간도 많지 않다. 주말에나마 온전히 아이들에게 시간을 쏟고 싶지만 일이 많을 때는 이마저도 힘들다.

가뜩이나 하루하루가 힘든데, 아이가 아프기라도 하면 온 집안이 비상이다. 자녀를 둘 이상 갖고 싶어도 이런저런 이유로 하나에서 그치는 경우가 많다.

아이는 부모와 나라가 함께 키워야 한다. 그래야 나라가 산다. 다른 건 차치하고라도, 우선 젊은 부부가 마음 편히 아이를 맡기고 일과 가정을 양립할 수 있도록 국공립 어린이집 확충이 우선돼야 할 것이다.

다행히 서울시가 먼저 적극적으로 나섰다. 지난 2015년 박원순 서울시장이 신년사를 통해 2018년까지 국공립 어린이집을 1,000개소 늘리겠다고 발표했다. 실제로 서울시는 2015년 163곳, 2016년 302곳, 2017년 272곳, 2018년 263곳의 어린이집을 확충하는 데 성공했다.

이 성공의 비결은 25개 자치구의 눈물겨운 노력이었다. 서울시의 지원에도 불구하고, 구의 한정된 인력과 예산으로 어린이집을 대폭 확충하는 것은 쉬운 일이 아니다. 의외로 주민 반대도 만만치 않다.

2017년 봄, 북한남동을 방문했던 나는 주민들이 설치한 플래카드를 보고 깜짝 놀랐다. "응봉공원 폐쇄 절대 반대!!", "응봉근린공원을 지켜주세요." 현수막을 통해 주민들이 아우성을 치고 있었다. 국공립 어린이집 설치가 문제였다. 우리 구는 동마다 구립어린이집을 두 곳 이상 갖추려고 다양한 방법을 동원해 왔다. 그러나 용산은 땅값이 너무나 비싸다. 특히 한남동에서 8군데 이상의 후보지를 물색했지만 모두 쉽지 않았다. 대부분의 지역이 개발구역으로 묶여있다는 점이 문제였다.

파격이 필요했다. 마침 서울시 국공립 어린이집 1,000곳 확충 계획과 맞물려 공원 내에도 어린이집 설치가 가능해졌다. 구는 응봉근린공원 일부를 활용해 어린이집을 조성키로 했다. 고맙게도, LG복지재단 어린이집 건립 사업에 우리 구가 선정돼 사업은 더 속도를 낼 수 있었다.

북한남동에 만든 맑은숲 어린이집. 아이들이 즐겁게 포즈를 취하고 있다. 어린이집 확충과 공공보육 정책은 '인구절벽'으로 불리는 파국을 막기 위한 것이다. 녹지보호에 맞먹는, 혹은 그 이상의 가치가 있다.

응봉근린공원은 시유지인데, 구는 2016년 7월 시·구간 토지교환을 통해 북한남동 어린이집 건립 부지를 최종 확정했다. 또 서울시 도시공원위원회의 심의에 따라 공원을 최대한 보호하면서 3층 규모의 자연친화적 어린이집을 짓기로 결정했다.

2016년 말 기준 북한남동에는 영유아 60여 명이 거주하고 있었다. 그중 절반이 차량을 통해 중구, 성동구에 있는 어린이집으로 통원하는 상황이 구청장으로서 안타깝기 그지없었다. 아이 부모들은 집 주변에 국공립 어린이집이 조성되길 간절히 바랐다. 이들 요청에 귀 기울이는 것이 구청장의 역할이다.

구가 사업을 강행하자 북한남동의 한 주민은 언론 기고를 통해 "녹지정책이란 국민 모두가 건강하게 살 수 있게 하는, 자연 경관을 보호하기 위한 좋은 사회정책인데 공원 내에 건축물을 짓는 데 어떤 타당한 이유가 있어도 녹지 보호가 우선되어야 한다고 본다."라고 밝혔다. 그 또한 옳다.

하지만 어린이집 확충과 공공보육 정책은 '인구절벽'으로 불리는 파국을 막기 위한 것이다. 녹지 보호에 맞먹는, 혹은 그 이상의 가치가 있다. 아이들의 웃음소리는 도시의 희망이며, 그들은 우리가 지켜야 할 대한민국의 미래이다.

북한남동 어린이집 님비(NIMBY) 현상에 대해 조선일보, MBC, JTBC 등 주요 언론의 따가운 보도가 이어졌다. 여론을 의식한 탓인지 일부 주민들은 "어린이집은 반드시 필요한 시설이다. 단, 주민공청회를 거쳐라"라며 법에도 없는 절차를 문제 삼고 나섰다.

주민 없는 행정은 없다. 대화와 여론 수렴 없이는 갈등만 커질 뿐이다. 하지만 주민공청회와 대안 부지 물색이 이어지면 사업 추진 자체가 불투명해진다고 생각했다. 결국 나는 어린이집 건립을 강행, 반년간 공사 끝에 2018년 2월 준공식을 치렀다. '맑은숲'이란 좋은 이름도 붙였다.

개원식 날 봤던 아이들과 부모들 표정은 참으로 밝았다. 아이들의 웃음은 언제나 나에게 큰 힘이 된다. 반대했던 주민들은 이왕 건물이 지어지자 목소리가 작아졌다. 오히려 어린이집 인근 집값이 올랐다며 좋아하는 이들도 있었다. 우려했던 소음이나 교통정체는 발생하지 않았다. 공사로 인해 몇 개월 불편했을 수 있다. 주민들끼리 잘 이용해 왔던 공원을 일부나마 잃어버렸으니 마음도 편하지 않았을 테다. 하지만 멀리 내다보면 구의 판단이 옳았음을 모두가 알게 될

2018년 10월 문을 연 구립동부이촌어린이집. 이촌1동 최초의 국공립 시설이다. 남은 임기 동안 하나라도 더 많은 어린이집을 만들 수 있도록 최선을 다하겠다.

것이다.

구는 응봉공원을 결코 폐쇄하지 않았다. 단지 공원 전체 면적 67만 4천㎡의 극히 일부인 299.73㎡(0.04%)를 북한남동의 미래 세대를 위해 할애했을 뿐이다. 시 소유 공원인 만큼 앞으로도 서울시 예산을 받아 철저히 관리할 것이다.

우리 구 목표는 오는 2020년까지 국공립 어린이집 이용률을 50%까지 끌어올리는 것이다. 정부 목표치보다 10% 높다. 이를 위해 기존 민간 어린이집을 매입해 구립으로 전환하거나 구 소유 건물을 리모델링하는 등 가능한 모든 방법을 동원하고 있다.

2016년 9월 문을 연 구립 샘물 어린이집은 꽤나 특이한 사례다. 전국 최초로, 사립고교(성심여고)와 손잡고 학교 내 도서관동 일부를 어린이집으로 리모델링한 것. 7개월여 공사 끝에 낡은 학교 교실이 5개 보육실을 갖춘 연면적 296㎡의 어린이집으로 다시 태어났다. 부지 매입에 비용이 들지 않은 만큼 사업비도 크게 아낄 수 있었다. 일반적인 어린이집 신축 비용의 4분의 1 수준인 8억 원으로 모든 공사를 마쳤다. 샘물 어린이집 조성 사업은 2017년 상반기 '서울창의상' 혁신시책으로 선정돼 시장 표창을 받기도 했다.

최근에는 기존 아파트 관리동을 활용, 어린이집 확충에 열을 올리고 있다. 구 입장에서는 토지, 건물 매입비를 아낄 수 있고 주민 입장에서는 집 근처에서 국공립 어린이집을 이용할 수 있으니 서로 윈윈이다. 아파트 관리동에 국공립 어린이집을 설치하면 서울시에서 아파트 측에 공동이용시설 개선비도 지원한다.

사랑꿈어린이집(용산e-편한세상아파트), 동부이촌어린이집(우성아파트), 해늘어린이집(현대한강아파트)이 모두 그렇게 만들었다. 특히 동부이촌어린이집은 이촌1동 최초의 국공립 시설로 눈길을 끌었다. 남은 임기 동안 하나라도 더 많은 어린이집을 만들 수 있도록 최선을 다하겠다.

# 고령사회에 맞서는 법

## | 노인 난민, 용산에는 없다

저출산과 쌍으로 우리 사회를 위협하는 단어가 바로 고령화다. 전
국 시·군·구 10곳 가운데 4곳이 저출산·고령화로 인해 지역 자체가
소멸할 것이라 한다. 이상호 한국고용정보원 연구위원이 쓴 '한국의
지방소멸 2018' 보고서에 따르면 2018년 6월 기준 전국 226개 시·군·
구 중 소멸 위험 지역은 89곳(39%)에 달했다. 2017년 국내 사망자 수
가 역대 최고치(28만 5,534명)를 기록한 것도 고령화의 산물이다.[43]

우리나라 노인 인구는 708만 명. 전체 국민의 14.2%다.(용산구는 더
심하다. 16%가 넘는다.) 총인구 중 65세 이상 인구가 차지하는 비율이 7%
이상일 때를 '고령화' 사회, 14% 이상일 때를 '고령'사회라 부르는데,
우리는 막 고령사회 문턱을 넘었다. 문제는 그 속도가 너무 빨라서 오
는 2025년이면 국민 5명 중 1명(20%)이 노인인 '초'고령사회에 진입한
다는 사실이다.

----------

43  이윤희, 〈작년 사망자 28.6만명 '역대 최대'…짙어지는 '고령화 그림자'…〉, 《뉴시스》,
    2018.9.19. (http://www.newsis.com/view/?id=NISX20180918_0000422670&cID=10
    401&pID=10400)

영국 신문 가디언은 '기대수명이 세계 최고인 나라이면서 동시에 OECD 가운데 노인 빈곤율이 가장 높은 나라'라는 한국의 모순된 상황을 지적한 바 있다.[44] 실제 OECD 한국경제보고서에 따르면 2016년 기준 우리나라 노인 빈곤율은 48.6%로 OECD 평균(12.4%)의 4배에 달한다.

고독사도 문제다. 우리나라 홀몸 어르신 인구는 140만 명이 넘는다. 지난 5년간 3,000명이 넘는 이들이 혼자 쓸쓸히 죽음을 맞이했다. 우리 선배 세대는 참으로 고단한 삶을 살았다. 일제강점기, 한국전쟁과 국토분단, 이후 경제개발 시대를 온몸으로 마주했다. 가족을 위해, 나라를 위해 한평생을 다 바쳤다. 하지만 결국 그들에게 남은 것은 '노인난민(老人難民)'이라 부를 만큼 열악한 삶이다.

또 한 번 일자리 문제를 논해야겠다. 한국인들은 이제까지 20대에 취업하고 60대에 은퇴하는, 이른바 일모작 경제활동에 치중해 왔다. 하지만 이제 그것만으론 부족하다. 이모작 경제활동이 필요하다. 직장 생활 중에도 미리 대비를 해서, 은퇴를 전후로 다시금 경제활동에 뛰어들어야 한다.

2018년 국민연금공단 조사에 따르면 서비스 이용자 2,030명 중 57.1%(1,160명)가 충분한 노후자금을 마련하지 못했다 한다. 노후에 필요한 금액은 월평균 250만 원, 사망연령 시까지 약 8억 원 상당이었다. 하지만 준비 자금은 평균 4억 원에 불과했다. 50% 수준이다. 자녀 교육비를 아껴서라도, 당장 본인들의 노후를 대비할 필요가 있다.

인생이모작도, 노후자금도 준비하지 못했다면? 공공의 지원이 필

----------

44   성윤지, 〈세계 최고 기대수명과 노인빈곤 공존…외신이 지적한 한국의 모순〉, 《서울경제》, 2017.8.3.

어르신 일자리사업 발대식. 비록 보수는 많지 않지만 매일매일 할 일이 있다는 사실이 어르신들에게는 더없이 소중하다고 한다.

수다. 우리 구는 매년 어르신 일자리사업을 확대해 오고 있다. 사업은 9개월~1년간 이어진다. 일자리 유형은 공익형, 사회서비스형, 시장형, 인력파견형으로 나뉘며 용산구청, 시립용산노인종합복지관 등 5개 기관에서 거리환경지킴이, 지하철안내도우미 등 다양한 사업을 벌인다.

2019년 한 해만 어르신 1,462명에게 공공일자리를 제공하고 있다. 전년도보다 19%(236명) 늘어난 수치다. 비록 보수는 많지 않지만 매일매일 할 일이 있다는 사실이 어르신들에게는 더없이 소중하다고 한다.

구는 일자리뿐 아니라 홀몸 어르신들을 위해 '집'과 '가족'도 만들어 줬다. 지난 2015년 개설한 서계노인여가복합센터 1층에 '실버홈'을 만들고 오갈 데 없는 기초수급자 할머니 세 분을 한데 모셨다. 보광동,

서빙고동에도 비슷한 시설이 있다. 마음 같아서는 이런 곳을 수십 곳 늘리고 싶지만, 한정된 재원과 인력이 아쉬울 따름이다.

여건에 맞춰 조금씩 개선은 해왔다. 지난 2014년 민선 6기 조직개편을 단행, 기존 사회복지과 내 노인복지팀을 어르신행정, 어르신지원 2개 팀으로 확대했고 이번 민선 7기에서는 아예 '어르신청소년과'를 신설했다.

구는 이제껏 해왔던 것처럼 어르신 일자리 운영과 기초연금 지원, 고독사 예방, 어르신 복지 인프라 확충 등 제 분야에 걸쳐 최선을 다하겠다. 다양해진 어르신 복지수요에 맞춰 기존에 미비했던 분야도 하나하나 정비해 가겠다. 노인 난민, 용산에는 없다.

생활에 여유가 있는 어르신들에게는 자원봉사를 권한다. 한남동에 있는 시립용산노인종합복지관에서는 한동안 'SAY(Seniors and Youth) 프로그램'을 운영했었다. 프린스턴, 예일 등 미국 명문대 학생과 관내 어르신을 연결해 화상 매체로 한글을 가르치게 한 것. 주 1회씩 이뤄지는 만남에 어르신들은 생각지도 못한 '즐거움'을 얻었다고 했다. 저 멀리 바다 건너편에 살고 있는 젊은이들과 소통하는 과정에서 세상의 변화와 함께 당신네 젊은 시절에 대한 향수 같은 것을 느꼈을지 모르겠다.

복지관은 어르신 '외국어 말하기 대회'도 매년 개최한다. 영어와 일본어 총 2개 부문으로 매회 30명 정도의 어르신들이 대회에 참여하고 있다. 해외 거주 경험이 없고, 외국어 전공과도 무관한 이들이다.

나도 대회를 참관한 적이 있는데, 어르신들의 실력이 정말 대단했다. 젊은이들처럼 파워포인트를 활용해 발표하는 어르신도 있었고 역할극을 통해 내용을 재미나게 전달하는 팀도 있었다. 응원단의 열정도 인상적이었다. 배우고 익히고 즐길 때, 나이는 그야말로 '숫자'에 불과하다.

2018년 9월 15일, 용산 가족공원 제2광장에 1만 명 인파가 모였다. 어느덧 4회 차를 맞은 '어르신의 날' 행사를 치르기 위해서다. 서울시 25개 자치구 대부분이 '효행 장려'와 관련한 조례를 운영하고 있지만, 어르신의 날을 별도로 만든 곳은 용산구밖에 없다.

우리 구는 지난 2014년 '서울특별시 용산구 효행 장려 및 지원에 관한 조례'를 제정했다. 법정기념일로 '노인의 날'(10월 2일)이 있는데 왜 어르신의 날을 중복해서 만드냐는 지적도 있었다. 하지만 나는 계절의 여왕이라 불리는 5월, 어르신들에게 '인생의 봄'을 돌려드리고 싶었다. 가을에 맞는 노인의 날은 어찌 좀 쓸쓸하지 않은가.(2018년은 지방선거 탓에 어쩔 수 없이 5월이 아닌 9월에 행사를 치렀다.) 개인적인 이유도 있다. 내가 야인생활 10년을 무사히 버틸 수 있었던 것은 부족한 자식을 한마음으로 응원해 준 부모님 덕이었다. 가난한 농사꾼이었던 내 아버지는 내가 다시 구청장으로 당선되는 모습을 보지 못하고 선거 7개월 전인 2009년 11월, 84세를 일기로 세상을 떠났다. 당신에게 못다 한 효를 용산의 수많은 어머님 아버님들께 대신하는 것도 나름 의미 있지 않겠는가.

크고 작은 시행착오도 있었지만 어르신들의 반응은 해가 갈수록 뜨거워졌다. 태진아, 강남 같은 연예인들이 무대에 오르면 어르신들도 10대 못지않게 열광했다. 각 동 자원봉사자들이 정성껏 준비한 음식을 마음껏 즐길 수도 있다. 객석 뒤로 마련된 각종 체험·여가·교육 프로그램과 건강진단 프로그램은 빈자리를 찾기 힘들 정도로 인산인해를 이룬다. 혹자는 우리의 행사를 '효잔치 끝판왕'이라 칭했다.

2018년 9월 15일 용산가족공원 제2광장에서 열린 제4회 어르신의 날 행사. 태진아, 강남 같은 연예인들이 무대에 오르면 어르신들도 10대 못지않게 열광했다.

개인적으로, 사회복지법인 '각당복지재단'에서 운영한 교육 부스가 인상적이었다. 어르신들의 '아름다운 마무리'를 위해 '사전의료의향서'를 작성토록 한 것이다. 사전의료의향서란 임종 직전 자신이 받을 치료 범위를 스스로 정해놓는 것을 말한다. 불필요한 연명치료를 하지 않고 자연스러운 죽음을 맞이하는 것. '웰다잉(well-dying)'을 위한 준비 과정이다. 어르신들에게 뭔가 생각할 거리를 줬을지도 모르겠다.

어르신의 날은 청소년 교육의 장이기도 하다. 나는 일이 있건 없건 가능한 많은 학생들이 행사에 자원봉사자로 참여할 수 있도록 한다. 우리 아이들이 동네 어른들을 위해 음식을 나르고 함께 어울리면서 어르신에 대한 공경과 효의 가치를 한 번쯤 생각할 수 있으면 좋겠다는 바람에서다. 우리가 지금 이만큼이라도 살 수 있는 것은 모두 그 어르신들 덕분이지 않는가.

사람 속에 있어도 사람이 그리운 게 노년의 삶이다. 행사를 마치고 돌아가시면서, "내년에도 꼭 불러줘요"라며 내 손을 꽉 붙잡던 어느 할머니의 눈빛이 잊히지 않는다.

# 치매 국가책임제, 키를 잡다

| (가칭)치매안심마을 조성

우리나라 65세 이상 노인 중 치매 환자가 73만 명이다. 노인 열 명 중 한 명에 해당하는 숫자다. 80세 이상으로 따지면 네 명 중 한 명꼴로 수치가 늘어난다. 오는 2050년에는 치매 환자가 271만 명에 이르고 환자 비율도 15.1%로 올라설 전망이다. 고령사회의 그늘이다.

자기도 잊고 가족도 잊는 치매는 특히나 그 가족들에게 참으로 슬픈 병이다. 함께했던 아름다운 기억을 공유하지 못할뿐더러 병원 치료비도 만만찮다. 간병으로 인해 직장을 관두거나 근로시간을 줄이는 일도 종종 벌어진다. 형제간에 등을 지는 일도 예사가 됐다.

누구도 치매로부터 자유로울 수 없다. 나의 모친께서도 수년째 치매를 앓고 계시다. 그래서 나는 치매환자 가족의 심정을 누구보다 더 잘 안다. 그 고통과 슬픔을 어찌 다 말할 수 있겠는가. 내가 치매 관련 사업에 관심을 집중하는 까닭이다.

우리 구는 지난 2009년 보건소에 치매안심센터를 설치했다. 센터는 관내 어르신 복지시설과 협약을 맺고 찾아가는 치매 선별검사를 비롯해 어르신 치매 예방·치료 관련 사업을 두루 벌여왔다. 치매 환자 가족들을 위한 커뮤니티 사업도 활성화시켰다. 서울시 평가에서 '6년 연속' 우수기관으로 선정됐으니 더 말할 것도 없다. 위탁 업체는 순천향대학교 서울병원이다.

치매는 우선 예방이 중요하다. 특히 알츠하이머병은 20대 중반부터 독성물질이 뇌에 쌓이기 시작하며 발생한다. 즉 20대부터 건강한 생활을 할 필요가 있다. 술·담배를 멀리하고 꾸준히 운동하며 건강한 식생활을 하고 우울증 관리도 잘하는 등 올바른 생활습관을 들여야 한다. 혈관성 치매의 경우 고혈압, 당뇨, 고지혈증 등 뇌혈관 질환을 불러일으키는 위험 요인을 미리 차단하면 예방 가능성이 더욱 높아진다.[45]

치매 증상이 시작되더라도, 주변의 관심과 환자 자신의 노력이 더해진다면 진행 속도를 충분히 늦출 수는 있다. 얼마 전 센터에서 어르신 시화전을 둘러봤는데 상당히 감동적이었다. 어르신들이 희미한 기억을 더듬어 자신의 아름다웠던 옛 시절을 한 편의 시에 담아냈던 것으로 기억한다. 글짓기 활동을 통해 치매 환자들의 어휘력과 자기 표현력을 향상시킨다는 취지로 기획된 행사였다.

이런 프로그램은 치매 증상 완화에 실제 효과가 있다. 지난 2015년에 삼성서울병원 연구팀은 학습이 치매 예방에 효과적이라는 사실을 과학적으로 규명했다. 성인 남녀 1,959명을 대상으로 자기공명영상 MRI을 이용해 뇌를 촬영한 결과 학습 기간의 차이에 따라 대뇌피질의 두께가 달라졌다는 것이다. 치매 환자의 경우 대뇌피질이 얇아진 경우가 많았다. 이처럼, 사람은 평생 동안 공부를 해야 한다.

----------

45  KBS 《명견만리》제작팀. 앞의 책, 277쪽.

치매 예방과 초기 치료에도 불구하고 증상이 어느 정도 진행됐다면 전문 요양시설의 도움을 받는 것이 좋다. 나는 민선 5기 구청장 공약사업으로 '노인요양원 확충'을 전면에 내세웠다. 2008년 개원한 구립용산노인전문요양원(67병상)만으로는 급속한 고령화에 대비하기 어렵다는 판단에서였다.

당시 구는 한남동 단국대 이전부지 내 아파트(한남더힐) 건립 조건으로 어린이집 기부채납을 약속받은 상태였다. 하지만 해당 아파트는 전국 최고가를 자랑하는 시설로 수요자 대부분이 중장년층 이상이었고 어린이집 수요도 적었다.

구립한남노인요양원 개원식. 요양원을 짓는다는 소식에 반대 민원이 빗발쳤다. 주민들에게 노인 요양원은 '혐오시설'에 불과했다. 하지만 나는 지금 요양원을 늘리는 것이 미래를 내다보는 일이며 국가적으로 꼭 필요한 사업이라고 사람들을 설득했다.

결국 우리는 어린이집 대신 그곳에 요양원을 짓기로 했다. 반대 민원이 빗발쳤다. 원래 계획대로 그곳에 어린이집을 지으라는 요구였다. 주민들에게 노인 요양원은 혐오시설에 불과했다. 하지만 나는 지금 요양원을 늘리는 것이 미래를 내다보는 일이며 국가적으로 꼭 필요한 사업이라고 사람들을 설득했다.

결국 2012년 공사를 강행했고 2013년 6월 구립한남노인요양원(81병상)이 문을 열었다. 지하 2층, 지상 4층, 연면적 2,905㎡ 규모였다. 부지가 좁고 경사가 심해 공사가 쉽지 않았지만 다행히 사건사고 없이 마무리를 했다.

곧바로 효창동 구립용산노인전문요양원 증축공사를 벌였다. 기존 67병상을 91병상으로 24병상(30%) 늘렸다. 이로써 용산은 80병상 이상 대규모 요양원을 2곳이나 보유한, 서울 시내 유일한 자치구가 됐다.

구립 요양원은 시설이나 운영 면에서 민간 시설 추종을 불허한다. 특히 구립용산노인전문요양원은 지난 2009년과 2013년, 2015년 3회에 걸쳐 보건복지부 장기요양기관 평가에서 최우수기관으로 선정되기도 했다. 하지만 운영이 너무 잘 되는 것도 문제다. 대기자 수가 매일같이 늘어나고 있기 때문이다.

2018년 9월 기준 구립 요양원 대기자수가 900명을 넘겼다. 이 중 710명이 치매 환자다. 사실상 어느 정도 예측했던 일이기도 하다. 다시 한번 돌파구가 필요한 시점이다.

구는 이제 '(가칭)치매안심마을'을 만든다. 경기도 양주시에 위치한 옛 구민휴양소를 활용, 1만 1,627㎡ 부지에 거주동(5개), 복지동(1개), 녹지, 텃밭을 만드는 게 골자다. 이곳에서 어르신들은 숙소와 식당, 슈퍼마켓, 커피숍, 미용실, 극장 등을 오가며 일상을 그대로 누릴 수

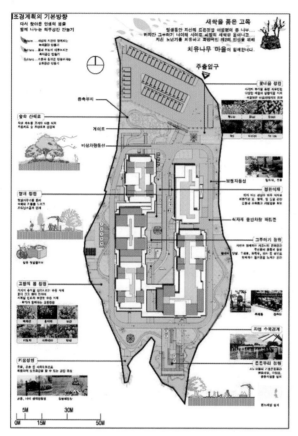

(가칭)치매안심마을 조경계획(안). 1만 1,627㎡ 부지에 거주동(5개), 복지동(1개), 녹지, 텃밭을 만든다. '치매환자들의 천국' 네덜란드 호그벡 마을을 우리 실정에 맞게 벤치마킹했다.

있다. 의사, 간호사, 요양보호사를 비롯한 전문가들이 어르신들과 함께 생활하며 정서적 안정을 돕고 증상을 완화시킨다. '치매환자들의 천국'으로 불리는 네덜란드 호그벡(Hogeweyk) 마을을 우리 실정에 맞게 벤치마킹했다.

머릿속 구상은 이미 4~5년 전부터 시작됐다. 당시 요양원을 대폭 늘리긴 했지만 시설 운영에서 아쉬움이 있었다. 어쩔 수 없이 어르신들을 격리하고 통제해야 했기 때문이다. 그렇다고 서울 한가운데 호그벡 같은 마을을 만드는 건 쉬운 일이 아니었다. 그만한 규모의 땅을 찾는 건 그야말로 '하늘의 별 따기'였다.

(가칭)치매안심마을 투시도(안)

다행히 대안이 있었다. 양주구민휴양소가 그것이다. 구는 재정적인 문제로 2015년 양주구민휴양소 운영을 중단했는데, 이를 어떻게 활용할지 고민이 많았다. 처음에는 요양병원이 어떨까 싶었다. 한데 2017년, 문재인 정부가 '치매 국가책임제'를 발표했고 나는 다시금 호그벡을 떠올렸다. 정부 지원만 이뤄진다면 구에서도 그 정도는 할 수 있겠다 싶었다.

곧바로 직원 정책연구팀을 꾸렸다. 네덜란드와 일본으로 가서 직접 선진 사례를 살피도록 했다. 이어 2018년 초 조직개편을 단행, 전담부서(행복드림추진단)를 설치하고 '치매안심마을 건립 타당성조사 및 기본계획 수립 용역'을 발주했다. 용역 결과를 바탕으로 2019년 설계 용역을 거친 뒤 2020년 공사에 들어간다. 2021년 준공이 목표다.

이런 사업은 국내에 선례가 없다. 문재인 정부 '치매국가책임제'의 키를 용산이 쥐고 있다 해도 과언이 아니다. 그래서 정부도 적극적인 지원을 약속하고 나섰다. 사업비 175억 원 중 47억 원을 이미 국·시비로 확보했다. 부족분에 대해서도 특별교부금, 특별교부세를 더 교부받아 자체 재원을 최소화할 예정이다. 입소에 있어 지역 제한이 없는 '사실상의 국립 시설'인 만큼 정부의 전폭적인 지원을 당부한다.

치매 환자들이 생의 마지막까지 인간다운 삶을 누릴 수 있도록 하는 것, 그것이 바로 우리의 지향점이다. 치매 환자도 햇빛을 보고, 바람도 쐬고, 땅도 밟고 해야 하지 않겠는가.

# 우먼 파워를 결집시켜라

| 비극, 그리고 희망

왜 우리는 항상 비극을 겪은 뒤에야 깨닫는가.

2016년 5월 17일 오전 1시, 서울 강남역 인근 주점의 공용화장실에서 20대 여성을 상대로 한 묻지 마 살인사건이 발생했다. "왜?"냐는 질문에 가해자(30대 남성)는 "여성들로 인한 스트레스와 분노를 해소하기 위해" 살인을 저질렀다고 답했다. 조현병 환자라고는 하지만, 너무나도 어이없는 일이었다. 피해자는 단지 '여성이란 이유로' 끔찍한 사고를 당했던 것이다.

거대한 추모 물결이 일었다. 일부 페미니스트에 국한되지 않고 보통의 여성, 거기에 일부 남성들까지 나서 변화를 얘기했다. 평등하고 안전한 사회를 만들자는 목소리가 한층 높아졌다. 하지만, 결론적으로 말해 그때와 지금, 사태는 크게 나아지지 않았다.

미투(#me too)는 또 어떤가. 2018년은 바야흐로 '미투 운동'의 해였다. 해외에서 시작된 미투 운동은 국내에서도 커다란 반향을 일으켰고 전 검사장과 유력 정치인, 배우 등 많은 이들이 성폭력, 성희롱 가해자로 지목돼 세인들의 지탄을 받았다. 급기야 한 배우는 자살로 생을 마감, 많은 이들에게 충격을 주기도 했다. 하지만 이후 세상이 또 얼마나 바뀌었는가, 생각하면 다소 자괴감이 드는 것도 사실이다.

그나마 '여성폭력방지기본법'이 국회를 통과했으니 다행이다. 이는 젠더 폭력에 대한 최초의 기본법 형식의 법안으로 여성에 대한 폭력 통계를 국가가 통합적으로 구축, 공표할 수 있도록 하는 법적 근거로서 기능하게 된다. 기존에 실태조사를 해왔던 성폭력·성희롱·가정폭력·성매매뿐만 아니라 최근 문제가 되고 있는 데이트폭력과 디지털성폭력 같은 새로운 형태의 폭력에 대해서도 국가가 3년마다 실태조사를 하고 방지책을 수립해야 한다.[46] 지자체 역할도 한층 강화될 전망이다.

그렇다면 그동안 우리는 어떠한 노력을 해왔는지 잠깐 돌아보자. 대표적인 것이 '여성안심 보안관'이다. 이들은 성폭력 범죄를 예방하기 위해 2016년 8월부터 지역 내 개방건물 화장실과 탈의실 등 취약시설 110여 곳을 순회하며 몰래카메라의 설치 여부를 점검하고 있다.

여성 안심 귀가서비스는 2013년 첫 시행 이후 많은 여성들의 입소문을 타고 이용 실적이 날로 증가하고 있다. 밤늦게 귀가하거나 우범지역을 지나가야 할 경우, 집 근처 전철역이나 버스정류장에 도착 예정 30분 전에 구청 상황실(☎2199-6300) 전화로 서비스를 신청하면 된다. 2인 1조로 구성된 스카우트 대원들이 신청인을 집 앞까지 안전하게 데려다준다. 무료인 만큼 부담 없이 이용할 수 있다. 이들은 또 효창공원앞역, 한남역, 후암시장, 세계평화통일가정연합, 보광동 종점 등 5곳을 거점으로 순찰활동을 벌이면서 혹시 모를 사고에 대비하고 있다.

----------

46  박정연, 〈'미투 제도화' 눈앞…여성폭력방지법 법사위 통과〉, 《프레시안》, 2018.12.5.

주택가 '특수 형광물질' 도포작업. 범죄예방 환경설계 기법인 셉테드(CPTED)의 일종이다.

여성 안심 택배함도 지속적으로 늘려왔다. 혼자 사는 여성의 경우, 택배 기사(를 가장한 범죄자)도 공포의 대상이다. 무심코 문을 열었다가 봉변을 당한 사례도 부지기수. 우리 구는 현재 용산구청 후문과 갈월 종합사회복지관, 한남동공영주차장, 용산2가동주민센터, 효창동주 민센터, 숙명여대, 용산꿈나무종합타운 등 7곳에서 택배함을 운영하 고 있다. 인터넷으로 물건을 구매하고 위 일곱 곳 중 하나를 물품수령 지로 정하면 택배기사가 해당 택배함에 물품을 남겨둔다. 문자 알림이 오면 본인의 휴대폰 번호를 입력하고 함에서 물품을 가져가면 된다.

구는 범죄예방 환경설계 기법인 셉테드(CPTED)도 적극 활용해 왔다. 한남재정비촉진구역을 중심으로 범죄예방과 가로등 기능을 동시에 할 수 있는 로고젝터(logojector)를 곳곳에 설치했으며 경찰이 운영하는 '여성안심 귀갓길' 17곳을 정비, 주민들이 보다 편안하게 골목길을 이용할 수 있도록 했다. 또 지역 내 다세대·다가구 밀집 지역을 중심으로 특수 형광물질을 도포했으며 단독주택지역에 창문 열림을 감지하는 여성안심경보기도 설치했다. 방범용 CCTV에 대한 전수조사와 유지보수, 신설·교체도 이어갔다.

이러한 대책이 근본적인 것은 아니다. 가부장제에 근거한 한국 사회의 닫힌 구조는 여성들에 대한 무시, 편견, 혐오를 지속적으로 양산해 내고 있다. 양성평등을 위한 일반의 인식 개선이 시급한 이유다.

양성평등기본법은 매년 7월 1일부터 7일까지를 '양성평등주간'으로 정한다. 우리 구는 양성평등주간에 '어울림 콘서트'를 개최하고 양성평등 실현에 기여한 유공자를 발굴, 시상하는 등 행사의 의미를 알리기 위해 노력하고 있다.

하지만 역으로 생각하면 따로 양성평등주간을 운영하는 것 자체가 우리 사회의 '양성 불평등'을 반증하는 것이기도 하다. 이런 행사 없이, 1년 365일 모두 양성평등의 날이 되어야만 한다.

여성의 사회진출이 과거 그 어느 때보다 활발해지고 있다. 한발 더 나아가 이를 선진국 수준으로 끌어올리기 위해서는 직장 내 성 평등과 워라밸(일과 삶의 균형), 가정 친화정책이 반드시 필요하다. 공직도 마찬가지. 우리 구는 직원들이 일과 가정을 양립할 수 있도록 수년째 '일하기 좋은 직장 만들기(Great Work Place)' 사업을 이어오고 있다. 또 2016년 직원 승진 임용 때부터 셋 이상 다자녀를 가진 공무원을 우대하는 등 '파격적인' 정책으로 언론의 주목을 끌기도 했다.

이런 노력도 여성 일자리 자체가 없다면 무용지물. 특히 육아와 가사로 인해 경력이 단절된 중장년 여성의 경우 관의 직·간접적 지원 없이는 좋은 일자리를 구하기가 쉽지 않다. 구는 이른바 '경단녀' 지원 사업도 여럿 펼쳤다. 폐현수막 재활용 사업, 어린이 교통안전지도 사업 등 직접 일자리는 물론이고 지역 내 면세점, 호텔과 협업해서 면세점 서비스 전문인력과 호텔객실관리사도 여럿 양성했다.

사회적 변화나 관의 지원만큼 중요한 것이 여성 스스로의 자각이다. 나는 지난 2014년 용산에 거주하는 각계각층의 여성 리더를 발굴해 달라고 관련 부서에 지시했다. 지역의 '우먼 파워'를 하나로 결집시킬 뿐만 아니라 이들이 젊은 여성들의 멘토가 되어주길 바란다는 뜻에서였다. 이후 강정애 숙명여대 총장을 비롯한 여성 리더 57명에 대한 인터뷰가 이어졌다.

2016년 발간된 『이곳에 용감한 여성들이 산다』가 바로 그 결과물이다. 미수(米壽)의 나이에도 시(詩)에 대한 열정으로 작품 활동을 이어가고 있는 김남조 시인, 한국나전칠기박물관장을 맡고 있는 손혜원 국회의원, 용산복지재단 설립을 위해 1억 원을 기탁한 배우 견미리 등 삶의 궤적도 방향도 다른 많은 여성들이 한 권의 책에 인생을 담았다. 사회적 편견에 굴하지 않고 갖은 노력 끝에 자신의 꿈을 이뤘다는 게 이들의 유일한 공통점이랄까.

약간 예외적인 사례도 있다. 책에 수록된 유일한 20대 여성 오단 씨 이야기다. 물론 그녀가 노력을 하지 않았다는 게 아니다. 문제는 가치관이다. 젊은이답게, 그녀에게는 '성취'보다는 '재미'가 최우선 과제였다. 재밌게 몰두하다 보니 성취가 뒤따른 것. 그녀는 '청년장사꾼' 최고운영책임자로서 친구들과 함께 이태원 우사단마을을 개척했다. 우사단마을은 우사단로10길 주변 청년 예술가와 상인들의 집단 활동 지역을 말한다. 그녀는 이곳에서 '이태원 계단장' 행사를 기획하고 이른바 대박을 터뜨렸다. 하지만 행사가 지나치게 커지면서 통행, 주차,

쓰레기 문제가 대두되자 그녀는 동네 사람들과 협의해 모든 활동을 접게 된다. 말 그대로 재미가 없어졌기 때문이다.

하지만 그녀의 도전은 멈추지 않았다. 그녀가 새롭게 기획한 원효로1가 '열정도' 거리는 여전히 이슈를 만들고 있다. 좌우명대로 '재미있거나, 재미있게 만들거나' 하면서 열심히 살아가고 있는 것이다. 남녀를 떠나 이런 청년들이 용산에 있다는 사실, 그것도 용산의 자랑이다. 비극으로 시작했지만 희망으로 끝내야겠다. 이 땅의 모든 여성들이여, 열정 가득한 당신만의 삶을 사시길! 그것도 이왕이면 '재미있게'.

# 대세는 다문화

## | 잘 섞여야 잘 산다

모든 사람이 누릴 수 있는 것은 일시적인 체류의 권리요, 교제
의 권리이다. 사람들은 지구 땅덩어리를 공동으로 소유함에 의
해 그런 권리를 갖는다. 사람들은 지구 위에서 세세토록 점점이
흩어져 살 수 없는 까닭에 서로의 존재를 인정해야 한다. 본래는
어떤 사람도 지구상의 특정 지역에 대해 남보다 더 우선적인 권
리를 갖지 않고 있다.[47]

국내 체류 외국인 200만 명 시대. 다문화 다국적 가정은 더 이상 피
할 수 없는 흐름이다. 특히 각국 대사관과 미군부대, 이태원 등이 위
치한 용산구는 2018년 말 기준 전체 인구(22만 8,999명)의 약 7%(1만 6,091명)
가 외국인일 정도로 그 비중이 크다. 서울시 평균의 두 배가 넘는다. 용
산이 발전할수록 비율은 더 커질 것으로 보인다.

칸트에 따르면 지구는 "인종적, 종교적 차별 없이" 모두가 함께 공

---

47  임마누엘 칸트, 『영원한 평화를 위하여』, 서광사, 1992, 37쪽.

유하는 것이다. 이방인에 대한 환대는 박애 수준에 머물러선 안 된다. 우리 동포들이 해외에서 차별받지 않아야 하듯, 외국인들도 우리의 환대를 받을 '권리'가 있다. 외국인에 대한 복지정책은 이제 지자체의 당연한 의무가 됐다.

외국인 전용 주민센터인 글로벌빌리지센터가 그 역할을 하고 있다. 서울시와 용산구가 힘을 모아 지난 2008년 이촌1동과 이태원1동에 센터를 설치했다. 이촌동은 과거부터 일본인들이 다수 거주했던 지역이며 이태원은 용산 내에서도 가장 핫한 다문화의 거점이다.

센터는 민원서류 발급, 각종 생활정보 제공, 내·외국인 교류 활성화 등 다양한 일을 한다. 또 한국어 교실과 한지공예 수업 등 교육 프로그램으로 호응을 얻고 있다. 센터별 외국인 방문객은 월평균 125명에 이른다.

센터가 진행해 온 사업 중에서 특히 외국인 사진전이 기억에 남는다. 사진은 가장 보편화된 예술 양식이다. 언어가 통하지 않더라도, 사진 한 장만 있으면 외국인과도 비언어적 소통을 할 수 있다. 2014년에는 캐나다인 패트릭 팬튼씨가 최우수상을 받았다. 재래시장에서 재봉틀을 돌리는 한 할머니의 모습을 카메라에 담아낸 것. 우리에게는 너무나 일상적인 모습이 외국인에게는 신선하게 다가왔는지도 모르겠다. 그 결과물이 또한 우리 스스로를 낯설게 바라볼 수 있도록 도와준다. 예술의 역할이 그러하다.

매년 말에는 '한국어로 만나는 세계인' 행사가 열린다. 센터 한국어 강좌 수강생을 중심으로 외국인 100여 명이 참석, 한국어 노래 공연을 펼친다. 외국인 학생들이 '사랑해 당신을', '희망사항', '아리랑', '나의 옛날이야기' 같은 우리 노래를 부르는 장면은 그야말로 눈물이 날

이태원글로벌빌리지센터 '한지공예 수업'. 글로벌빌리지센터는 '외국인 전용 주민센터'로 민원서류 발급, 각종 생활정보 제공, 내·외국인 교류 활성화 등 다양한 일을 한다.

정도로 아름답다.

이태원 글로벌빌리지센터는 2017년 '건강한 외국인 프로젝트'를 진행하기도 했다. 외국인을 대상으로 대사증후군 검진, 심폐소생술 교육, 건강한 생활 세미나, 아로마테라피 교실, 채식요리교실, 정신건강 세미나를 6회에 걸쳐 이어간 것. 비용은 모두 무료였다. 덕분에 우리 구는 외국인 건강도 챙기는 자치구로 소문이 났다.

물론 이런 일은 기본이다. 구 보건소는 외국인을 위한 건강검진을 상시적으로 운영하고 있다. 만 18세 이상 용산구 관내 외국인이면 누구나 검진을 받을 수 있다. 혈압, 혈당, 고지혈증, 간 기능 등 기본적인 건강검진에서부터 에이즈 검사, 흉부 X-선 촬영까지 모두가 무료다.

2018년 9월에 열린 제8회 다문화 요리경연대회. 구 다문화가족지원센터가 주관하고 LH가 후원했다.

다문화 가족 지원까지 얘기해 보자. 다문화가족지원센터가 그 중심에 있다. 센터는 지난 2007년 설립돼 2010년부터 상명대학교가 위탁 운영해 왔다. 당초 한강진역 인근 여성문화회관에 자리했으나 2016년 회관을 헐고 용산공예관을 지으면서 한남동 공영주차장·복합문화센터 3층으로 시설을 옮겼다.

센터는 다문화가족의 한국사회 조기 적응과 사회·경제적 자립을 지원하기 위해 가족과 자녀 교육, 상담, 통번역, 자조모임 등 종합적인 서비스를 제공한다. 특히 다문화가정 방문교육 서비스는 자기 집에서 편하게, 그것도 무료로 다양한 적응 교육을 받을 수 있어 반응이 좋다.

센터 한국어교실도 인기다. 수강생 수준에 맞춰 1~3단계, 드라마반, TOPIK(한국어능력시험) 반으로 구분 운영한다. 회당 70여 명의 결혼이민자들이 센터에서 한국어를 공부하고 있다. 수강료는 역시 무료다. 센터에서는 매년 한국어 말하기 대회가 열리는데 일본, 러시아, 베트남 등 다국적 외국인들이 한국어로 불편 없이 대화하는 모습이 꽤 이색적이다. 참가자들은 한국어를 통해 서로의 공감대를 확인하고 때로는 둘도 없는 친구가 된다.

이 외에도 센터는 '서울, 어디까지 가봤니'와 같은 프로그램을 통해 결혼이민자가 대중교통을 이용, 서울 곳곳을 둘러볼 수 있도록 했다. 코스에 구청을 포함시켜 가족관계증명서, 주민등록등본 같은 공문서도 발급해 봤다. 자원봉사자들은 외국인들이 생활 속에서 마주할 수 있는 여러 가지 문제를 스스로 해결할 수 있도록 옆에서 도왔다. 교육 수료 후에는 "이제 한국생활에 자신감이 붙었다."라는 이들이 많았다.

한 가지 안타까운 점은 다문화가정 아이들의 학교 교육 문제다. 다문화가정 아이들의 초등학생 학업 중단율이 내국인 학생에 비해 4.5배나 높다고 한다.[48] 다문화 고교생의 경우 무려 20%가 학업을 포기했다.[49] 이는 다문화가정 아이들의 미래에 있어 부정적인 영향을 줌은 물론이요, 장기적으로 우리 사회의 통합에 심각한 문제를 야기할 수 있다.

우리 구에서는 다문화 가정 아이들을 대상으로 창의 과학캠프, 컴퓨터 교실을 운영하는 등 소소한 노력을 기울여 왔다. 장기적으로는 정부나 국회 차원에서 보다 체계적인 대안이 마련돼야 할 것이다.

나는 민선 7기 주요 공약사업으로 '(가칭)용산다문화박물관' 조성을

----------

48  경태영, 〈다문화가정 초등생, 학업중단율 4.5배 높아〉, 《경향신문》, 2017.6.5.

49  김상용, 〈"함께 공부 못해" 따돌림에…다문화 고교생 20% 학업 포기〉, 《서울경제》, 2019.1.13.

내세운 바 있다. 다문화 가족이, 그리고 외국인과 내국인 주민이 함께 만나고 소통할 수 있는 '문화교류의 장'이 필요하다고 생각했다.

다문화박물관 조성 위치로는 옛 창업지원센터 건물을 우선적으로 검토했으나 최근 옛 용산철도병원 건물을 활용하는 쪽으로 방향을 틀었다. 또 당초 '(가칭)용산다문화박물관'과 '(가칭)용산향토사박물관'을 따로 지으려 했던 것도 지난해 타당성 조사 용역을 거치면서 '역사박물관' 하나로 통합시켰다. 다문화란 것도 결국 용산 전체 역사의 일부가 아니겠는가. 소요 예산과 시설 관리 능력, 경제적 파급효과도 종합적으로 고려했다.

건물을 소유한 코레일과는 이미 사전 협의를 마쳤다. 2019년 문화체육관광부 주관 '공립박물관 설립타당성 사전 평가'와 2020년 문화재 현상변경을 거쳐 2021년에 공사를 시행할 예정이다. 정식 개관은 2022년 상반기로 계획하고 있다.

건물만 가지고 박물관을 차릴 수는 없다. 장소만큼 중요한 게 전시 콘텐츠다. 그래서 나는 2018년 초부터 관내 57곳 주한외국대사관 대사들과 릴레이 면담을 이어오고 있다. 그해 6월에는 응웬 부 뚜 주한 베트남 대사를 만나 유물 기증에 관한 협조를 구했다.

물론 건물만 가지고 박물관을 차릴 수는 없다. 장소만큼 중요한 게 전시 콘텐츠다. 그래서 나는 2018년 초부터 관내 57곳 주한외국대사관 대사들과 릴레이 면담을 이어오고 있다. 종로구에 있긴 하지만 우리 구와 깊은 인연을 맺고 있는 베트남 대사를 만나 유물 기증에 관한 협조를 구하기도 했다.

박물관 건립 소식을 듣고 구청을 먼저 찾아와 준 대사들도 많았다. 전시할 만한 기증품도 함께였다. 대사들 역시 용산역사박물관을 각국 문화 홍보의 장으로 활용하려는 것이다. 말 그대로, 아귀가 맞았다.

뒤(5장)에서 다시 다루겠지만 구는 이태원 지구촌 축제도 열성적으로 이어갈 것이다. 대세는 다문화다. 잘 섞여야 잘 산다. 한국인의 다문화 감수성을 깨우는 데 용산이 한발 앞장서겠다.

# 장애는 장애가 아니다

| 아주 작은 차이일 뿐

"장애는 장애가 아니다"라고 자신 있게 말할 수는 없다. 한평생 별다른 질병이나 불편 없이 살아온 '비장애인'으로서 장애인의 처지나 심정을 온전히 이해한다는 건 불가능한 일일지도 모른다.

이해는 둘째 치고, 적어도 장애인에 대한 편견은 없어야 한다. 보이지 않는 차별을 없애는 것이 그 무엇보다 중요하다. 이를 위해 우리 구는 매년 구청 직원들을 대상으로 장애인 인식개선 교육을 이어오고 있다.

2016년도 교육이 꽤나 인상적이었는데, 그때 강사가 인사혁신처 소속 공무원 신인교 씨였다. 신 씨는 한국척수장애인협회 장애인식개선 교육 강사로도 활동하고 있다.

운동을 무척이나 좋아했던 신 씨는 한겨울에 스노보드를 타다가 잠깐 방심한 순간 수 미터 공중에서 떨어져 평생 안고 갈 장애를 얻었다고 한다. 하지만 그는 좌절하지 않았다. 자기 뜻대로 음악 대회에도 나갔고 당당히 취직도 했다. 휠체어 테니스 같은 격한 운동도 열심이다. 그의 이야기는 감동적이었고, 나를 포함한 우리 직원들 모두 장애에 대한 인식을 새롭게 할 수 있었다.

장애는 남의 이야기가 아니다. 생활하면서 사건·사고는 얼마든지 일어날 수 있다. 2014년 기준 국내 등록 장애인이 272만 7,000명인데 이 중 88.9%가 사고나 질병으로 장애를 갖게 된 중도(中道)장애인이다.[50] 누구나 장애인이 될 수 있다는 사실을 잊어서는 안 된다.

장애인들이 자연스럽게 우리 사회 일원으로 활동할 수 있도록 할 것. 내가 생각하는 장애인 복지사업의 첫 번째 강령이다. 1998년 대한민국 국회에서 채택한 '장애인 인권헌장'도 "국가는 장애인이 혼자 힘으로 행동하고 생활할 수 있도록 조치를 취할 의무가 있으며 모든 장애인은 그것을 요구하고 이용할 권리가 있다."고 명시했다.

2016년 여름, 용산구립 장애인 보호작업장에서 기쁜 소식이 들려왔다. 작업장에서 일하고 있는 강모씨와 허모씨가 '열린 사이버대학' 1학기 평가에서 전과목 A+로 장학금을 받은 것.

두 사람은 20년째 정신질환을 앓고 있는 장애인들이다. 2012년 보호작업장에 입사한 뒤부터 지속적인 직업훈련과 상담으로 조금씩 상태가 호전됐다. 사이버대학과 연계한 교육재활사업도 좋은 효과를 낸 것으로 보인다. 정신장애도 얼마든지 극복할 수 있다는 사실을 이 두 사람이 잘 보여줬다.

장애인 보호작업장은 지난 2001년 갈월동에 처음 설치됐다. 장애인 취업욕구에 기반을 둔 직업 상담과 평가가 이뤄지며 장애인의 근로 능력 향상을 통해 자립생활의 기반을 마련하는 데 누구보다 앞장서고 있다.

----------

50  김유나 외, 〈몸과 함께 굳어버린 '마음'… 병원선 우울증 약만〉, 《세계일보》, 2017.4.16.

용산구립 장애인보호작업장. 시설 1층은 봉제사업장, 2층은 임가공사업장이다.

시설 1층은 봉제사업장, 2층은 임가공사업장이다. 정원은 50명이 며 정신장애인과 지적장애인, 뇌병변장애인 등이 두루 모였다. 우리 구는 지난 2013년 보호 작업장 리모델링 공사를 진행, 건물에 남아있 는 석면을 제거하고 최신 봉제장비를 구입하는 등 작업자들이 최대 한 쾌적하게 일할 수 있도록 했다. 올해(2019년)도 추가로 기능보강사 업을 벌인다.

용산구청 안에는 장애인 바리스타 카페가 있다. 이름도 예쁜 '꿈 앤 카페'다. 2013년 '공공기관 연계 중증장애인 창업형 일자리 지원 사업' 에 선정돼 국비 지원을 받아 설치했다. 그 과정에 민간 도움이 컸다. 특히 엔제리너스 커피는 커피 전문점 운영에 대한 컨설팅과 원두를 지원했다.

지금은 완전히 자리를 잡아 20대 지적장애인 3~4명이 카페를 직접 운영해 나간다. 매니저 이필효 씨는 교사 퇴직 후 우연히 바리스타 과정을 밟았다가 장애인들과 함께 일하게 됐다. 카페는 늘 만원이다. 직원과 주민들의 호응으로 적자 없이 잘 꾸려가고 있다.

나도 때때로 그곳을 이용하는데, 그때마다 젊은 직원들이 나를 천진한 표정으로 맞이한다. 우리는 장애인에 관한 편견을 버려야 한다. 그들은 결코 불편하거나 위험한 존재가 아니다. 우리와 '조금' 다를 뿐이다. 이들이 사회에서 제대로 적응할 수 있도록 충분한 인프라가 갖춰져야 한다.

일자리뿐 아니라, 장애인들이 편히 쉴 수 있는 복지시설도 필요하다. 용산구 효창동에는 구립용산 장애인복지관이 있다. 복지관은 상담사례지원, 기능향상지원, 가족문화지원 등 다양한 사업을 벌이고 있다.

매년 가을이 오면 한강변에서는 장애인·비장애인이 함께하는 '희망동행' 걷기대회가 열린다. 복지관이 주관하는 행사다. 코스는 이촌동 거북선나루터에서부터 동작대교까지 왕복 5㎞다. 공연과 전시회, 각종 체험부스와 같이 즐길 거리도 풍부하다. 시원한 가을날, 이웃과 함께 걸으면서 우리는 자연스럽게 '상생과 공존'이라는 단어를 떠올릴 수 있다.

다행히 사회적인 변화도 잇따랐다. 2017년 5월 '정신건강증진 및 정신질환자 복지서비스 지원에 관한 법률'(약칭 정신건강복지법) 시행이 대표적이다. 기존 '정신보건법' 강제입원 절차를 개선, 정신질환자에 대한 인권 침해와 차별적 요소를 대폭 줄일 수 있게 됐다.

법률 효과는 금세 나타났다. 2017년 4월 기준 정신병원 '비자의' 입

(가칭)장애인 커뮤니티센터가 조성될 서빙고동 옛 창업지원센터 건물. 장애인복지단체협의회 사무국과 단체별 사무실, 다목적 강당, 식당 등이 들어선다. 이제는 누가 후임으로 오더라도 흔들림 없이 사업을 이어갈 수 있도록 장애인복지를 제로베이스에서 재검토하고 체계를 갖출 것이다. 장애인 커뮤니티센터가 그 출발점이다.

원율이 61.6%였는데 1년 뒤에는 37.1%로 크게 떨어졌다.[51] 정신장애는 범죄가 아니다. 정신장애인도 똑같은 사람이다. 격리를 쉽게 말해서는 안 된다.

우려가 있을 수는 있다. 하지만 충분히 대처할 수 있는 우려다. 우리 구는 정신건강복지법 시행에 맞춰 TF팀을 구성, 종합대책을 수립

----------

51  배용진, 〈지역사회에서 정신장애인의 삶을 말하다〉, 《함께걸음》, 2018.12.6.
    (http://www.cowalknews.co.kr/news/articleView.html?idxno=16345)

했다. 퇴원환자에 대한 각종 정신 의료서비스를 지원했으며 필요시 사회복지시설 입소를 연계하고 있다. 맞춤형 급여 직권 신청을 포함한 '통합사례관리'도 시행한다. 그렇게 우리는, 마음의 병으로 인해 차별받지 않는 사회를 묵묵히 만들어가고 있다.

2019년은 구 장애인 복지 향상의 원년이 될 것이다. 서빙고동에 '(가칭)장애인 커뮤니티센터'를 만든다. 연초에 장애인복지단체협의회와 간담회를 갖고 옛 창업지원센터 건물을 협의회 측에 내놓기로 했다. 시설을 전면 리모델링해서 올 하반기에 커뮤니티 센터 문을 연다. 지하 1층, 지상 4층, 연면적 1,496㎡ 규모. 협의회 사무국과 단체별 사무실, 다목적 강당, 식당, 카페, 회의실 등이 이곳에 들어설 예정이다. 단체에서 자율적으로 시설을 운영할 수 있도록 구가 적극적으로 돕겠다.

그간 여러 가지 사업을 벌여 왔지만 장애인 단체에는 늘 미안한 마음이 있었다. 하지만 이번이 내 마지막 임기인만큼 이제는 누가 후임으로 오더라도 흔들림 없이 사업을 이어갈 수 있도록 장애인복지를 제로베이스에서 재검토하고 체계를 갖출 것이다. 장애인 커뮤니티센터가 그 출발점이다.

# 용산복지재단에 희망을 싣다

| 공적부조에서 상호부조로

2016년 4월, 일산의 한 요양병원에서 암 치료를 받던 고(故) 강천일 씨가 용산구에 자신의 전 재산 3,600만 원을 기부한 뒤 5일 만에 눈을 감았다. 향년 72세였다.

"평생 힘들게 살아와서 누구보다 어려운 사람의 마음을 잘 압니다. 용산에 살면서 구청에서 많은 도움을 받았어요. 죽음을 앞두고 내가 줄 수 있는 이 작은 것이 형편이 어려운 분들에게 조금이라도 도움이 됐으면 좋겠습니다."

나는 지금도 강 씨 할아버지 말씀이 마음속에 떠오를 때가 있다. 그 돈이 어떤 돈인가. 어르신께서 빌딩 환경미화원과 가락시장 짐꾼으로 일하며 평생 동안 억척같이 모아온 돈이다. 그걸 서슴없이 내놨다. 용산복지재단은 그렇게 시작됐다.

우리 구는 민선 6기 최대 역점사업의 하나로 용산복지재단을 설립했다. 지역특성에 맞는 새로운 기부문화를 창출, 복지자원을 최대한 효율적으로 배분하기 위해서였다.

용산은 삼성 이건희 회장, 현대 정몽구 회장, GS 허창수 회장을 비롯, 굴지의 기업가들이 모여 살고 있는 명실상부 대한민국 최고 부촌이다. 하지만 동자동 쪽방촌으로 대표되는 대한민국 최고 빈민가도 용산 곳곳에 위치해 있다.

나는 오래전부터 지역 내 빈부격차를 해소하고 복지사각지대에 위치한 소외된 이들의 욕구를 만족시킬 방안을 다각도로 모색해 왔다. 결론은 한 가지였다. 구의 힘만으로는 역부족이라는 사실. 그래서 '민관이 함께하는' 복지재단을 설립하는 것으로 대안을 모색했다. '공적부조'에서 '상호부조'로 시선을 돌린 것이다.

구는 2015년 복지재단 설립을 위한 타당성 검토를 추진한 데 이어 같은 해 5월 주민의견을 수렴, 재단 설립 방침을 수립했다. 8월에는 '용산복지재단 설립 및 운영에 관한 조례'를 제정·공포했으며 2016년

2016년 3월 용산복지재단 설립을 위한 발기인(28명) 총회가 열렸다. 발기인들은 승만호 서부 T&D 대표를 재단 초대 이사장으로 선출했다.

3월 발기인(28명) 총회도 가졌다. 서울시로부터 재단 설립허가를 받은 건 2016년 5월 11일 자였다.

2016년 6월 용산복지재단 출범식이 성대하게 열렸다.

다음 달 재단 출범식이 성대하게 열렸다. '기본재산 20억 원 이상'이 재단설립 요건이었지만 우리는 구 출연금 10억 원과 민간기부 33억 원 (38건)을 합쳐 이미 43억 원을 확보한 상태였다. 아모레퍼시픽, HDC신라면세점, 서부T&D, 현대산업개발 등 지역 내 기업들과 배우 견미리 씨 등 주요 인사들이 자발적으로 기부에 동참했다.

출범식에는 나와 재단 임원, 발기인, 지역주민 등 800여 명이 모였으며 재단설립 과정과 운영계획을 공유하고 도움을 준 이들에게 감사패를 증정했다.

그날이 엊그제 같은데, 어느새 2년이 훌쩍 지났다. 그간에도 훈훈

용산복지재단 '함께이룸' 장학금 수여식. 모으는 것만큼 어떻게 쓰느냐가 중요하다.

한 소식이 계속 이어졌음은 물론이다. 2018년 초 한 독지가는 8억 5,000만 원에 달하는 거금을 재단에 전달했다. '용산구 취약계층 맞춤형 지원사업'(7억 원)과 '저소득 청소년 자립기반 지원사업'(1억 5,000만 원)으로 돈을 써달라는 요청이었다.

최근에는 연예인 팬클럽 회원들의 '나눔 행렬'이 이어지고 있다. 빅뱅 탑(T.O.P, 본명 최승현)을 응원하는 한국, 중국, 일본, 태국 4개국 '최승현 팬 연합'이 재단에 성금 1,104만 원을 기탁하기도 했고(최승현 씨는 현재 용산공예관에서 사회복무요원으로 근무 중이다) 배우 김지석, 이상윤, 하석진, 이진욱, 연우진 팬클럽 연합도 재단을 찾아 결식아동 돕기 성금 302만 원을 전달했다.

물론 재단의 가장 큰 '빽'은 우리 구민들이다. 6,600여 개 구좌(구좌당 5,000원)에서 매달 정기 후원금 3천300만 원이 모이고 있다. 연간 4억 원에 달하는 거금이다. 금액도 금액이지만, 나는 그 마음이 너무나 고맙다. 이들이야말로 우리 사회의 희망이라고 생각한다.

이렇게 따뜻한 마음이 모여 재단은 몸집이 두 배가 됐다. 2019년 1월 말 기준 기본재산 90억 원을 확보한 것이다. 후발주자임에도 불구하고 서울시내 7개 자치구 복지재단 중 가장 큰 규모가 됐다. 원래는 2020년까지 100억 원 확보가 목표였는데 이대로면 조기달성도 가능할 성싶다.

모으는 것만큼 어떻게 쓰느냐가 중요하다. 금액부터 얘기하면, 우리 재단은 그간 기본재산 적립 외 약 30억 원을 이웃을 위해 사용해 왔다. 현금이 25억 원, 현물이 5억 원이다. 저소득 위기가정 지원, 1:1 결연, '함께이룸' 장학금 수여, 동절기 방한물품 지원 등 사업 종류도 다양하다.

앞으로도 재단은 지역 내 사회복지기관 총괄 허브로서 복지자원을 발굴·관리하고 관련 프로그램을 개발해 나갈 것이다. 이를 통해 구 특성에 맞는 복지 시스템을 정착해 나가고자 한다.

'한 개의 촛불로 많은 촛불에 불을 붙여도 처음 촛불의 빛은 약해지지 않는다.'는 탈무드 명언처럼 이웃들과 나눈 희망의 불꽃은 용산의 미래를 더욱 더 밝게 비춰줄 것이다. 용산복지재단에 희망을 싣는다.

# 결국, 시민

| 세상을 구하는 건 깨어있는 시민이다

고(故) 노무현 대통령은 "민주주의 최후의 보루는 깨어있는 시민의 조직된 힘"이라고 했다. 정치적 발언이다. 하지만 꼭 정치적이지 않더라도 새겨들을 말씀임에 틀림없다. 나 또한 '시민이 세상을 구한다.'고 생각한다. 어떻게? 바로 자원봉사를 통해서다.

선진국이 될수록 자원봉사자 또한 늘어난다는 사실은 익히 잘 알려져 있다. 프랑스 제19대 대통령 조르주 퐁피두는 『삶의 질』이란 책에서 중산층을 이렇게 정의했다.

"외국어를 하나 정도 할 수 있어야 하고, 직접 즐기는 스포츠가 있어야 하며, 악기를 하나 정도는 다룰 줄 알아야 한다. 또 남들과 다른 맛을 낼 수 있는 요리를 할 수 있어야 하고 불의에 분노하고 저항할 줄 알며, 약자를 도우며 봉사활동을 꾸준히 해야 한다.[52]"

다른 구절도 좋지만 특히 마지막 한 줄에 마음이 꽂힌다. 약자를 도우며 봉사활동에 꾸준히 매진하는 삶, 아름답지 아니한가.

----------

52  강수돌, 『여유롭게 살 권리』, 다시봄, 2015, 295쪽 재인용.

우리 구는 어르신들을 위해 색다른 봉사를 한다는 취지로 지난 2011년 노장청(老壯靑)이 함께하는 '은빛과 함께' 자원봉사단을 창단했다. 당시 376명으로 출발한 봉사단은 2018년 7월 기준 190명으로 조직이 다소 줄어든 상황. 하지만 조직원들이 젊어서 활동은 여전히 활발하다. 이들은 연초에 동별 자체 계획을 수립, 연간 봉사활동을 진행한다. 동네 홀몸어르신을 찾아 말벗이 돼주거나 청소, 세탁을 도맡는 식이다. 밑반찬을 만들어 취약가구에 제공하기도 한다.

'은빛과 함께'가 진행한 여러 사업 가운데 장수기원 사진촬영이 특히 많은 호응을 얻었다. 처음에는 구청사 등 장소를 지정해 어르신들이 와서 사진을 찍도록 했는데, 아무래도 거동이 불편한 이들이 많았다. 2016년부터는 봉사자가 어르신 댁을 직접 찾아가는 방식으로 사업을 바꿨더니 만족도가 더 높아졌다.

사진촬영에 관심 있는 대학생과 직장인이 봉사자로 참여하고 있다. 사진만 찍고 끝내는 게 아니라 어르신들과 이런저런 대화를 나누며 외로움도 달래드렸다. 촬영한 사진은 일일이 액자에 담아 어르신들께 전달, 유사시에 사진을 이용할 수 있도록 했다.

'은빛과 함께'에 버금가는 중요한 봉사단체가 또 있다. 교동협의회다. 2011년, 16개동 주민센터와 지역의 교회들이 연합한 교동협의회는 교파와 교단을 초월해 지역 사회에 대한 봉사활동을 이어오고 있다. 저소득층 주민과 1 대 1 자매결연을 한다든지 동네 어르신 생신잔치나 틈새가정 돕기 바자회를 여는 등 다양한 방식으로 사업을 벌였다. 주기적으로 각 교회가 진행하는 '깨끗한 용산 만들기' 행사도 부족한 행정력에 큰 보탬이 된다. 겨울이 오면 어려운 이웃을 위해 현금·물품 기탁도 적극적으로 나선다. 보광동 교동협의회는 연 2회씩 '친구

용산구자원봉사센터 '용산의 미로(美路)' 프로그램에 참여한 학생과 학부모가 함께 포즈를 취하고 있다.

야! 똑똑한 놀이터 가자' 놀이 행사를 진행, 학부모와 아이들로부터 큰 호응을 얻고 있다.

청파동에 위치한 용산구자원봉사센터는 지역 내 봉사 문화 확산을 위한 전진기지다. 구는 2013년 센터 리모델링을 거친 뒤 자원봉사 규모를 지속적으로 늘려왔다. 2014년에는 청소년 봉사 활성화를 위해 '청바지(청소년이 바꾸는 지역사회)'프로젝트를 운영, 경찰서·소방서·장애인보호센터·노인생애체험센터 등 다양한 기관들과 연계한 자원봉사활동을 벌였다. 2016년에는 만화 캐릭터 '어벤져스' 복장을 한 봉사자들이 청파동 소화아동병원과 후암동 영락애니아의 집(중증장애아동 요양시설)을 찾아가 아이들과 즐거운 시간을 보내기도 했다.

2018년에는 청소년 여름방학 자원봉사 프로그램 '봉사다몽(奉仕多夢)'의 하나로 지하차도 환경정화 프로그램 '용산의 미로(美路)'를 진행, 눈길을 끌었다.

몇 가지 예시를 들었을 뿐이다. 날마다 새로운 봉사 프로그램을 기획하는 게 우리 센터의 일이다. 이웃을 생각하는 따뜻한 마음만 있다면, 어떻게든 봉사에 참여할 수 있다. 센터는 1365 자원봉사 포털을 통해 자원봉사자를 관리한다. 2018년 11월 기준 등록된 자원봉사자는 4만 4,991명이고 이 중 1만 7,846명이 연간 1회 이상 활동을 했다. 한 해 동안 1,000시간 넘게 봉사한 이도 17명에 달했다. 500시간 이상은 67명, 300시간 이상은 132명, 100시간 이상은 477명이었다.

우리 구는 2017년부터 구청 직원들을 대상으로 '자원봉사 권장 이수제'도 이어오고 있다. 직원 1인당 연간 8시간 이상씩 자원봉사에 참

매년 열리는 사랑의 김장나눔 행사도 자원봉사자 도움 없이는 불가능하다. 2018년에는 구 홍보대사 샘 오취리도 함께했다.

여토록 한 것. 직원 봉사활동이 활발히 이뤄지는 일부 기업 사례를 벤치마킹한 것이다. 자원봉사는 퇴근 후나 주말, 공휴일에 진행된다. 개인별로 하는 것도 좋지만 이왕이면 팀원, 부서원들과 함께하는 게 더 좋다. 단체로 봉사에 참여하면 해당 봉사시간은 승진 등에 필요한 '상시학습' 시간으로 인정된다. 직원들이 일도 힘든데 무슨 자원봉사까지 시키냐고 반문할 수 있다. 모름지기 봉사란 내적 동기에 의해, 자발적으로 이뤄져야 한다. 그럼에도 나는 우리 구 '착한' 공무원들이 봉사활동도 멋지게 해낼 것이라 믿는다. 시민이 세상을 바꾸는데 어찌 공무원이 가만히 있겠는가. 공무원도 시민이다.

제4장

# 역사와 문화는
# 용산의 힘

# 용산 약사(略史) - ①

| 용산의 탄생 ~ 임오군란

    용산의 역사는 언제부터 시작됐을까? 20세기 초 대한제국 시기에 발행된 『증보문헌비고(增補文獻備考)』라는 책에는 백제 제3대 왕 기루왕 21년(서기 97년) "한강에 두 마리 용이 나타났다."라고 기술이 돼있다. 물론 이것과 용산의 역사는 직접적인 관련이 없다. 우리 지명의 유래 정도로 이해할 수 있겠다.

    당시 용산은 한성백제(BC18년~AD475년)의 일부로 존재했을 것이다. 하지만 서기 475년 고구려 장수왕이 남진을 시작하면서 용산은 고구려 땅이 되었다. 다시 78년 후에는 신라 영토가 된다. 고대 3국간 영역 다툼이 치열했던 한강 일대 역사가 다 그러하다.

    고려시대 용산은 '남경(南京)' 관할이었다. 고려 숙종은 1101년 '남경개창도감(南京開創都監)'이란 관청을 설치하고 남경 행궁을 건설했다. 『고려사』에는 남경의 영역이 "동으로 대봉(大峰)까지, 남으로 사리(沙里)까지, 서로는 기봉(岐峰)까지, 북으로는 면악(面嶽)까지"라고 돼있다.

이때 사리를 용산의 남쪽 끝 한강변 백사장으로 추정하기도 한다.[53] 그리고 잘 알려진 것처럼, 용산 '수난의 역사'는 고려 말 13세기부터 시작됐다. 고려를 침공한 몽골군이 용산에 병참기지를 세우고 한반도를 짓밟았던 것이다.

조선시대 용산은 한성부(漢城府) 도성 밖 성저십리(城底十里), 즉 4km 이내 지역에 속했다.

조선 초기 용산은 두 개의 상반된 이미지로 기억되는데, 그 첫 번째가 바로 '죽음'이다. 1456년(세조 2년) 단종의 복위를 도모하다 발각된 집현전 최고 학자(사육신)들이 용산의 새남터에서 사형을 당했다. 그 중에는 나의 조상인 성삼문(成三問) 할아버지도 포함돼 있었다.

1468년(세조 14년)에는 남이 장군이 27세 젊은 나이로 유자광 일파에 의해 역모죄 누명을 쓰고 새남터에서 처형됐다. 남이장군은 이시애의 난(1467)을 토벌할 때 현 삼각지 부근에서 군병을 훈련시켰다고 전해진다. 장군을 추모하는 사당이 용산에 들어선 것도 이와 무관치 않다. 이후 300여 년째 남이장군 사당제는 용산을 대표하는 전통문화 행사로 이어지고 있다.

조선 초기 용산의 두 번째 이미지는 '삶'이다. 고(故) 신영복 선생의 표현대로 "인생은 공부[54]"라고 한다면 과거 용산에서는 가장 치열한 삶(공부)들이 있었다.

----------

53  영역을 좁혀서 봐야 한다는 의견도 있다. "조선시대 내내 광화문 네거리에 황토현이라는 언덕이 있었고 바로 그 앞에 북악산, 인왕산 등에서 발원한 냇물이 청계천으로 합쳐지면서 약간의 모래더미를 형성했던 사실을 안다면 바로 이곳을 사리로 보는 것이 훨씬 합리적이다." (최종현 외, 『오래된 서울』, 동하, 2013, 26쪽.)

54  신영복, 앞의 책, 249쪽.

1493년 성종은 용산 한강변에 독서당(讀書堂)을 설치했다. 젊고 유능한 문신을 선발해 학문 연구와 독서에만 몰두하도록 완벽한 시설을 마련해 준 것. 국가를 잘 경영하고 백성을 올바로 다스리기 위해서는 먼저 현명함(지식)과 재주를 갖춰야 한다는 게 임금의 생각이었다.

법전, 교지, 조례 등을 총망라한 『경국대전(經國大典)』을 비롯해 역사, 지리, 문학, 음악 등 제반 분야의 서적을 집대성한 것도 같은 생각에서 비롯됐다. 하지만 독서당은 오래가지 못했다. 학문을 싫어했던 연산군 즉위 후 제 기능을 상실하고 만다.

조선 중기 임진왜란(1592년) 때 용산의 '두 번째 수난'이 시작된다. 한양을 접수하고 북진을 계속하던 왜군이 행주대첩에서 크게 패한 뒤, 전열을 정비하고자 용산에 진지를 구축했다. 고니시 유키나가(小西行長)의 병력은 현재의 원효로 4가, 가토 기요마사(加藤淸正)의 병력은 청파동 부근에 주둔했다고 한다.

명과 왜는 전쟁을 오래 끌고 싶지 않았다. 1593년 3월 양국 강화회담이 '용산강(용산 일대 한강)'에서 이뤄졌다. 지금도 용산문화원 앞에는 당시를 증언하는 비석(심원정 왜명강화지처비)이 오롯이 남아있다. 조선군은 화의에서 배제됐는데, 약소국 설움이 그러했다.

중종~영조 치세에 용산은 기존 '성저 10리'에서 5부 46방제의 '서부 용산방'에 속하게 된다.[55] 당시 용산은 강을 따라 여객과 화물을 나르는 수운(水運)의 중심지였다. 조수간만의 차를 이용, 전국 8도의 조운선(漕運船)이 이곳에 정박했다.

엄밀히 말해 당시 용산은 지금의 효창동과 원효로동 일대에 한정

---

55  손정목 외, 『용산구지』, 서울特別市 龍山區, 2001, 67쪽.

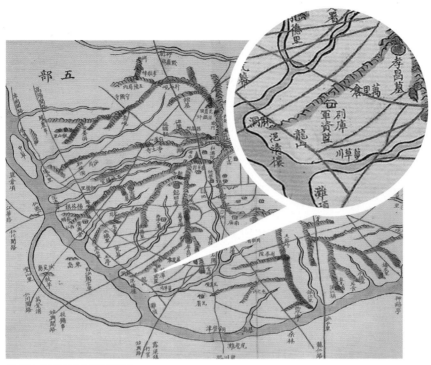

1860년대 만들어진 경조오부도.
당시 용산은 지금의 효창동과 원효로동 일대에 한정됐다.

됐다. 1860년대 만들어진 경조오부도(京兆五部圖)를 통해 이를 바로 확인할 수 있다.

조선 후기 용산 사람들은 경강상인, 혹은 근교 농사꾼으로 생계를 유지했을 것이다. 상거래를 알선하는 객주(客主), 항해의 안녕을 빌어주는 당주(堂主)[56], 술집인 색주(色酒) 등 삼주(三主)도 함께 번성했다. 군수물자를 저장하는 군자감(軍資監), 관용 기와와 벽돌을 만들던 와서

--------

56  나라에서 지내는 기우제祈雨祭, 기설제祈雪祭, 기청제祈晴祭 따위에서 기도를 맡아 하
    던 맹인盲人 무당을 말한다. 지금도 용산에는 무당들과 마을 수호신을 모신 제당(부군당)
    이 곳곳에 남아있다.

조선의 왕들은 종종 하늘에 제사를 지내기 위해 용산을 찾았다. 지금의 미군 기지 내 캠프 코이너(Camp Coiner) 지역에 있는 남단터가 역대 임금이 하늘에 제사를 지냈던 곳이다. 최근 용산공원 버스투어 행사에서 이낙연 국무총리와 함께 남단터를 둘러봤다.

(瓦署)도 주요 일터의 하나였다.

정묘·병자호란을 제하면 1607년부터 1811년까지는 '좋았던 시절'이다. 적어도 일본과는 그러했다. 12회에 걸쳐 조선통신사 사행(使行)이 있었다. 사행단은 도성을 빠져나와 용산을 기점으로 용인과 안성, 충주, 문경, 안동, 영천, 경주, 부산을 거쳐 일본 교토와 에도(도쿄)까지 길고 긴 여행을 이어갔다. 총거리는 1,158㎞에 이른다. 사행단은 외교 문서(書契)와 예물을 가지고 도쿠가와 막부의 장군을 접견했으며 막부 역시 임금의 사신을 성대히 접대했다.

조선 왕들은 종종 하늘에 제사를 지내기 위해 용산을 찾았다. 지금의 미군 기지 내 캠프 코이너(Camp Coiner) 지역에 있는 '남단' 터가 역대 임금이 하늘에 제사를 지냈던 장소다. 당시 제후국 입장에서 제천례는 금지돼 있었으나 가뭄의 심각성이나 정치적 필요에 따라 이를 꾸준히 단행했던 것으로 보인다.

대표적 인물이 개혁군주 정조다. 그는 남단을 정비하고 『춘관통고(1788)』라는 책에 당시 모습을 그림으로 남겼다. 남단은 고종이 1897년에 세운 환구단의 전신으로도 잘 알려져 있다. 환구단 복원이 이뤄졌던 것처럼 '원조 환구단'인 남단도 반드시 복원돼야 할 우리의 소중한 문화유산이다.

용산이 한반도의 지정학적 중심으로 떠오른 건 구한말이다. 1882년 임오군란(壬午軍亂)으로 권력을 잃은 민씨 일파가 청나

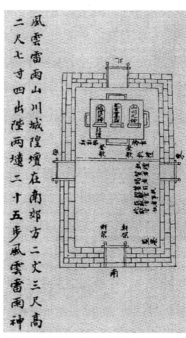

『춘관통고(春官通考)』에 실린 조선시대 남단의 모습

라 군대를 불러들였는데 이들이 진을 친 장소 중 하나가 바로 용산이었다. 용산기지 캠프 코이너 일대로 추정된다. 청군과 조선군의 전투도 현재의 경리단 인근에서 벌어졌다. 심지어 흥선대원군이 군란 배후로 지목돼 청에 납치된 곳도 용산이다. 이후 조선은 청과 '조청상민수륙무역장정(朝淸常民水陸貿易章程)'을 맺고 청나라 상인의 내륙 무역을 허용하게 된다.

한편 임오군란 당시 일본 군인과 순사 10여 명이 살해당하고 공사관이 불에 탔다. 일본은 손해 배상을 요구하며 조선정부에 '제물포조약'과 '조일수호조규속약(朝日修好條規續約)'을 맺도록 강요했다. 특히 조일수호조규속약은 조선 내 일본인의 상업 활동을 정식으로 보장받기 위한 조치였다. 이에 따라 일본은 당초 양화진을 대외 교역시장(개시장)으로 정했다가 이듬해(1883년) 용산으로 개시장을 변경했다. 용산이 갖고 있는 경제·군사적 이점을 노린 것이다.

# 용산 약사(略史) - ②
| 갑오개혁 ~ 일제강점기

갑오년(1894년)은 동아시아 역사의 거대한 분기점이었다. 삼남지방에서 동학농민혁명이 발발하자 친청 민씨 정권은 12년 전 임오군란 당시처럼 청나라에 도움을 청했다. 청과 대립하던 일본도 텐진조약(1885년)을 근거로 즉각 출병을 결정했다. 당시 일본군은 문효세자(정조의 장자)의 묘소가 자리한 효창원(현 효창공원) 솔밭에 주둔했다고 한다.

청일전쟁(1894~1895)에서 승기를 잡은 일본은 흥선대원군을 허울로 내세우고 김홍집을 영의정으로 하는 친일 개화파를 통해 갑오개혁을 단행했다. 동학농민군은 일본의 국권 침탈 행위에 분개, 다시 한번 봉기했지만 용산에서 출발한 일본군에 의해 공주 우금치에서 패퇴하고 만다.

이후 수립된 대한제국(1897~1910)은 용산을 공업지대로 육성하려 했다. 1898년 화폐제조소인 전환국을 인천에서 옛 군자감터(현 KT 원효지사 인근)로 옮겼으며 정미소(1900), 도량형제조소(1902), 유리창(1902), 총기제조소(1903)를 잇따라 용산에 설치했다. 또 1903년 한성전기회사 제2발전소(용산발전소)가 청암동 한강변에 들어섰다. 잘 알려져 있듯 전기는 고종 주요 관심사업의 하나였다. 한성전기회사는 한국 황실이 단독 출자한 회사로 미국인 콜브란과 보스윅이 맡아서 운영했다.

1899년 서대문·종로·동대문·청량리로 이어지는 8km 구간의 전차가 놓였고, 1900년 용산(원효로 일대)까지 연장된다. 같은 시기 철도도 놓였다. 1897년 미국인 제임스 모스가 경인철도 건설을 시작했으나 자금 문제로 마무리를 못했고 일본 경인철도합자회사(京仁鐵道合資會社)가 그 뒤를 이어 1900년 8월 한강철교 건설과 경인철도 개통을 끝냈다. 용산을 가로지르는 최초의 철로였다.

1903년 일본은 한국에 주둔한 모든 부대를 통솔하기 위해 한국주차군사령부(韓國駐箚軍司令部)를 만들었고 이듬해 뤼순군항(旅順軍港)을 공격, 러·일전쟁(1904~1905)을 일으켰다. 전쟁 중에 반강제적으로 한일의정서가 체결됐고 일본은 "군략상 필요한 지점을 임시 수용할 수 있다."라는 협약 내용에 따라 용산 일대를 군용지로 수용하게 된다. 용산의 '세 번째 수난'이었다.

하루아침에 삶의 터전을 빼앗긴 용산 둔지미 사람들은 격렬히 저항했다. 그 과정에서 적잖은 주민들이 죽거나 다쳤고 일부는 일본 헌병에 끌려가기도 했다.[57] 조선통감부에서도 주민들의 저항을 우려할 정도였다. 결국 일제는 당초 300만 평으로 계획했던 군용기지 규모를 118만 평으로 축소했다. 주민들이 거둔 피와 눈물의 승리였다.

러·일전쟁 후 일본은 포츠머스 조약에 따라 '한국에 있어서 일본의

----------

57  《대한매일신보》 1905. 8. 11 字 기사에는 "그저께 하오 2시쯤 일본 헌병 몇 명이 이태원 등지 둔지미·사촌리·와서·서빙고에 사는 동민 10여 명을 체포하여 명동 군사령부로 이송하였다더라."라는 내용이 있다. (김천수, 『용산의 역사를 찾아서』, 용산구청, 2014, 52쪽에서 재인용.)

우월권'을 획득했다. 이어 1905년 11월 을사늑약으로 한국은 외교권을 박탈당하는 수모를 겪는다. 이듬해는 조선통감부가 설치됐고 용산 군용기지 건설도 속도를 냈다.[58]

1906년 용산과 신의주를 잇는 군용철도(경의선)가 개통됐으며 그 이듬해 철도병원이 용산에 자리를 잡았다. 중구 필동에 있던 한국주차군사령부는 1908년 용산으로 이전을 완료했다. 한강통(漢江通, 광복 후 한강로로 변경) 일대 '신용산'의 탄생이었다.

1911년에 발행된 용산합병경성시가전도(龍山合倂京城市街全圖)를 보면 용산이 구도심에 필적하는 대도시로 변모했음을 확인할 수 있다. 1911년 일제는 경성부 내에 5부 8면제를 시작하면서 기존 용산방(龍山坊)을 용산면(龍山面)으로 개칭했다. 지금의 한남동 일대 한강방(漢江坊)과 둔지방(屯芝坊)은 한지면(漢芝面)으로 통합된다.

1914년에는 경성부 용산출장소가 설치됐으며 같은 해 용산과 원산을 잇는 경원선이 완전히 개통되면서 한반도 간선철도가 용산을 중심으로 X자형을 이뤘다. 용산이 군사·철도 기지의 중심으로 자리매김한 것이다.

용산에 지휘부를 둔 일본군은 조선주차군(1910~1918)→조선군(1918~1945.2)→제17방면군(1945.2~1945.8)으로 확장해 가며 우리 민족을 무력으로 통치했다.

일본공사관이 위치했던 진고개(泥峴) 일대, 즉 남촌에 일본인 집단 거주지가 있었던 것처럼 용산에도 일본(군)인과 그 가족들이 살던 집

---

58 기지 조성은 1906년에서 1913년 사이 1차 공사가 마무리되고 이후 2개 사단이 증설된 뒤 1915년부터 1922년까지 제2차 기지 확장 공사가 진행됐다. (김천수, 앞의 책, 63쪽.)

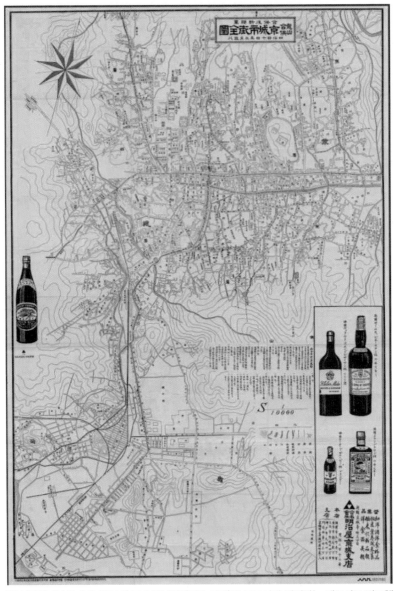

「용산합병경성시가전도(1911)」를 보면 용산(좌측 아래)이 구도심에 필적하는 대도시로 변모했음을 알 수 있다.

단 거주지가 있었다. 현재의 남영동과 후암동, 청파동, 용산2가동, 원효로 일대. 당시 지어진 적산가옥(敵産家屋·광복 후 일본인이 물러가며 남겨놓고 간 일본식 주택)과 문화주택(서양식 주택)이 지금도 마을 곳곳에 남아있다.

남영동에는 '남영 아케이드'란 이름의 일제 강점기 공설시장(公設市場)도 오랜 흔적을 간직하고 있다. 1차 세계대전 이후 물가가 치솟자 이 일대에 거주하는 일본 주민들에게 생활필수품을 공급하기 위해 경성부가 설치한 시장이었다.

식민지배의 수장, 조선총독 제2관저도 용산에 있었다. 조선군사령관이었던 하세가와 요시미치(長谷川好道)가 사령관 관저 용도로 지었으나 1910년 총독 관저로 용도가 바뀐다. 한일 강제병합의 막후 실력자였던 윤덕영의 옥인동 집이 '한양 아방궁'으로 불렸던 것처럼 총독 관저는 네오바로크(Neo-Baroque) 양식의 화려한 건물로 '용산 아방궁'이라 불렸다. 용도는 연회장. 하세가와 총독의 무단정치, 사이토의 총독의 문화통치가 모두 이곳에서 구체화됐을 것이다. 용산 총독 관저는 한국전쟁 때 대부분 파괴됐고 1970년대 초 미 121후송병원이 들어서면서 역사 속으로 완전히 사라졌다. 정부는 공원 조성 시 다시 121병원을 해체하고 총독 관저터와 그 앞에 위치했던 정원을 복원한다는 방침이다.

1931년 일제는 이른바 '류타오후(柳条湖) 사건'을 계기로 만주사변을 일으켰으며 청의 마지막 황제 부의를 내세워 친일 괴뢰정권인 만주국을 수립했다. 1937년 중일전쟁 후에는 본격적인 전시체제로 전환, 조선에 대한 수탈을 강화한다. 1938년에는 국가총동원법이 시행됐으며 일제의 민족말살 정책이 전방위적으로 이뤄졌다.

일제는 내선일체(內鮮一體)를 내세우고 조선어 교육을 금지했으며 황민화정책(皇民化政策)으로 신사참배와 창씨개명을 강제했다. 영화 '군함도'가 잘 보여줬던 것처럼, 수많은 조선인들이 국내외 강제동원과 노역에 시달렸다. 민족문제연구소에 따르면 당시 강제동원 규모는 약 112만 명에 달했다.[59] 2017년 8월에는 강제징용 노동자상 건립 추진위가 용산역 광장에 강제징용 노동자상을 건립, 희생자 상당수가 용산역을 거쳐 갔다는 사실을 일반에 알리기도 했다.

---

59  정원식, 〈강제동원 조선인의 생지옥 '군함도'…진실을 기록하고 과거를 기억한다〉, 《경향신문》, 2017.3.1.

# 용산 약사(略史) - ③

| 해방 이후

 

 

제2차 세계대전 종전을 한 달 앞둔 1945년 7월 26일, 독일 포츠담 (Potsdam)에서 역사적 선언이 이뤄졌다. 트루먼 미 대통령, 처칠 영국 총리, 장제스(蔣介石) 중국 총통 등 3개국 수뇌부가 일본군의 무조건 항복을 포함한 13개조 포츠담 선언문을 발표한 것이다.

강렬히 저항하던 일제는 히로시마와 나가사키에 원폭이 투하된 지 일주일 만인 1945년 8월 15일 항복문서에 조인했다. 이후 9월에 미 제24군단 예하 7사단이 서울에 입성, 군정(軍政)을 선언하고 일본군이 남긴 부대시설을 한꺼번에 접수했다. 일본군 철수는 그해 연말까지 이어졌다.

상해(1919), 항저우(1932), 전장(1935), 창사(1937), 광저우(1938), 류저우 (1938), 치장(1939), 충칭(1940)을 거치며 일제에 대한 저항을 이어온 대한민국 임시정부는 정부 자격으로 환국코자 했으나 미 군정이 이를 거부했다. 결국 임정 요인들은 개인 자격으로 환국할 수밖에 없었다. 독립단체로서의 위신과 기능을 거의 상실했던 것이다.

1945년 12월 모스크바3상회의는 미·영·소·중 4국에 의한 한반도

신탁통치를 결정했으나 국내의 반대 여론과 미·소 간 견해차로 인해 진전을 보지 못했다. 결과는 '분단'이었다.

1946년 이승만이 정읍에서 남한 단독정부를 처음 언급한 뒤 미국은 조선 문제를 유엔으로 이관했고 1948년 남한에서 단독정부 수립을 위한 선거가 치러졌다. 같은 해 9월에는 북한 단독정부가 수립됐다.

혼돈의 시기에 백범 김구 선생은 용산 일대에서 의미 있는 활동을 여럿 벌였다.

1946년 7월에는 이봉창(1900~1932), 윤봉길(1908~1932), 백정기(1896~1934) 3의사의 유해를 효창공원에 모셨으며 1948년 9월에는 임정 요인 이동녕(1869~1940), 차리석(1881~1945), 조성환(1875~1948) 선생의 유해도 이곳에 모셨다.

1947년 3월에는 원효로 옛 서본원사(西本願寺) 자리에 건국실천원양성소(建國實踐員養成所, 이하 건실)를 설치, 민족 통일에 이바지할 후학과 정치세력을 규합하기도 했다. 자주독립국가 건설이라는 목표 아래 조소앙, 신익희, 양주동, 정인보 등 교육·정치·경제·언론계의 명망 있는 인사들이 건실 강사진으로 활약했다.

그러나 1949년 선생 또한 우익 테러로 살해돼 효창공원에 묻히고 만다. 백범이 암살당한 뒤 건실에 대한 정부 당국의 탄압이 거세졌고 건실은 1949년 8월 해체를 결정, 홍익대로 흡수됐다. 개소 이후 2년 5개월 만의 일이었다.[60]

일제 잔재 처리는 이승만 정부하에서 무기한 유보된 채, 남북 간 내

---

60  이홍구, 「해방 후 백범 김구의 건국실천원양성소 설립과 운영」, 『백범과 민족운동 연구 제 6집』, 2008.

건국실천원양성소 1기 수료식(1947.4.5). 백범 선생 왼편에 이승만 전 대통령과
프란체스카 여사 모습도 보인다.

전이 벌어졌다. 한국전쟁(1950~1953) 당시 용산의 피해는 극심했다. 개
전 초기 한국군에 의한 한강철교, 인도교 폭파로 다리를 건너던 피난
민 800여명이 한꺼번에 희생됐으며 일제강점기에 들어섰던 군사, 철
도 시설은 적의 폭격 대상이 되었다. 1950년 7월 16일에는 미 공군
소속 B29 폭격기들이 점령당한 서울을 집중 폭격한 결과 용산에서
1,600명의 남한 민간인들이 사망했는데, 이는 한국전쟁사에서 '용산
폭격'으로 기록되었다.[61] 무너진 한강철교는 2년 만에 복구됐지만, 참
상의 기억은 곳곳에 서렸다.

정전협정은 1953년 7월 27일 판문점에서 이뤄졌다. 유엔군 대표단

----------

61  베른트 슈퇴버, 『한국전쟁』, 여문책, 2016, 127쪽.

장 윌리엄 해리슨 중장과 북한 대표 남일 장군이 단 12분 동안 만나면서 서명을 교환했다. 이날 오후에는 리지웨이 장군의 후임 최고사령관으로 임명된 마크 클라크 장군이 서명을 통해 협상의 종결을 확인해 주었다.[62] 당시 마크 클라크 총사령관이 사용했던 책상이 현재 용산 미군 기지 내 한미연합사령부 건물 2층에 그대로 남아있다.

정전협정 이후 두 달여 만인 1953년 10월 1일 한미상호방호조약이 맺어졌다. 용산 일대 미군 주둔의 법적 근거가 마련된 것이다. 김동춘 교수에 따르면 "미국은 결사적으로 휴전을 반대하는 이승만을 달래기 위해" 조약 체결을 수락했다. 대한민국은 미국에 '육해공군을 한반도와 주변에 배치할 권리'를 줬고(조약 제4조), 이 조약은 '무기한으로' 유효하다(조약 제6조).[63]

미군 주둔 흔적은 곳곳에 남아있다. 1957년 미 8군 병사들의 외출이 허용되면서 이태원에는 그들을 위한 위락시설이 속속 들어섰다. 이태원이 미군 기지촌이란 오명을 얻게 된 것도 이즈음이다. 1970년대 초반에는 미군부대 재배치에 따라 부평에서 있던 121후송병원이 용산으로 이전하면서 미군과 관련 종사자, 상인 등 1만 명이 이태원에 자리를 잡게 된다.

삼각지 화랑거리도 미군 주둔의 문화적 산물이다. 전쟁 이후 가난한 화가들이 이곳에 하나둘 모여들어 미군들을 상대로 초상화나 명화 모작을 제작, 판매했다. 대한민국을 대표하는 화가 박수근 화백도 한때 이곳에서 그림을 그렸다고 한다.

----------

62  앞의 책, 162쪽.

63  김동춘, 앞의 책, 163쪽.

용산기지 내 미 8군 클럽은 한국 대중음악의 성지이기도 하다. 클럽에서 활동한 신중현은 '록(rock)' 음악으로 전국을 휘어잡았으며[64] 패티김 '그대 없이는 못 살아', 한명숙 '노란 샤쓰의 사나이' 등이 공전의 히트를 기록, 가요계 흐름을 바꿔놨다.

----------

64  미8군은 그에게 제2의 고향이었다. AFKN은 복음을 전파하는 선교사였다. 전 세계의 새
    로운 음악을 들을 수 있었다. 60년대 초, 록에 빠져들기 시작했다. 그렇게 1962년에 국
    내 최초의 록그룹 애드4가 탄생했다. (김중식, 〈나의 젊음, 나의 사랑 – 대중음악의 거장
    신중현 (4) 환희의 미8군 무대, 치솟는 인기〉, 《경향신문》, 1995.12.26.

# 나의 용산 문화유산 답사기 - ①

| 용산 서부권역

유홍준 전 문화재청장이 쓴『나의 문화유산 답사기』서울 편을 흥미롭게 읽었다. 그간 몰랐던 서울 이곳저곳의 숨겨진 내력을 이해하고 나니, 내가 살고 있는 이 땅에 대한 관심이 더 커짐을 느낄 수 있었다. 한 가지 아쉬운 점은 답사기에 용산에 대한 소개가 거의 없다는 사실이다. 세검정 주변에 자리했던 장의사(壯義寺)를 다루면서 용산의 독서당이 잠깐 언급된 정도다.[65] 하지만(유 전 청장처럼 말하자면) 우리 용산은 전 지역이 박물관이다. 아쉬운 대로『나의 용산 문화유산 답사기』를 써보기로 했다. 지도를 펴고, 함께 가보자.

## 효창공원

용산 서부권역 답사는 무조건 효창공원이 1번이다. 효창공원은 조선 제22대 정조의 장자로 태어나 세자 책봉까지 받았으나 5세의 어린

---

65  유홍준,『나의 문화유산 답사기 10』, 창비, 2017, 101쪽.

나이로 죽은 문효세자의 무덤이 있던 곳이다. 처음에는 효창묘라 불렀으나 왕가의 묘를 몇 기 더 모신 뒤 고종 7년(1870) '효창원(孝昌園)'으로 승격됐다. 옛 용산(龍山) 자락 울창한 산림에 자리한 데다 왕실 관리가 더해진 덕분에 지금도 사계절 내내 아름다움을 간직하며 주민들에게 사랑을 받고 있다.

1894년 청일전쟁 당시 일본군 병력 5,000여 명이 효창원 솔밭에 주둔하면서 이곳의 아픈 역사가 시작된다. 일제는 1924년 효창원 일부를 공원용지로 책정했으며 1940년 그 전체를 정식 공원으로 지정했다. 또한 1945년에는 이곳에 있던 왕실 묘를 강제로 서삼릉(西三陵)으로 옮기는 만행을 저질렀다. 태평양전쟁 희생자 충령탑을 세운다는 이유였다.

해방 이후 백범 선생이 이곳에 독립운동가들의 묘소를 조성했음은 앞서 소개한 바와 같다. 나는 특별한 일이 없어도 백범 선생 묘소를 자주 찾는데, 어쩌면 그는 자신이 묻힐 곳을 미리 만들어둔 것인지도 모르겠다.

효창공원 삼의사 묘역. 맨 왼편이 안중근 의사 가묘다.

2017년 광복절에는 문재인 대통령이 김구 선생 묘역을 참배하기도 했다. 당시 정양모 백범김구기념관장이 다리가 불편해 계단을 오르지 못했는데, 나는 이게 좀 안타까워서 곧바로 관련 부서에 경사로(목재 덱)와 펜스 설치를 지시했다. 지금은 백범, 삼의사, 임정요인 묘역 전체에 완만한 기울기의 참배로가 생겨서 누구나 편안히 참배를 할 수 있게 됐다.

## 남이장군 사당

효창공원에서 효창원로를 따라 남쪽으로 20여 분 걸으면 남이장군 사당을 만날 수 있다. 브라운스톤 아파트 뒤편 언덕에 자리했다. 관리상의 문제로 거의 문을 닫아둘 수밖에 없지만, 매년 10월에 열리

남이장군 사당제는 강릉 단오제에 버금갈 만큼 훌륭한 민속행사다. 우리 전통이 꾸준히 이어질 수 있도록 최선을 다하겠다.

는 남이장군 사당제 때는 시설을 일반에 개방한다. 꽃등행렬·당제(堂祭)·12거리굿 같은 다양한 볼거리도 제공하니 외지인들에게는 꼭 시기를 맞춰 방문할 것을 권한다. 나도 신위에 술잔을 올리는 초헌관으로 매년 제사에 참여하고 있다.

행사 하이라이트는 장군 출진식이다. 대취타, 도원수기, 장군, 부장, 영기, 군졸, 재관 등 수백 명 행렬이 이어지는데, 이는 남이 장군이 여진족을 토벌하기 위해 군병을 출진하는 모습을 재현한 것이다. 사당제 다음 날에는 사례제와 대동잔치가 열린다.

남이 장군 사당제는 강릉 단오제에 버금갈 만큼 훌륭한 민속행사다. 우리 전통이 꾸준히 이어질 수 있도록 최선을 다하겠다.


## 용산신학교와 원효로성당

남이 장군 사당에서 효창원로를 따라 다시 10여 분을 걸어가면 성심여자고등학교가 나타난다. 1886년 '조불우호통상조약' 이후 프랑스인들이 용산에 모여들었는데, 이들은 조선에 선교를 목적으로 학교를 세울 수 있는 특권을 가졌다. 이에 따라 1892년 '한국 최초의 양옥 건물'인 용산신학교가 원효로 옛 함벽정(涵碧亭)터에 지어졌다. 명동성당을 설계한 프랑스인 코스트 신부가 설계와 감독을 맡았다. 근대 문물의 홍수와 함께 용산이 비로소 국제도시로서 면모를 갖추기 시작했던 것이다. 신학교는 현재 성심여자고등학교 성심기념관으로 쓰이고 있다.

용산신학교의 바로 옆에는 원효로 예수성심성당이 자리하고 있다. 고딕풍 건물로 1902년 세워졌으니 그 또한 100년을 훌쩍 넘겼다. 중

림동 약현성당과 명동성당에 이어 국내에서 3번째로 만들어진 서양식 성당이다. 국내 최초 사제인 김대건 신부와 조선교구 1대~8대 교구장, 그 밖의 여러 순교자들의 유해가 한때 이곳에 안치되기도 했다.[66]

## 심원정터와 왜명강화지처 비석

성심여고에서 도보 5분 거리인 용산문화원 앞에 '심원정(心遠亭)터'와 '왜명강화지처(倭明講和之處)' 비석이 있다. 심원정은 조선 후기 영의정을 지낸 심암 조두순이 소유했던 정자다. 당시 많은 고관과 대작들

'왜명강화지처'가 새겨진 비석. 구는 최근 비석을 들어 지대석을 놓고 주위에 울타리를 둘렀다.

이 이곳을 찾아 용산강 절경을 바라보며 연회를 즐겼다고 한다.

왜명강화지처 비석은 임진왜란 당시 명과 왜가 용산강 일대에서 강화를 맺었음을 알리는 비다. 누가 언제 설치했는지 고증은 되지 않았다.

구는 최근 비석을 들어 올려 화강암으로 만든 지대석을 놓고 주위에 울타리를 둘렀다. 주민들이 강화비 의미를 바로 이해할 수 있도록 쉬운 문구로 안

--------

66  박승헌, 〈소박한 아름다움과 이국적 풍경의 만남 '원효로성당'〉, 《한겨레》, 2015.6.12.

내판도 세웠다.

  참고로 이곳 주변에는 고(故) 함석헌 선생과 고(故) 박목월 시인의
옛집이 있었는데 둘 다 지켜내지 못했다. 그걸 살렸으면 지역의 훌륭
한 문화자산이 됐을 텐데, 두고두고 아쉬움이 남는 대목이다.


## 건국실천원양성소터

  용산문화원에서 원효로를 따라 북동쪽으로 20여 분 걸으면 신한은
행 원효로지점(원효로 179)이 나온다. 일제 강점기에 서본원사(西本願寺)
라는 절이 있던 곳이다. 일제는 용산 전역에 서본원사, 동본원사(東本
願寺), 경성호국신사(京城護國神社) 같은 종교시설을 짓고 '만주사변 전몰
자 위령제[67]'를 지내는 등 한국인에 대한 사상적 지배를 시도했다.

  백범 선생이 해방 이후 옛 서본원사 자리에 건국실천원양성소를
설치했다는 사실은 꽤나 의미심장하다. 올바른 사상을 통해 낡은 식
민 지배를 극복하고 통일된 나라를 만들고자 했던 백범의 철학과 의
지가 크게 반영됐을 것이다. 지금은 아무 흔적도 남아있지 않지만 언
젠가는 복원돼야 할 현대 정치사의 성지임에 분명하다.

  우리 구는 올해 3.1운동 및 임시정부 수립 100주년을 맞아 이곳에
작은 표석을 설치하고 백범 선생의 뜻을 기리고자 한다.


- - - - - - - - - -

67  《동아일보》 1938.7.7 字 기사에는 "칠월 칠일 지나사변 일주년 기념행사에 대하여 용
    산사단에서 다음과 같이 발표하였다. 〈…중략…〉 분골안치사원참예(分骨安置寺院參詣)
    용산 동본원사, 대염산약초(大念山若草) 서본원사에 군사령부급 각 부대대표자가 참집
    (參集)하여 정중한 전몰자의 위령제를 행함"이라는 내용이 있다.

당고개 순교성지

　건국실천원양성소 인근 신계동 용산e-편한세상아파트 단지 내에
는 당고개 순교성지가 있다. 서울 천주교 4대 성지의 하나로 기해박
해(1839년) 때 박종원, 이인덕 등 10명이 순교했던 곳이다. 1984년 교황
바오로 2세에 의해 이 중 9명이 성인으로 시성됐다.

당고개 순교성지. 아파트 개발로 인해 사라질 뻔한 것을 겨우 살려냈다. 참으로 다행이다.

　민선 2기 구청장 시절, 신계동 재개발로 인해 성지가 사라질 위기
에 처했었다. 땅 면적으로만 따지면 최소한 아파트 2개 동이 더 들어
설 수 있었기 때문이다. 하지만 나는 이곳을 반드시 살려야 한다고 생
각했다. "엄연히 있는 역사의 현장을 없애버린다는 것은 있을 수 없

는 일"이라고 고건 시장을 찾아가 직접 호소하기도 했다. 다행히 내 주장이 받아들여졌고, 성지를 제외하고 아파트를 개발하는 쪽으로 사업이 변경됐다. 지금 생각해도 참으로 다행이다.


## 새남터 순교성지

당고개 순교성지에서 전자상가를 지나 서부이촌동으로 빠지면 새남터 순교성지가 나온다. 조선 초 성삼문 할아버지를 비롯한 사육신, 그리고 남이 장군이 이곳에서 처형당했음은 전술한 바와 같다.

비극은 조선 후기에도 이어졌다. 신유박해(1801년) 때 중국인 신부 주문모(周文謨)가 49세 나이로 새남터에서 처형당했다. 기해박해 때는 프랑스인 앵베르, 모방, 샤스탕 신부가 이곳에서 순교했다. 이어 병오박해(1846년) 때는 한국인 최초의 신부였던 김대건이, 병인박해(1866년) 때는 베르뇌 등 5명의 서양인 신부들과 정의배 등 여러 한국인 신자들이 새남터에서 효수(梟首)되었다.

새남터는 당고개와 마찬가지로 서울 천주교 4대 성지의 하나다. 현재는 새남터 기념성당이 들어서 있다. 우리 구는 최근 서울 서부역에서부터 당고개 순교성지를 지나 새남터 기념성당까지 이어지는 5km 구간을 대대적으로 정비하고 있다. 안내표지판도 곳곳에 설치했다. '천주교 서울 순례길' 조성사업 일환이다. 사업비는 16억 원으로 전액 시 예산이다.

천주교 서울 순례길은 2018년 9월 아시아 최초로 교황청이 공식 승인하는 국제 순례지로 선포됐다. 총 44.1km 구간으로, 말씀의 길(8.7km), 생명의 길(5.9km), 일치의 길(29.5km)로 나뉜다. 당고개·새남터 성지는 3코스

일치의 길에 속한다. 앞으로 더 많은 이들이 이곳을 찾게 될 것이다.

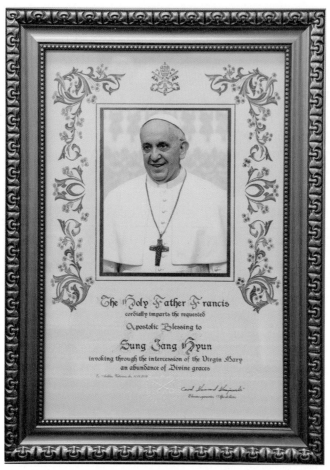

2018년 9월 천주교 서울 순례길 국제 순례지 선포식에서 받은 프란치스코 교황의 축복장

# 나의 용산 문화유산 답사기 - ②

| 용산 중부권역

　용산역과 미군 기지 주변을 '용산 중부권역'으로 묶었다. 연복사탑중
창비(演福寺塔重創碑)부터 옛 용산철도병원, 한전 용산창고, 경천애인사(敬
天愛人社) 아동원터, 돌아가는 삼각지 노래비, 옛 남영동 대공분실, 연합군
포로수용소터, 캠프 킴(Camp Kim) 같은 이색 현장이 줄줄이 남아있다.


## 연복사탑중창비

　철도회관(한강대로21나길 7) 화단에 설치된 연복사탑중창비는 조선 태
조 이성계의 공덕을 기리기 위해 1394년 개경에 세워졌던 비석이다.
일제강점기 경의선 부설 와중에 용산으로 옮겨진 뒤 100년간 소재가 확
인되지 않다가, 지난 2012년 시민 김석중 씨의 제보로 세상에 알려졌다. 자
칫하면 사장될 뻔했던 우리의 역사를 시민이 되살린 사례다.

# 옛 용산철도병원

구가 용산역사박물관 건립을 추진하고 있는 옛 용산철도병원 건물

한강로3가에 있는 옛 용산철도병원은 1907년 조선통감부의 철도국 서울진료소로 처음 문을 열었다. 철도 건설과정에서 다친 노동자들을 치료했던 곳이다. 지금 남아있는 건물은 1929년 지하 1층, 지상 2층 규모로 새롭게 지어졌다. 광복 이후에는 국립 철도병원으로 운영됐고 1984년부터 2011년까지 중앙대 용산병원 연구동으로 쓰였다. 사람으로 치면 90세 고령으로, 철도를 중심으로 발전해 온 용산의 과거를 온전히 담고 있는 건물이다.

정재정 교수가 쓴 『철도와 근대서울』에 따르면 일제하 용산은 그야말로 "한국철도의 메카[68]"였다. 철도관사, 철도공원, 철도박물관, 철도도서관, 철도병원 등이 용산역 일대에 밀집해 있었다. 물론 지금까지 남아있는 건 옛 용산철도병원이 유일하다.

우리 구는 이곳에 용산역사박물관을 짓는다. 기존 건물은 헐지 않고 실내 리모델링, 주변부 정비 공사만 시행할 예정이다. 개항 전·후, 일제강점기, 한국전쟁과 미군 주둔, 다문화 도시의 탄생, 개발시대에 이르는 용산의 오랜 역사와 문화를 빠짐없이 소개할 것이다.

용산의 근현대사와 주민들의 생활사, 용산에서 퍼져나간 다양한 해외 문화를 보여주는 데 이보다 더 어울리는 장소는 없다고 생각한다.


## 한전 용산창고

삼각지역 인근에 위치한 한전 용산창고는 1909년 당시 일한와사주식회사(日韓瓦斯株式會社)의 용산사무소 자리로 한국에서 가스 산업이 처음 시작된 곳이다.

일본군은 용산에서 수용한 군용지 일부를 일한와사에 석탄가스제조공장 부지로 제공했으며 일한와사는 이곳에서 진고개와 용산 등에 거주하는 일본인에게 가스를 공급했다.

한국전력의 전신이기도 한 일한와사는 1908년 동경에서 창립돼 가스업종으로 한국에 진출했으나 1909년 통감부의 조정으로 한미전기회사(옛 한성전기회사)를 인수, 전기사업까지 진출하며 몸집을 키웠다.

---

68  정재정, 『철도와 근대서울』, 국학자료원, 2018, 354쪽.

1915년에는 경성전기주식회사로 사명을 바꿨다.


## 경천애인사 아동원터

경천애인사는 일제가 세운 절이다. 한국전쟁 시기 무려 500명의 전쟁고아들이 이곳을 거쳐 갔다. 미 7사단 31연대 1대대장이었던 고(故)김영옥 대령과 고(故) 장시화 목사 등이 1951년부터 1954년까지 3년간 아이들을 돌봤던 것이다. 고난의 시절이었지만 인간애는 남아있었다. 현재 그곳에는 삼각지 성당(한강대로62다길 17-5)이 자리하고 있다.

김영옥 대령은 1919년 미국 로스앤젤레스에서 태어났다. 2차 세계대전이 터지자 미 육군 병사로 징집됐으며 장교 후보생에 뽑혀 이탈리아·프랑스 전선에 소위로 참전했다. 수많은 전적을 세웠지만 인종차별로 인해 전후 군복을 벗고 사업가로 변신한다. 하지만 한국전쟁이 발발하자 대위 계급으로 재입대, 혁혁한 공을 세웠다. 1951년에는 소령으로 진급했으며 아시아계 출신으로는 최초로 미군 대대장 지위를 얻게 된다. 1972년 대령으로 진급했으며 2005년에 사망했다.


## 돌아가는 삼각지 노래비

삼각지는 서울역과 한강대교를 잇는 교통의 요충지다. 해방 이후 주변에 육군본부(현 전쟁기념관)와 미8군사령부가 들어서면서 교통량이 상당했다. 원래는 한강로, 서울역, 이태원 방면으로 통하는 세모진 땅이라는 데서 나온 지명이었는데 백범로의 개통으로 현재는 네거리가

되었다.[69]

1967년, 삼각지에서 도심 최초의 '4방향 입체 교차로' 공사가 시작된다. 이곳 '3억 원짜리 도넛(실제로는 2억 3천만 원이 들었다)'은 1994년 지하철 6호선 건설과 함께 역사 속으로 사라졌지만, 인근 '돌아가는 삼각지 노래비'가 화려했던 옛 시절을 기억하고 있다.

비운의 천재가수 배호가 불렀던 '돌아가는 삼각지'는 1960년대 후반의 빅 히트곡이다. "비에 젖어 한숨짓는 외로운 사나이가 서글피 찾아왔다 울고 가는 삼각지"란 노랫말이 당시 많은 남성들의 심금을 울렸다.


옛 남영동 대공분실

1호선 남영역 뒷골목에 자리한 옛 남영동 대공분실(한강대로71길 37)은 1976년 건축가 김수근에 의해 지어진 음침한 건물이다. 대한민국 경찰청 대공 수사 기관으로 악명을 날렸다.

대공분실 첫 체포자는 고(故) 리영희 교수로 알려졌다. 중국 사회 실상을 소개한 『8억인과의 대화』가 문제가 돼 1977년 대공분실에 끌려간 뒤 2년 징역형을 선고받은 것.[70] 1985년에는 민주화운동청년연합(민청련) 소속 고(故) 김근태 의장이 이곳에서 혹독한 고문을 당하기도 했다.

----------

69  손정목 외, 앞의 책, 960쪽.

70  김기중, 〈남영동 대공분실 첫 체포자는 中 실상 소개한 故리영희 교수〉, 《서울신문》, 2018.11.14.

옛 남영동 대공분실. 조만간 민주인권 기념관으로 거듭난다.

남영동 대공분실이 일반에 알려지게 된 계기는 1987년 1월 14일 서울대학교 학생이던 박종철 군이 참고인 진술을 명목으로 연행돼 고문을 받다 사망한 사건이었다. 경찰 측은 "탁하고 치니 억하고 죽었다."는 희한한 변명을 늘어놨지만 결국 부검을 통해 사건 진상이 드러났고, 이는 1987년 6월 민주항쟁의 도화선이 되었다. 영화 '1987'에서 당시 모습을 상세히 그려볼 수 있다.

군사정권 시기 불행한 역사의 현장은 한동안 경찰청 인권센터로 쓰였다. 문재인 정부는 한 걸음 더 나아가, 이곳을 '민주인권 기념관'으로 꾸민다. 민주화운동기념사업회를 중심으로 한 시민사회가 시설을 위탁 운영키로 했다.

2019년 1월 14일 박종철 열사 32주기 추모식에서 열사의 친형인 박종부 씨가 "남영역을 더 이상 스쳐 지나가는 역이 아니고, 찾아오는 역으로 만듭시다."라고 했다. 그렇게 될 수 있도록 구에서도 지원을 아끼지 않겠다.

## 연합군 포로수용소터와 캠프 킴

남영역에서 청파동 쪽으로 가다 보면 나지막한 담장을 한 신광여중고가 나온다. 용산 중부권역 답사의 마지막 코스, 옛 연합군 포로수용소터다.

일제는 태평양 전쟁 초기 말레이 해전(1941년)을 통해 동남아시아에서 사로잡은 연합군 포로 중 일부(158명)를 용산으로 데려왔다. 주로 영국군과 호주군 소속 포로들이었다. 일제는 현 신광여고 부지에 수용소를 설치, 현 미군부대 캠프 킴 부지를 중심으로 포로들에게 강제 노역을 시켰다. 당시 캠프 킴 부지는 한반도를 아우르는 일본군 군수 보급 창고였다.

최근 서울시가 캠프킴 부지 내 옛 USO 건물에 용산공원 갤러리를 조성했다. 방문을 권한다.

최근 서울시가 캠프 킴 부지 내 옛 USO(미국위문협회) 건물에 '용산공원 갤러리'를 조성, 일반에 개방했다. 용산공원 관련 사진, 지도, 영상 등 60여 점이 전시돼 있다. USO 건물 자체가 110여 년 전에 지어진 '문화재급' 시설이기도 하다. 방문을 권한다.

# 나의 용산 문화유산 답사기 - ③

| 용산 동부권역

끝으로 용산 동부권역 답사다. 한양도성과 남산타워, 후암동 문화주택, 해방촌, 이태원부군당 역사공원, 이슬람 중앙성원, 김유신 장군 사당, 동·서빙고 순으로 돌아보면 좋겠다.

## 한양도성과 남산타워

용산은 조선시대 성저십리의 일부로 도성 '밖'에 위치했다. 지금도 도성은 중구와 용산의 '경계'다. 도성은 좁은 의미로는 도읍을 둘러싼 성곽과 문을 지칭하나, 넓은 의미로는 성곽과 그 안의 공간을 모두 아우른다.

1396년 태조 이성계에 의해 성곽이 처음 축조되었고 세종, 숙종 시기 대보수공사를 거쳤다. 때문에 성곽을 둘러보는 것만으로도 시기별 축성 기술의 변화를 살필 수 있다.

성곽은 일제강점기와 한국전쟁을 거치며 상당 구간이 훼손됐다. 1974년 박정희 정권에 의해 성곽 복원공사가 시작됐으며 2013년까지 총 길이 18,627m 중 약 70% 구간 복원이 완료됐다. 용산에서는 백범

광장 구간 성곽이 복원되어 따라 걷는 재미가 쏠쏠하다. N서울타워까지 오르면 한양도성 안쪽(지금의 중구, 종로구)을 두루 조망할 수 있다. N서울타워 주소지가 용산구(용산2가동 산 1-3번지)라는 사실도 한 번쯤 강조하고 싶다.


## 후암동 문화주택

한양도성을 경계로 중구와 맞닿은 후암동은 원래 한적한 농촌 마을이었다. 일제강점기 일본인들에 의해 신시가지로 개발된다. 그때는 후암동이 아니라 삼판통(三坂通)으로 불렸다. 이곳에는 당시 지어진 문화주택이 지금도 300채가 넘게 남아있다. 대표적인 게 '지월장(指月藏)'이다. 1920년대 초 황해도에서 철도사업을 하던 일본 서선식산철도주식회사 상무이사 니시지마 신조의 별장이었다고 한다. 지금은 게스트하우스로 쓰인다.

한데 후암동에 왜 이렇게 큰 규모의 일본인 마을이 들어섰을까? '길'이 중요했다. 신용산 일대 일본군 병영과 도성을 연결했던 '삼판로(현 후암로)' 주위로 일본인들이 모여들었던 것이다. 삼판로는 우리 선조들이 이용했던 이태원 옛길을 일본인들이 확장해 만든 신작로였다.

해방 이후까지 서울의 대표적인 부자동네였던 후암동은 1980년대 동부이촌동의 부상과 강남 개발로 점차 퇴락하기 시작했고 1990년대 들어 부촌으로서의 명성을 완전히 잃고 말았다.[71] 하지만 최근 들어 다시 '제2의 가로수길'로 유명세를 타고 있다.

----------

71  강홍빈 외, 『후암동』, 서울역사박물관, 2016, 89쪽.

## 해방촌

해방촌 108계단 경사형 엘리베이터에서 내려다본 풍경

후암로를 따라 남쪽으로 걷다가 용산고등학교 사거리에서 좌회전 하면 신흥로다. 여기서부터 해방촌(용산2가동 일대 33만 2,472㎡)이 시작되 는데, 지금은 '남산 아래 첫 마을'이란 애칭으로 불리며 도시재생 사업 이 한창이다.

지난 1943년, 일제는 중일전쟁과 태평양전쟁 전몰장병을 기리기 위한 시설로 '경성호국신사'를 해방촌에 세웠다. 조선총독을 위시한 총독부 고위층이 이곳에서 열리는 전몰자 추모행사에 적극적으로 참 여했다고 한다. 신사는 지금 흔적도 없이 사라졌지만, 그 참배로는

'108계단'이란 이름으로 고스란히 남아있다. 주민들에게 말 그대로 108번뇌를 안겼던 높다란 계단이다. 우리 구는 최근 이곳에 서울시내 주택가 최초로 '경사형 엘리베이터'를 설치했다. 계단을 버거워하던 지역 어르신들은 승강기가 반가워서 어쩔 줄을 모른다.

해방 이후 무허가 판자촌이 즐비했던 마을. 이범선 작가의 소설이 자 유현목 감독의 영화 '오발탄'의 배경. 그렇게 다양한 이야기를 간 직한 해방촌이 지금 새롭게 태어나고 있다. 해방촌 도시재생에 대해 서는 뒤(5장)에서 다시 한번 다루기로 한다.


## 이태원부군당 역사공원

신흥로를 따라 해방촌 언덕을 한 바퀴 돌고 내려오면 경리단길이 나오고 경리단에서 이태원초등학교 뒷길로 오르면 이태원부군당 역 사공원에 다다른다. 400년 역사를 자랑하는 사당이 이곳에 있다. 사 당은 1619년(광해군 11년) 처음 건립됐으며 1917년 현재 위치로 옮겨졌 다. 매년 4월 1일과 10월 1일에 민속제례가 열린다.

구가 부군당을 정비하고 주변에 공원을 만든 건 지난 2013년의 일 이다. 그전에는 관리가 전혀 이뤄지지 않았다. 당초 마을 공동소유였 던 부군당 소유권을 행정 편의상 경로당 회장 2명 명의로 등록을 했 는데(1948년) 이를 상속받은 후손이 토지 브로커와 결탁해 부군당 토지 를 사유화시켜 버린 탓이다.

이태원부군묘관리위원회를 중심으로 한 이태원동 동민들은 무려 22년간 이어진 소송 끝에 지난 2011부군당 소유권을 되찾았고 나에 게 시설을 정비해 달라고 요청했다. 사업을 마무리하는 데는 2년이 더 걸렸다.

이태원부군당 역사공원에 서면 미군부대 메인포스트가 훤히 내려다보인다. 밤에도 분위기가 좋아 데이트하러 온 청춘 남녀를 심심찮게 목격할 수 있다. 부군당은 이제 이태원의 또 다른 명소가 되었다.


## 이슬람 중앙성원

이태원부군당에서 이태원로를 거쳐 한강진역 방향으로 10여 분 걸으면 우사단로가 나온다. 조선시대 기우제를 지냈던 우사단(雩祀壇)이 있던 마을로 지금 이곳 명물은 이슬람 중앙성원이다. 국내 이슬람 사원 중 최고 역사와 최대 규모를 자랑한다.

지난 1969년 박정희 정부가 이슬람 교인들을 위해 땅 1,500평을 무상으로 제공하고 이슬람권 20개국이 건축비용을 대 성원을 만들

이슬람 중앙성원. 국내 최대 규모의 이슬람 사원이다.

었다. 시공은 중동에서 토목·건축 사업을 벌였던 유원건설이 맡았다.

1976년에 성원이 완성된 이후 이곳을 중심으로 무슬림 공동체가 형성됐다. 국내 1호 할랄(halal·이슬람 율법에 의해 무슬림이 먹을 수 있도록 허용된 식품) 인증을 자랑하는 '살람'을 비롯해 무슬림을 위한 음식점이 즐비하다. 할랄 관광(halal tourism·무슬림 대상 관광산업)을 이끄는 전문여행사와 상점도 근처에서 쉽게 찾아볼 수 있다.


## 김유신 장군 사당

우사단 골목길을 고불고불 내려오면 보광동에 닿는다. 신라 진흥왕 때 보광국사가 세운 절이 있었다 해서 보광동이다. 보광동에는 김유신 장군 사당(서빙고로91길 28-15)이 있다. 일종의 부군당이다. 주신(主神) 김유신 장군 외 삼신, 삼불제석 등 신상 15점을 모셨다. 매년 음력 1월 1일 '흥무대왕 김유신 명화전보존위원회' 주관으로 제례도 지낸다.

김유신 장군은 무열왕 7년(660) 당나라와 연합해 백제를 멸망시켰고 문무왕 8년(668) 한강 이북을 넘어 고구려를 정벌했다. 김유신 장군이 한강을 건널 때 지금의 보광동 지역에 닿았는데, 고구려군을 물리친 후 주민들을 잘 보살펴 주었다고 한다. 장군을 모신 사당이 이곳에 생긴 이유다. 원래는 더 아래쪽 한강가에 있었는데 1941년 경원선 복선화 과정에서 현 위치로 이전됐다.


## 동·서빙고

용산 동부권역 마지막 코스 '얼음창고'다. 아쉽게도 흔적은 전혀 남아 있지 않다. 동빙고는 원래 성동구 옥수동에 있었는데 연산군 10년(1504)에 동빙고동으로 옮겼다. 한강에서 채취한 얼음 1만 244정(丁)을 보관했다.[72]

서빙고는 조선 태조 5년(1396) 예조에 소속된 얼음창고로 둔지산 기슭에 설치됐다. 현재의 서빙고초등학교 인근이다. 동빙고보다 규모가 훨씬 커서 얼음 13만 4,974정을 저장할 수 있었다. 겨울이 따뜻해서 한강이 얼지 않았을 때는 산 계곡에서 얼음을 채취했다고 한다. 동·서빙고는 고종 31년(1894)까지 존속된다.[73]

아쉽지만 이쯤에서 용산 답사기를 마치기로 하자. 주요 박물관과 기념관을 비롯해서 분량상 어쩔 수 없이 뺀 곳이 한 둘이 아니지만, 사나흘 나들이 코스로는 충분할 것 같다.

역사를 글로만 익혀서는 안 된다. 현장에서 두 눈으로, 몸으로, 체험해야 진짜 내 것이 된다. 홀로 가든 함께 가든 답사 그 자체가 인생의 추억이 되기도 한다. 답사처는 꼭 멀리서만 찾을 것이 아니다. 내가 살고 있는 우리 고장이 가장 먼저다.

-----------

72  손정목 외, 앞의 책, 981쪽.

73  앞의 책, 983쪽.

# 역사 바로 세우기

| 역사를 잊은 민족에게 미래는 없다

    용산의 역사, 그리고 문화유산을 자세히 소개한 데는 다 이유가 있다. 굴곡진 역사를 바로 세워야 한다는, 정치인의 소신 때문이다. 또 역사적 가치를 보존하면서 흥미로운 스토리를 더한다면 지역의 매력이 배가될 것이라는 행정가로서의 전략도 숨어 있다.

    나는 정치를 시작한 이래 '역사 바로 세우기'라는 이름으로 꽤 많은 일들을 벌여왔다. 대표적으로 5가지만 골라서 소개하자면, 첫째는 백범김구기념관 건립사업이다. 백범 기념관 건립은 1960년 이승만 정권 붕괴 이후 지속적으로 추진돼 왔으나 번번이 무산됐었다. 김대중 대통령 시절에 이르러서야 비로소 사업이 빛을 봤고, 당시 이수성 전 국무총리가 백범김구선생기념사업협회장을 맡아 정부에 지원을 요청했다. 기념관 건립추진위는 김대중 전 대통령을 명예위원장으로 추대하기도 했다.

    때마침 나는 민선2기 구청장으로서 용산구 추진위원장을 맡아 사업을 후방 지원했다. 공사는 2000년 6월에 시작됐으며 2년 뒤 마무리된다. 한국 현대사에 큰 족적을 남긴 백범 선생의 일대기가 시민들 눈

앞에 고스란히 펼쳐졌다.

백범 선생은 안동 김씨 경순왕(敬順王)의 후손[74]으로 1876년 황해도 해주에서 태어났다. 어린 시절은 말도 못 할 개구쟁이였다. 몇 차례 과거에 낙방한 뒤 동학에 입도했으며 1894년 동학혁명 때 교구책임 자인 접주(接主)로도 크게 활약을 했었다. 이후 선생은 일본인 스치다 조스케를 살해, 영어(囹圄)의 몸이 된다. 옥중에서 호를 백범(白凡, 백정과 범부)로 바꿨으며 독서와 수감자 교육, 성악(聲樂)에 몰두했다. 탈옥한 뒤 1898년 공주 마곡사에서 스님이 되었으나 오래지 않아 환속한다.

1919년 선생은 상해로 망명, 임시정부 경무국장이 되고 해방에 이르기까지 항저우, 충칭 등을 거치며 저항을 이어갔다. 1931년 한인애국단을 창단해 이봉창 동경의거와 윤봉길 홍구의거를 주도하기도 했다.

선생은 해방 이후 이봉창, 윤봉길, 백정기 3의사 유해를 용산구 효창공원에 모셨고 안중근 의사 유골을 봉안할 가묘(假墓)와 이동녕, 차리석, 조성환 선생의 유해도 이곳에 모셨다. 그 또한 우익테러로 살해돼 1949년 효창공원에 묻히고 만다.

선생이 원한 것은 부력(富力)도, 강력(强力)도 아닌 '문화의 힘'이었다. 대한민국은 군사·경제적 강국이 아니라 문화적 강국이 돼야 한다고 생각했다. 그래야만 "진정한 세계의 평화가 우리나라에서, 우리나라로 말미암아 세계에 실현[75]"될 수 있기 때문이다. 내 생각도 정확히 그와 같다.

'역사 바로 세우기' 두 번째 사업은 의열사 7위 선열 숭모제다. 의열

----------

74  김구, 『백범일지』, 돌배개, 2002, 21쪽. 안동김씨의 시조 김숙승은 신라 경순왕의 손자다.

75  김구, 앞의 책, 431쪽.

사는 효창공원에 묻힌 '7위' 선열 영정을 모신 사당을 말한다. 숭모제는 유교식 전통제례로 강신례(신을 모시는 의례), 참신례(제관이 제사에 착석하는 의례), 초헌례(제주가 첫 번째 술잔을 올리고 재배하는 것), 아헌례(두 번째 잔을 올리는 것), 종헌례(마지막 잔을 올리는 것), 유식례(음식을 권함), 분축례(축문을 태움) 절차를 따른다. 2011년 첫 제례 후 매년 행사를 이어왔다. (사)효창원7위선열기념사업회 주관이며 구가 사업을 적극 후원한다. 나도 매년 행사에 함께하고 있다.

'역사 바로 세우기' 세 번째 사업은 의열사 참배다. 나는 2010년 민선 5기 구청장 취임 이후 매년 1월 1일 용산구 간부공무원, 지역 주민들과 함께 의열사를 참배를 하는 것으로 새해를 맞이해 오고 있다. 역

구청 신규 임용 공무원들의 첫 번째 일정은 의열사 참배다.

사·보훈 도시 용산에서 일하게 된 구청 신규 공무원들의 첫 번째 일정도 의열사 참배다. 공직자로서의 자세를 다잡고, 나라를 위해 모든 것을 희생한 애국선열들의 깊은 뜻을 젊은 직원들이 마음 깊이 새겨주기 바란다.

지난 2016년에는 의열사 상시개방을 시작했다. 원래는 행사가 있을 때만 문을 열곤 했었는데, 관리자를 고용하고 키오스크(자동음성안내시스템)를 설치하니 주민, 관광객들 호응이 좋았다. 개방을 너무 늦게 해서 시민들에게 죄송할 따름이다. 우리 의열사가 살아있는 역사 교육의 장이 될 수 있도록 앞으로도 시설 관리에 최선을 다하겠다.

다음으로, 유관순 열사 추모비 건립 사업을 소개한다. 1902년 충청남도 천안에서 태어난 유 열사는 1919년 3.1운동 중 아우네 장터 만세시위를 주도하다 일본 헌병에 체포됐다. 그리고 이듬해 9월 28일 서대문형무소 지하 감방에서 만기출소를 이틀 앞두고 꽃다운 목숨을 다하고 만다.

일제는 유 열사 시신을 돌려주지 않았다. 이화학당 학생과 선생들이 시신을 내놓으라고 거세게 항의한 뒤 보름 만에야 시신을 인도 받는다. 이들은 망가진 시신 앞에 통곡하며 삼일장을 치렀고 용산 이태원 공동묘지에 시신을 묻었다.

지금 열사의 유해는 남아있지 않다. 1936년 경 공동묘지 이장 과정에서 사라졌다. 현재 망우리공원에는 '이태원묘지 무연분묘 합장비'가 있는데, 묘지 이장 과정에서 무연고 분묘를 모두 화장하고 비석을 세워둔 것이다. 열사의 유해도 이곳에 섞였을지 모르겠다.

나는 이런 가슴 아픈 사실을 알게 된 뒤 이태원에도 유 열사 추모비를 하나 세우자고 문화체육과에 제안했다. 사업은 일사천리로 이뤄

이태원부군당 역사공원에 조성한 유관순 열사 추모비. 이태원 공동묘지에 묻혔던 열사의 유해는 공동묘지 이장 과정에서 사라졌다.

졌고, 유족들과 논의한 뒤 용산 일대가 훤히 내려다보이는 '이태원부
군당 역사공원'에 작은 추모비를 하나 세웠다. 열사 순국 95주년을 맞
은 2015년 4월 23일의 일이다. 인근 도로에는 '유관순길'이라는 명예
도로명을 붙였다. 2016년 식목일에는 열사의 천안 생가에서 흙을, 마
을 뒷산에서 소나무를 캐다가 추모비 앞에 심기도 했다. 열사가 마셨
다는 우물에서도 물을 길어다 나무에 뿌렸다. 열사의 넋이 조금이나
마 위로를 받았으리라.

마지막 다섯 번째는 3.1운동 기념행사다. 우리 구는 매년 기념식
을 챙겨왔지만 올해는 특히 3.1운동 100주년을 맞아 신경을 더 썼다.
100년 전 그날 민족대표 33인의 독립선언문 낭독으로 시작된 3.1운동
은 일제 식민통치의 부당함과 민족 독립의 당위성을 전 세계에 알린

희대의 사건이었다. 2개월여 간 1,500여건 시위가 이어졌고 참가자는 200만 명을 넘겼다. 말 그대로 촛불항쟁의 원조였던 셈이다. 희생도 컸다. 7,509명이 목숨을 잃었고 부상자 수도 1만 5,961명에 달했다. 피검자 수는 4만 6,948명으로 추산된다.

3.1운동 100주년을 맞아 효창공원에서 애국지사 추앙제례를 진행했다.

나는 이번 3.1운동 기념행사에서 '애국지사 추앙제례'를 준비했다. 100년 전 순국한 7,509위 신위를 모신 제상에 태극기, 무궁화, 쇠말뚝을 진설(陳設)한 것. 선열들이 진정으로 원했던 것은 술과 안주가 아니라 빼앗긴 태극기와 우리 꽃 무궁화였기 때문이다. 일제가 전국팔도에 박아둔 쇠말뚝은 뽑는 것도 바라 마지않으셨을 것이다. 그들에 대한 존경과 감사의 마음을 담아 3.1운동 만세주, 일왕 항복주, 8.15 광복주를 차례대로 올렸다.

선열들이 추구했던 민족자결(民族自決)의 의지는 오늘날 우리들의 가슴속에 깊은 감동을 안겨준다. 이들 단지 과거의 일로 치부해서는 안 될 것이다. 그날의 함성을 조국통일의 동력으로 승화시킬 필요가 있다. 2018년 9월, 남북 두 정상이 손을 잡고 민족의 성산 백두산에 올랐다. 8천만 우리 민족이 진정한 독립을 이룰 날도 이제는 그리 머지않았다고 본다.

"7,509위 영령님들께서는 흠향(歆饗)하시고 영원한 통일조국을 이룰 수 있게 도와주시옵소서!"

# 남은 숙제들

## | 안중근, 이봉창, 그리고 용산역사박물관

김구 선생의 뜻이 이루어진 사회였다면, 지난 40년 동안에 오
욕스러운 죄명으로 죽어간 애국자들이 목숨만이라도 부지할 수
있었을 것이다. 독립지사와 혁명가들의 후예가 천대받지 않고
존경받는 사회와 제도가 좀 더 일찍 이루어졌을 것이다.[76]

고(故) 리영희 선생이 「그리운 김구 선생(1987)」이란 글에서 했던 말
이다. 전적으로 공감한다. '독립지사와 혁명가들의 후예가 천대받지
않고 존경받는 사회'는 우리 구의 '역사 바로 세우기' 사업이 궁극적으
로 지향하는 바이기도 하다. 헌데 어느덧 나도 마지막 임기다. '아직
도 할 일이 많은데'라고 생각하면 아쉬움이 적지 않다. 다만 우선순위를
따져 최소 3가지는 마무리를 짓고 싶다. 첫째, 안중근 의사 유해 발
굴. 둘째, 이봉창 의사 기념관 건립. 셋째, 용산역사박물관 조성이다.

----------

76  리영희, 임헌영 편,『리영희 산문선 희망』, 한길사, 2011, 515쪽.

안중근 의사는 1879년 황해도 해주에서 태어났다. 백범 선생과 동향이다. 안 의사는 어려서 한학을 배웠고 청년기에는 말 타기와 사냥에 능했다고 한다. 백범 선생이 한때 안 의사의 부친 안태훈 진사에게 몸을 의탁한 적이 있는데, 이 때 백범은 안 의사를 보고 "영기(英氣)가 넘친다[77]"라고 평했다.

안 의사는 1895년 가톨릭에 입교, 신학문을 접했다. 성인이 되어서는 평안도 진남포로 집을 옮기고 삼흥학교와 돈의학교를 세웠다. 하지만 특유의 기개 탓일까 교육 사업은 그리 오래가지 못했다. 그는 1907년 러시아 연해주로 건너가 '대한의군참모중장(大韓義軍參謀中將)'이란 직책으로 의병 활동을 시작한다. 1909년에는 동지 11명과 함께 손가락을 끊고 구국투쟁을 맹세했으니, 그 유명한 '단지동맹(斷指同盟)'이다.

같은 해 10월 26일 초대 조선통감이었던 이토 히로부미가 만주 하얼빈 역에 도착한다는 소식을 접한 안 의사는 치밀한 계획하에 이토를 사살했다. 하지만 현장에서 러시아 헌병에게 체포돼 일본 관헌에 넘겨지고 만다. 1910년 2월 14일, 뤼순 일본 관동도독부 지방법정에서 재판장 마나베 주조는 안 의사에게 사형을 선고했다. 사형 집행 전 마지막으로 면회를 온 두 동생과 빌렘 신부에게 안 의사는 "내가 죽은 뒤 나의 뼈를 하얼빈 공원 곁에 묻어두었다가 우리 국권이 회복되면 고국으로 반장(返葬)해 다오."라는 유언을 남겼다고 한다.

그해 3월 26일, 안 의사는 32세의 나이로 짧은 생을 마쳤다. 하지만 그의 꽃다운 이름은 후세에 길이 남아 향기를 퍼뜨리고 있다. 말 그대로 '유방백세(流芳百世)'다.

----------

77  김구, 앞의 책, 57쪽.

2017년 2월 14일 안중근 의사 추모행사에서 참석자들이 '핸드프린팅' 이벤트를 진행하고 있다.

  우리 구는 안 의사 추모사업을 다각도로 벌여왔다. 2015년 안중근 한·중 우호교류협회가 주관한 문화예술전을 후원했으며 2016년 하얼빈 의거일에 맞춰 '청소년 독립·민주·평화 음악회'를 열기도 했다.

  2017년 2월 14일에는 "밸런타인데이가 아닌 안 의사의 사형 선고일을 기억하자"라는 취지로 '안 의사 가묘 단체 헌화', '핸드프린팅', '고교생 UCC 상영', '우리 가슴속의 안중근 토크 콘서트' 등 다양한 행사를 벌였다.

  특히 토크 콘서트에는 구 홍보대사이자 영화 〈명량〉의 감독인 김한민 씨가 게스트로 출연, 행사를 빛내줬다. 구가 한·영 2개 국어로 만들어 유튜브에 올린 '안중근 의사의 마지막 소원' 영상물도 커다란 호응을 얻었다.

하지만 안 의사의 유해는 아직도 고국에 돌아오지 못하고 있다. 안 의사 유해 매장 추정지로는 중국 다롄 뤼순감옥 동남쪽 야산인 둥산 포(東山坡: 뤼순감옥 묘지 일대)와 뤼순감옥 뒤편의 원보산(해발 90m), 뤼순감옥 박물관 부지 등 3곳이 꼽히는데, 주변 개발이 가속화된다니 마음이 더 급해진다.

안 의사 유해 발굴은 물론 우리 구 업무 범위를 넘어서는 일이다. 국가보훈처가 3.1운동 100주년을 맞아 남북 공동으로 안 의사 유해 발굴을 추진한다고 하니 좋은 결과를 기대해 봐야겠다. 효창공원의 빈 묘가 하루 빨리 제 주인을 찾기 바란다.

다음으로 이봉창 의사는 용산이 낳은 영웅이다. 그는 1901년 용산구 원효로2가에서 신흥 자본가의 아들로 태어났다. 청소년 시절에 가세가 기울어 효창동으로 이사했으며 일본인이 운영하는 제과점에 취직했다. 조선인이라는 이유로 주인에게 험한 대접을 받았다고 한다.

이 의사는 1919년 남만철도회사에서 운영하던 용산역 조차과에 입사했는데 오래 못가 사표를 내고 1925년 구직을 위해 일본으로 건너갔다. 한번은 일왕(日王) 히로히토 즉위식을 보러 갔다가 단지 조선인이란 이유로 잡혀 열흘 동안 유치장 신세를 지기도 했다.

이 의사는 결국 1931년 독립운동의 뜻을 품고 상하이행 배에 몸을 싣는다. 그리고 호기롭게도 상해 임시정부 청사를 찾아가 "당신들은 독립운동을 한다면서 일본 천황을 왜 못 죽입니까![78]"라며 임정 직원들을 나무랐다.

이에 백범은 '한인애국단'을 조직, 제1착으로 이 의사의 동경 거사

----------

78  김구, 앞의 책, 323쪽.

를 주관했다. 의거일은 1932년 1월 8일. 이 의사는 도쿄 요요기 연병장에서 신년 관병식을 마치고 돌아가는 히로히토에게 폭탄을 던졌으나 실패였다. 폭탄 성능이 너무 미약했던 탓이다.

1932년 9월 30일 일본 도쿄법원은 '대역죄인'이었던 이 의사에게 사형을 선고했다. 동아일보는 "(이 의사가) 안색도 변치 않고 고개를 끄덕였다. 아침부터 내리는 가을비는 무거운 법정의 공기를 더욱 무겁게 하였다"라고 당시 상황을 전했다.[79] 형 집행일은 10월 10일. 이 의사는 일본 이치가야(市谷) 형무소에서 32살의 나이로 순국했다. 하지만 그의 죽음은 헛되지 않았다. 침체된 항일독립운동의 불씨를 되살린 것으로 평가받는다. 훗날 윤봉길 의사의 '상해 훙커우공원 의거(1932년 4월 29일)'에 기폭제가 되었던 것이다.

우리는 그의 생애를 반드시 기억해야 한다. 처자식도 없이 목숨을 잃었으니 우리가 그의 자식이 되어줘야 하지 않겠는가. 그래서 우리는 효창동에 이봉창 의사 기념관을 짓는다. 7~8년 전부터 기획했던 일이다.

처음에는 이 의사 생가를 복원하려 했다. 그래서 생가복원 추진위원회도 만들었는데 결과적으로 이를 포기할 수밖에 없었다. 생가에 대한 사진 한 장 남아있지 않아 고증이 불가했기 때문이다. 고증 없이 아무렇게나 집을 지어놓고 의사의 생가라고 하는 건 도리가 아니지 싶었다. 그래서 기념관 쪽으로 방향을 틀었다.

그러는 와중에 이 의사 생가터(효창동 118번지)는 효창4구역 재개발로

---

79 표학렬, 앞의 책, 70쪽.

인해 완전히 사라지고 말았다. 대신 조합과 협상을 했다. 아파트를 지으면서 구에 기부키로 한 소공원(479.1㎡)에 기념관까지 지어달라고 했다. 하지만 사업 일정이 지연될 수 있다는 우려로 우리 요구는 받아들여지지 않았다.

지금은 공사가 끝나고 공원 기부채납도 마무리된 상태다. 결국 구가 직접 기념관을 짓기로 했다. 소공원에서 역사공원으로 도시계획시설 용도를 바꾸고 2019년 10월 10일 이봉창 의사 서거 87주기에 맞춰 공사를 시작할 예정이다. 2020년 준공이 목표다. 여기에 이 의사 초상화를 모시고 유품도 전시하겠다.

많은 분들이 이곳을 찾게 되길 바란다. 햇볕 좋은 날 툇마루에 앉아 이 의사의 숨결을 느끼고 내가 누구인지, 내가 왜 살고 있는지, 그리고 나는 지금 어디로 가고 있는지, 살아가야 할 날들을 가늠해 보고 그랬으면 좋겠다.

효창동에 들어설 이봉창 의사 기념관 투시도(안). 2019년 10월 10일 이봉창 의사 서거 87주기에 맞춰 공사를 시작한다. 2020년 준공이 목표다.

끝으로 용산역사박물관에 대한 이야기다. 앞서 여러 번 언급했듯이 우리 구는 옛 용산철도병원을 활용, 2021년까지 지역사 박물관을 만든다.

용산은 한 걸음만 걸어도, 한 치의 땅만 파봐도 곳곳이 역사의 현장이다. 이미 국립중앙박물관을 비롯한 대형 박물관이 여럿 용산에 자리하고 있지만 정작 '우리 이야기'는 제대로 들려주지 못하고 있다 생각한다. 지금은 대강의 그림만 그려둔 상태다. 지하 1층~지상 2층, 연면적 2,429㎡ 규모 건물을 전시실(972㎡), 수장고(243㎡), 교육실(170㎡), 사무실(194㎡), 공용공간(850㎡)으로 구분 · 운영토록 하겠다.

올해부터는 유물 수집도 본격화한다. 이미 200여 점을 모았지만 제대로 된 박물관을 운영하려면 최소한 2,000여 점은 갖춰야 한다. 주민, 외국인, 대사관, 전문가들로부터 물품을 기증받고 일부는 예산을 들여 구입토록 하겠다. 향후 도시개발 과정에서 발굴되는 유물도 우리가 직접 관리할 것이다. 그 외에도 신문, 뉴스 등 다양한 시청각 자료를 활용, 누구나 한눈에 용산의 역사를 이해할 수 있도록 전시실을 꾸미겠다.

단, 박물관이 과거만을 기억하는 공간으로 제한돼서는 안 된다. 일제강점기, 한국전쟁 그리고 분단 등 아픈 역사로 점철된 용산구가 미군기지 반환과 함께 평화와 통일을 상징하는 도시로 거듭나는 만큼 용산역사박물관 역시 지역의 밝은 미래상을 주민과 함께 그려나가는 대안적인 공간으로 조성이 돼야 한다.

용산역사박물관이 생기면 우리 구 역사 바로 세우기 사업도 일단락을 맺게 된다. 기존 11개 박물관과 연계, 다양한 투어 프로그램도 마련하겠다. 역사도시 용산이 제대로 평가받을 날이 이제 곧 시작된다.

제5장

# 지역 가치는
# 이렇게 만든다

# 개발시대

| 고성장에서 파국으로

용산은 조선시대 수운의 중심에서 구한말 공업의 중심, 일제강점기 철도병영 기지로 변신을 거듭했다. 그리고 그 변화는 1960~70년대 개발시대를 거치면서 획기적으로 커졌다.

차량이 증가하고 도로가 부족해지자 우선 물길이 땅속으로 사라졌다. 도심에서 청계천 복개(覆蓋) 공사가 한창이던 1962년 8월 만초천 복개 공사가 시작됐다. 서울역부터 원효로까지 1,655m 구간이었다. 4년간 1억 5천만 원이 투입됐다. 지금도 청파로 아래로 만초천이 흐르고 있다. 같은 시기에 용산고등학교 앞 후암천 복개도 이뤄졌다. 지금의 두텁바위로다.

제3한강교(1985년 한남대교로 개칭) 건설은 강남 개발보다는 6.25때 겪은 한강 도강의 쓰라린 경험을 되풀이하지 않기 위해 유사시 서울 시민들이 한강도강을 할 수 있도록 계획되었다.[80] 물론 실상은 강남 개발의 기폭제가 됐다. 한남대교는 한남동과 강남구 신사동을 잇는 다

---

80  박현욱 외, 『돌격 건설! 김현옥 시장의 서울 | 1966-1967』, 서울역사박물관, 2013, 59쪽.

리로 경부고속도로보다 2년 일찍(1966년 1월) 공사를 시작해 7개월 일찍(1969년 12월) 공사를 마쳤다. 이후 경부고속도로 종점 역할을 하게 된다. 그리고 그사이 육군 준장 출신 김현옥 서울시장은 '새서울 백지 계획'을 발표했고 '영동지구 토지구획정리사업'이란 이름으로 본격적인 강남 개발을 시작한다.

1970년 8월 15일, 남산 1호 터널이 개통됐다. 1968년 무장공비가 청와대를 습격했던 '김신조 사건' 이후 김현옥 시장이 '서울 요새화 계획'을 수립했는데, 남산 1·2호 터널 건설도 그중 하나였다. 터널 교차점에 5,000~7,000평 상당 광장을 만들어 평시에는 교차로로 쓰다가 유사시 시민 30만 명~40만 명을 수용할 수 있도록 했다.

아무튼 남산이 뚫리자 도심에서 한남동을 지나 강남까지 이어지는

1970년 광복절에 열린 남산1호 터널 개통식 (ⓒ국가기록원) 도심에서 한남동을 지나 강남까지 이어지는 일직선 통행로가 생겼다.

1969년 당시 이촌동 공무원아파트 (ⓒ국가기록원)

일직선 통행로가 생겼다. 이미 제3한강교 건설도 끝났을 때니 오랜 기간 도심 확장을 막아온 남산과 한강이 비로소 극복이 된 것이다. 과거 동서축 방향으로만 발달해 온 도로망이 남북방향으로 크게 확장된 사건이기도 하다.

부촌으로 알려진 동부이촌동은 1960년대만 해도 한강변 백사장에 산재된 무허가 판자촌에 불과했다. 수시로 한강이 범람해서 제방공사 없이는 시가지화가 불가능한 지역이기도 했다. 한데 경제개발로 인해 외국인 인구가 크게 늘어나자 이들이 살 만한 집이 없다는 여론이 형성됐고, 대한주택공사가 시내 택지를 물색한 끝에 이곳을 개발하기에 이른다.

김현옥 시장은 '한강연안 개발계획'에 따라 공유수면을 매립, 1968년 11월부터 7개월간 제방 공사를 통해 동부이촌동 일대 10만 평의 새로

1995년 완공된 국립중앙박물관

운 땅을 만들었다. 그곳에 공무원아파트, 한강외인아파트, 한강맨션 등 신흥 주거지가 형성된다.

한일협정(1965) 이후 일본인들의 국내 진출도 이뤄졌는데, 이들이 주로 모여들었던 장소가 바로 이촌동 아파트 단지다. 지금도 일본인 거주 비율이 높은 이촌동은 '리틀 도쿄'란 애칭으로 불리기도 한다.

1967년, 한남동 유엔빌리지에도 외국인 전용 주택단지가 조성됐다. 지금은 일부 연립주택만 빼고 단독주택은 대부분 개축된 상태다.

1975년에는 잠수교, 1980년에는 반포대교 건설이 시작됐다. 시공은 벽산건설(당시 한국건업)이 맡았다. 1층 잠수교에 28억, 2층 반포대교에 215억이 소요됐다고 한다. 두 다리는 강남 도시 개발을 촉진시켰다는 점에서 한남대교와 유사한 성격을 지닌다.

도심 확장과 더불어 용산도 발전에 박차를 가했으니 1987년 용산

전자상가, 1991년 용산가족공원, 1995년 국립중앙박물관이 들어서면서 지금과 같은 꼴을 갖추게 되었다.

미 8군 골프장 자리에 용산가족공원이 들어서던 그해, 지방자치제도가 부활하면서 나는 용산구의회 초대 구의원이 됐다. 당시 나는 전자상가 인근 관광버스터미널을 판매시설로 이용할 수 있도록 용도변경 절차를 심의했던 위원장이었는데, 그곳에 지금 국내 최대 규모 호텔(서울드래곤시티)이 들어섰다. 격세지감을 느낀다.

2000년대 들어서는 '단군 이래 최대 도심 개발사업'으로 불린 용산역세권 개발 사업이 시작됐다. 하지만 2008년 미국발 금융위기 이후 모든 것이 사라졌다. 그리고 2009년, 용산역 앞 도시환경정비구역에서 '용산참사'가 벌어졌다. 6명의 고귀한 생명이 목숨을 잃었다. 개발 시대는 그렇게 막을 내리는 듯했다.

# 단군 이래 최대 개발사업?
## | 단군 이래 가장 '위대한' 사업!

단군 이래 최대의 부동산 사업이라는 것이 있었다. 뒤집어 일컬으면 단군 이래 최대 탐욕일 것이다. 용산역의 철도 부지를 국제업무지구로 바꾸겠다는 사업이었다. 도시를 손바닥 뒤집듯 마음대로 바꿀 수 있다는 신념이 당황스러웠고 그 신념으로 뒤집을 도시의 규모가 망연스러웠다. 그리고 사업의 복판에는 대개의 사업에서 보이는 익숙한 구도 그대로 100층이 넘는 랜드마크 타워라는 것이 존재했다. 주위에는 맨해튼인지 고담시티인지 알 수 없게 만드는 초대형 건축물들이 즐비했다.[81]

2007년 이후 6년을 끌어온 용산역세권 개발 사업이 2013년 허무하게 무너졌다. 용산 철도정비창(44만 2,000㎡)과 서부이촌동 일대(12만 4,000㎡)를 아우르는 56만㎡ 부지에 건설비 등 31조 원의 사업비가 투입되는 대규모 개발 사업이었다.

----------

81  서현, 『빨간도시』, 효형출판, 2014, 278쪽.

당초 2016년까지 111층에 달하는 초고층 빌딩과 오피스, 주상복합 아파트 등 연면적 320만㎡ 규모의 시설물이 들어선다고 했다. 가히 '단군 이래 최대'라는 수식이 붙을 만했다.

용산국제업무지구 전경. 오세훈 전 시장 시절 철도정비창 부지와 서부이촌동 아파트 단지를 한데 묶는 '통합개발' 논의가 이뤄졌다.

프로젝트는 코레일(한국철도공사)과 삼성, 롯데관광개발 등 대기업이 함께 추진했다. 이들이 만든 페이퍼 컴퍼니 '드림허브프로젝트금융투자(PFV)'와 그 하부조직인 '용산역세권개발'이 실질적으로 사업을 이끌었다.

한데 이런 대규모 프로젝트가 어떻게 그렇게 쉽게 무너졌을까? 『도시개발, 길을 잃다』를 통해 대한민국 도시개발 사업의 문제점을 조목조목 비판한 김경민 교수에 따르면, 국제업무지구 사업의 실패 원인은 크게 세 가지였다. "섣부른 계획, 공익의 가치를 무시한 계획, 부동산시장 분석의 실패.[82]"

사업의 초기 추진 주체였던 코레일은 지난 2005년부터 철도정비창 부지만 개발한다는 계획을 세우고 예비사업 타당성을 검토했다. 당초 서울시는 코레일의 고밀도 개발계획에 부정적이었다. 한데 2007년 8월, 서울시의 '한강르네상스계획' 발표 한 달 후 정비창 부지와 서부이촌동 아파트를 한데 묶는 개발안에 서울시와 코레일 양자가 합의하게 된다. 곧바로 일대의 아파트 단지는 토지거래 허가지역으로 묶였다.

갑작스러운 소식에 주민들은 분노했다. 사전 의견 수렴이 전무했기 때문이다. 용산역세권개발이 2008년부터 주민 설문조사에 나섰지만 분위기는 더욱 험악해졌다. 그러는 사이 미국발 세계 경제 위기가 발발했고 부동산 시장도 혼돈의 한가운데 빠져들고 만다. 드림허브는 2009년부터 토지 매각대금을 제때 납부하지 못했다. 내부 출자사 간 반목도 커졌다. 그럼에도 서울시는 2010년 4월 22일 '용산국제업무지구 구역 지정 및 개발 계획'을 확정 고시했다. 같은 해 8월 삼성건설이 용산역세권개발 경영에서 빠져나갔고 주민 갈등은 극에 달하게 된다.

이러한 때 내가 민선 5기 구청장으로 새롭게 취임했다. 구정을 인수하고 보니, 서부이촌동 상황은 한 치 앞을 알 수 없을 정도로 악화되어 있었다. 심지어 2011년 10월 취임한 박원순 서울시장은 전임 시장의 한강 르네상스 계획을 전면 백지화해 버렸다. 용산 역세권 개발 사업도 중단되었음은 물론이다.

----------

82 김경민, 『도시개발, 길을 잃다』, 시공사, 2011, 64쪽.

2013년 3월 드림허브는 금융이자를 납부하지 못해 채무불이행(디폴트) 상태에 빠졌고, 9월 코레일이 철도정비창 부지 회수를 위해 그동안 받았던 토지대금 1조 197억 원을 드림허브 측에 상환했다. 드림허브는 사업시행자 지위를 잃었고 결국 파산하고 만다. 다음 달 서울시는 개발사업 지구 지정 해제를 결정했다.

사업은 그렇게 끝났으나 해당 지역 주민의 고통은 끝난 게 아니었다. 수년간 재산권 행사를 제대로 못하다 보니 지역은 슬럼화됐다. 3.3㎡당 2억 원까지 치솟았던 땅값만 믿고 부채를 키웠다가 낭패를 본 경우도 허다했다. 대출을 받아 서부이촌동에 집을 산 투자자들의 손해도 적지 않았다.

한데 더 큰 문제는 개발 계획에 애초부터 공익이 존재하지 않았다는 사실이다. "도시개발 구역이 지정되기 2년 전에 일방적으로 서부이촌동 아파트를 편입한 계획안을 발표하고 민간 디벨로퍼(개발업자)를 선정하는 것은 지역 커뮤니티의 이익을 수호하는 게 아니라 무시하는 것[83]"이었다.

서울시는 지구 지정을 해제한 뒤 서부이촌동 노후 주거단지를 재건축하겠다는 계획을 세웠다. 주민설명회와 간담회를 거쳐 2015년 8월 '서부이촌동 도시 관리 가이드라인'을 발표했으며 2016년 1월 중산시범 특별계획구역(이촌동 211-4번지 일대)과 이촌 시범·미도연립 특별계획구역(이촌동 209-22번지 일대), 이촌1특별계획구역(이촌동 203번지 일대)을 새롭게 지정했다. 용적률을 300%까지 올려준 것. 임대주택을 지으면 용적률을 최대 500%까지 올릴 수도 있다. 다만 높이는 한강변 관리

---

83 앞의 책, 101쪽.

기본계획에 따라 35층(120m) 이내로 결정했다. 이들 지역 개발 시기와 방법에 대해서는 계속해서 논의가 진행되는 중이다.

한편 1990년대 이후 조성된 성원·동원·대림아파트 등은 '용산 지구단위계획구역'에 포함, 재건축 시기가 다가올 때까지 기존대로 존치시키기로 했다. 우리에게 남은 숙제는 주민 갈등을 어떻게 해소할 것인가였다. 주민 한 사람 한 사람이 피부로 변화를 느낄 수 있도록 다양한 사업을 벌였다.

대표적인 게 이촌2동주민센터 내 '나루 이촌북카페' 조성(2014년)이다. 일종의 주민 커뮤니티 시설로 공간을 다양하게 활용하고 있다. 또 구는 이촌로 상권 침체를 막기 위해 상가 간판도 대대적으로 정비했다. 이어 2016년에는 서울시와 함께 새남터성당 주변 유휴공간을 시민 참여형 공공장소로 조성했으며 이촌 고가차도에 엘리베이터를 설치하는 등 도시재생 사업도 꾸준히 이어갔다.

물론 이런 조치들이 근본적인 대안은 될 수 없다. 나는 용산역세권 개발이 결국은 다시 시작될 것이라고 믿는다. 주민들 간 꼬인 실타래를 풀고 용산이 한 단계 도약하기 위해서 용산역세권 개발이 반드시 재개돼야만 한다. 다행히도 용산역 개발사업은 다시 정상궤도에 오르고 있다. 코레일이 드림허브를 상대로 한 소유권말소등기 소송에서 승소한 뒤 2016년 1월 용산역세권 개발 기본구상 및 사업타당성 조사 용역을 발주했다.

거기다 서울시는(발표를 무기한 보류하긴 했지만) 국제업무지구를 되살릴 '용산 마스터플랜'을 거의 완성해 둔 상태이기도 하다. 마스터플랜 정식 명칭은 '용산 광역중심 미래비전 및 실현전략'이다. 한강과 남산, 국제업무지구와 전자상가 등이 연계된, 동아시아 국제도시로 용산을 육성하는 방안을 담아낸다.

"바쁠수록 돌아가라"라는 격언은 여전히 유효하다. 서두르지 않겠다. 용산역세권 개발은 일시적이 아닌 '단계적' 개발, 일방적이 아닌 '양방향' 개발, 주민이 주인 되는 개발, 그래서 모두가 함께 행복할 수 있는 개발이 되어야 한다. 코레일과 서울시가 다시 한번 제대로 된 계획을 수립할 수 있도록 구에서도 지원을 아끼지 않겠다. 그리고 주민의 이익은 구가 반드시 지켜내겠다. 용산구와 서울시, 코레일, 중앙정부 모두가 힘을 모은다면 '단군 이래 최대 탐욕 사업'은 '단군 이래 가장 위대한 사업'으로 거듭날 수 있을 것이다.

# 한강로 100만 평 개발계획

## | 도시계획 새 키워드, '역사'와 '생태'

2016년 5월, 우리 구는 '용산 지구단위계획' 재정비를 위해 대한콘설턴트 및 디에이그룹과 7억 원에 달하는 용역 계약을 체결했다. 용산역세권 개발 사업이 좌초됐던 서부이촌동을 포함, 용산 공원 서측 349만㎡(105만 평) 땅을 체계적으로 개발하기 위해서였다.

용산공원 조성과 맞물려 한강로 일대 도시개발 밑그림을 다시 그리는 작업인 만큼 용역 착수만으로도 시장은 즉각적인 반응을 보였다. 업계와 주민 기대감이 커졌고, 수많은 언론이 다시 용산을 주목하기 시작했다.

용산 지구단위계획구역은 경부선을 따라 서울역에서부터 용산역, 한강대교 북단에 이르는 광대한 지역이다. 청파, 남영, 후암, 용산2가, 원효로1, 원효로2, 한강로, 이촌2 등 8개 동에 걸쳐있다. 용산구 전체 면적(21.87㎢)의 약 16%를 차지한다.

나는 지난 민선2기 용산구청장 시절 처음 용산 지구단위계획을 입안했다. 제대로 된 계획을 수립하면 용산뿐만 아니라 서울역에서부터 광화문에 이르는 지역까지 개발 후광효과를 누릴 수 있다는 생각

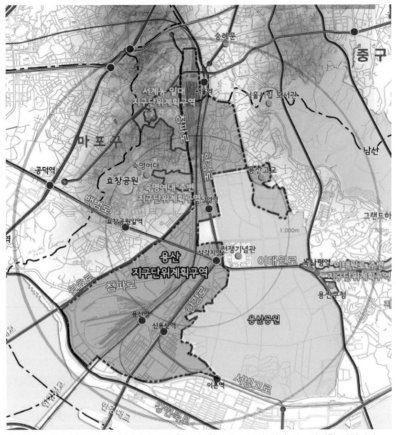

용산 지구단위계획구역. 서울역에서부터 용산역, 한강대교 북단에 이르는 광대한 지역이다.
구 전체 면적의 16%를 차지한다.


을 하면서 말이다.

실제로 오늘날 용산역 일대는 상전벽해(桑田碧海)를 이뤘다. 도심 재
개발, 즉 도시환경 정비사업을 통해서다. 2012년 국제빌딩주변 제3구
역에 '센트레빌 아스테리움', 2017년 용산역 전면 2, 3구역에 '용산푸
르지오 써밋'과 '래미안 용산 더 센트럴'이 차례로 들어섰다.

또 국제빌딩 주변 제1구역에는 '달항아리' 형상을 한 22층 규모의

아모레퍼시픽 신사옥이 생겨 도시 경관을 완전히 바꿔놨다. 이 건물은 2018년 건축문화대상 민간부문 대상을 포함, 수많은 화제를 불러오기도 했다.

용산역 전면 1-1구역에는 지하 7층, 지상 30층 규모 육군호텔이 새롭게 지어진다. 기존 건물(용사의 집) 철거는 이미 완료된 상태다. 전체 연면적 중 60%를 군인, 나머지 40%는 민간에 개방한다. 2021년 10월 준공 예정이다.

10년 전 용산참사를 겪었던 국제빌딩주변 제4구역은 파산 위기를 딛고 일어나, 뜨거운 관심 속에 견본주택을 선보이고 분양을 마쳤다. 5만 3,066㎡에 부지에 주상복합 아파트 5개동(32~43층)과 업무시설 1개동(34층), 공공시설(6층), 용산파크웨이(1만 7,615㎡)가 들어선다. 뉴욕 배터리 파크(Battery Park)처럼 공원과 건물이 조화를 이루는 주거·상업·문화 복합지구로, 개발비가 무려 1조 9,000억 원에 달한다. 2020년 8월 준공이 목표다.

우리 구는 용산역 전면 2,3구역 사이 공간(1만 2,730㎡)을 보다 효율적으로 활용하기 위해 '용산역 전면 공원 지하공간 개발' 사업을 벌이고 있다. 지상에는 공원과 도로를, 지하에는 코엑스처럼 거대한 상업공간과 공영주차장을 조성하는 사업이다. HDC현대산업개발과 손잡고 BTO(Build-Transfer-Operate) 방식으로 사업을 추진한다.

2019년 착공, 2021년 말 준공 예정이다. 지하 2층, 연면적 2만 2,505㎡ 규모로 지하광장 및 보행로(39.7%), 공용시설(10.7%), 지하도 상가(37.7%), 주차시설(7.1%), 기계·전기실(4.8%)을 만든다. 엘리베이터와 에스컬레이터로 지상·지하를 오갈 수 있다.

HDC현대산업개발이 965억 원(VAT포함)에 이르는 사업비를 조달,

용산역 전면 지하공간 개발 사업 조감도. 사업이 마무리되는 2020년이면 용산역에서부터 용산파크웨이를 지나 용산 공원까지 기다란 녹색 띠가 형성될 것이다.

공사를 시행하고 2051년까지 30년간 공간을 직접 운영할 예정이다.

지상에는 문화공원을 만든다. 앞에 있는 조감도처럼 용산역에서부터 용산파크웨이를 지나 용산공원까지 기다란 '녹색의 띠'가 형성된다. 지상공원, 그리고 지하상가가 결합돼 시너지 효과를 내면 이곳은 서울의 새로운 명소로 기능할 수 있다. 도심 관광의 '패러다임'이 바뀌는 것이다.

향후 남북 관계가 진전되고 철도가 연결되면 용산역은 대한민국의 (실질적인) 중앙역 역할을 하게 될 것이다. 그에 걸맞은 관광명소가 될 수 있도록 구가 앞장서 용산역 일대를 제대로 개발하겠다.

용산 지구단위계획 구역 내에는 후암동, 문배업무지구 등 특별계획구역도 44곳에 이른다. 이들 중 가장 눈에 띄는 곳은 용산역 뒤편 옛 관광버스터미널 부지다. 2013년 서울시 도시건축공동위원회 심의를 거친 후 이듬해 개발계획을 수립, 3년간 공사가 이어졌다. 지금 그곳에는 국내 최대 규모(1,700객실) 6성급 호텔이 웅장한 자태를 자랑하고 있다. 구역 내 특별계획구역이 모두 개발된다면, 용산은 강남 못잖은 '높이'를 갖게 될 것이다.

물론 건설이 다가 아니다. 사람과 일자리까지 들어와야 한다. 정치인이자 행정가로써, 빌딩과 오피스가 구정 운영을 위한 주요 세원(稅源)이라는 사실을 빼놓을 수 없다. 다행히 2015년 말에는 용산역사에 HDC신라면세점이 들어섰으며 2017년에는 역사 증축을 거쳐 CGV본사도 이전해 왔다. 앞으로도 많은 기업들이 용산을 새 터전으로 삼게 될 것으로 보인다.

지구단위계획을 새롭게 정비하는 것은 쉬운 일이 아니다. 구민의 사유재산을 규제하는 것도 그렇고 '용산 공원 주변 관리 기본계획', '한강변 관리 기본계획', '도심 생활권계획' 등 지역에 중층적으로 덧씌워진 여러 계획을 종합하고 구체화하는 작업도 만만찮다.

시대의 새 패러다임에 맞게 작업을 진행해야 하는 점도 잊어서는 안 된다. 정말로 매력적인 도시가 되려면 개발은 하되 지킬 건 지키고 보존할 건 보존해야만 한다. '역사'와 '생태'는 우리 도시계획의 새로운 키워드다.

그 일환으로 우리 구는 2016년 안창모 경기대학교 건축학과 교수를 초청, 용역사 직원과 구청 공무원을 대상으로 지역사 강연을 진행한 바 있다. 또 2018년에는 정재정 서울시립대 역사학과 교수를 모셔 철도와 용산의 관계사를 집중 조명했다. 정 교수는 용산 미군 기지의 원형 보전을 이야기하는 대표적 인물 중 하나다.

구 전역이 다 그렇지만 특히 용산 지구단위계획 구역 내에는 크고 작은 문화유산이 산재해 있다. 연복사탑중창비, 옛 용산철도병원, 옛 간조 경성지점, 한전 용산창고, 경천애인사 아동원 터, 배호 노래비 등등. 사유재산권을 침해하지 않는 범위 내에서 이들 유적지에 적절한 스토리와 의미를 부여한다면 관광객 유치는 물론 주민들로 하여금 지역에 대한 관심과 애정을 키울 수 있는 좋은 계기가 될 것이다.

# 아! 아파트

## | 개발 속도보다 사람

　명실상부 대한민국은 세계 최고의 토건국가(土建國家)요, 아파트
공화국이다. 1991년부터 2010년 사이 국내총생산GDP 구성요소 중
건설투자가 차지하는 비중은 19.6%로 OECD 회원국 내에서 압도
적 1위를 기록했다. 설비투자 역시 12.4%로 OECD국가 중 최상위
권 수준이다.[84]

　국민경제에서 토건 비율이 급속히 높아진 것은 제2차 경제개발 5개
년 계획이 시작된 1967년 이후다. 토건과 함께한 '한국경제 영광의 30
년'은 1997년 IMF 구제금융 신청 시까지 지칠 줄 모르고 이어졌다.

　그사이 아파트를 매개로 한 중산층 신화가 대중을 매료시켰다. 아
파트 매매와 시세차익을 통해 자본증식에 성공한 이들이 뭇사람들의
선망의 대상이 된 것이다. 사실상 저성장 시대에 접어든 지금도 상황
은 크게 다르지 않다. 여전히 아파트값은 하늘 높은 줄 모른다. 이쯤
에서 아파트의 역사를 한번 돌아보는 것도 나쁘지 않겠다.

----------

84　김상조, 『종횡무진 한국경제』, 오마이북, 2012, 71쪽.

1972년 당시 용산구 전경(ⓒ 국가기록원). 한강 바로 위로 한강맨션아파트가 줄지어 서있다.

해방 이후 한국의 아파트 역사는 서울 마포지구 도화 아파트(1961년)에서 시작됐다. 이후 제2차 경제개발 5개년계획(1967~71)을 거치면서 아파트 건설 붐이 일었고 특히 동부이촌동 한강맨션아파트는 최초의 중앙식중온수공급(中央式中溫水供給) 보일러를 설치한 중산층 아파트로 인기를 끌었다.

이후 서울시는 부동산 붐을 교묘히 이용, 시의 재정 부담 없이 도시 주변 위성도시를 개발함으로써 도심지의 인구를 분산시키기 위해 '토지구획정리사업'을 1968년부터 대대적으로 벌였다. 하지만 이 같은 계획은 1970년대 들어서면서 경제 전반에 걸친 불황으로 인해 시당국에 막대한 재정 부담만을 안겨다 준 채 실패하고 만다.[85] 그에 대한

----------

85 〈특정지구개발법 제정〉, 《매일경제》, 1972.7.10.

대안이 '특정지구 개발촉진에 관한 임시조치법(1972년)'이었다. 정부가 대도시 주변 주택단지 조성에 엄청난 세제 혜택을 제공함으로써 과거 토지구획정리사업을 통해 확보한 체비지를 민간에 수월하게 매각하고자 했던 것이다.

1976년에는 도시계획법상 용도지구 중 하나로 '아파트지구'가 출현했다. 특히 10~15층짜리 중층 아파트가 들어선 지역을 고밀도아파트지구라 불렀다. 1976년과 1979년, 1983년 세 차례에 걸쳐 서빙고를 포함한 13개 지구가 고밀도아파트지구로 지정됐다. 또 1977년 분양가상한제와 선분양제도가 결합되면서 아파트를 통한 주택 대량 공급이 완벽히 제도화된다.[86] 같은 시기 불었던 중동특수는 개발시대의 또 다른 면모였다.

이후 주택건설촉진법(1977)과 택지개발촉진법(1980)은 주택건설의 쌍두마차 역할을 했다. 하지만 물가안정을 최우선 과제로 여겼던 전두환 정권 아래 국내 건설업체는 적잖은 어려움을 겪었다. 1982년부터 해외 건설도 내리막길을 걷게 된다.

1989년에는 상황이 반전됐다. 당시 극심했던 전세난 해소를 위해 노태우 정부에서 '신도시 건설'을 전면에 내세웠던 것. 해외 건설업체 재조정도 이때 이뤄졌다. 1992년 1기 신도시 입주가 끝날 무렵에는 건설업이 토목으로 넘어가 사회간접자본(SOC)에 대한 대대적 투자가 이뤄진다.

1993년 문민정부 출범을 즈음해서는 재건축, 재개발 시장이 활기

----------

86 두 제도 덕분에 정부는 주택 공급 시장의 통제력을 거머쥘 수 있었고, 공급자는 상품을 만들기도 전에 금융비용을 들이지 않고 구매자로부터 자금을 조달할 수 있었다.

를 띠었다. 용산만 하더라도 이촌1동 공무원아파트, 이촌2동 시민아파트, 이촌2동 한강아파트, 산천동 시민아파트 등이 새롭게 조성됐다. 한강로동, 도원동 등지의 낡은 주택가도 재개발이 이뤄졌다. 그 과정에서 기존주택 철거와 세입자 이전 문제로 하루도 조용할 날이 없었다. 예컨대, 1998년 내가 민선 2기 용산구청장으로 취임해 들어가니 도원동 철거민들이 구청 앞에 천막을 치고 시위를 벌이고 있었다. 양자 간의 대립이 첨예하여 해결 방법이 보이지 않았다. 나는 결국 정공법을 택했다. 직접 철거민을 만나 대화하고 설득했다. 마침내 취임 1년 만에 도원동 재개발 주요 갈등을 원만히 해결할 수 있었다.

IMF 외환위기 이후 침체됐던 부동산시장은 김대중 정부가 내세운 다양한 부양책으로 인해 다시 활황을 맞는다. 분양가 상한제가 폐지됐고 양도세 면제 등 혜택이 주어졌다. 특히 2001년 단행한 금리 인하는 재테크 열풍을 몰고 와 집값 폭등의 계기가 된다.

2003년, 참여정부는 서울 집값 폭등을 막기 위해 김포, 파주 등에 대규모 주택을 공급하는 '수도권 2기 신도시' 사업을 시작했다. 지방분권 균형발전을 위한 '혁신도시' 건설도 이어졌다. 하지만 결과만 놓고 볼 때 2기 신도시와 혁신도시 역시 수도권 집값 폭등을 막기에는 역부족이었다.

같은 시기 서울시는 난개발을 막고 도시기반시설을 충분히 확충한다는 명목으로 '뉴타운' 카드를 빼 들었다. 하지만 뉴타운은 은평, 길음, 미아 등지를 제외하고 10년 넘도록 제자리걸음이다. 2008년 미국발 금융위기로 인해 부동산 경기가 하락하자 급증하는 분담금으로 인해 내부 갈등이 심화되어 뉴타운 지정 취소를 요구하는 목소리도 커져 갔다.

용산구 한남동도 상황이 비슷하다. 2003년 뉴타운으로 지정된 이래 삽 한 번 떠보지 못하고 16년 세월이 흘렀다. 주민 반대가 심했던 한남1재정비촉진구역은 2017년 초 서울시에 의해 직권 해제되고 만다. 나머지 구역들은 서울시 한남지구 재정비촉진계획 변경지침에 따라 계획변경안을 수립하고 있다.

속도가 가장 빠른 곳은 한남3구역(38만 6,395㎡)이다. 2017년 5월 서울시는 한남3구역에 대한 재정비촉진계획 변경안을 최종 결정했다. 한강변 경관관리를 위해 최고 높이를 기존 29층에서 22층으로 내렸지만 주택건설용지와 용적률을 일부 조정, 사업성을 확보할 수 있도록 했다. 오는 2024년이면 이곳에 공동주택 5,816가구(임대 876가구 포함)가 들어선다. 나머지 한남2,4,5구역은 정비계획 변경안을 두고 시와 협의를 이어가고 있다.

아파트 값은 폭락과 폭등을 반복했지만 대세 상승은 여전하다. 불행인지 다행인지 토건국가 대한민국도 건재해 보인다. 용산에만 현재 18곳에서 재건축사업이 진행되고 있다. 신동아아파트, 반도아파트, 한남시범아파트 등등. 이 중 조합설립 인가가 난 곳은 3곳에 불과하다. 사업이 마무리되는 데는 앞으로도 많은 시일이 걸릴 것이다.

주택 재개발 사업은 효창동 일대에서 활발하다. 효창 4구역(효창파크 KCC스위첸)은 2018년 사업이 끝났고 5구역(용산 롯데캐슬 센터포레)은 공사가 한창이다. 6구역(태영 데시앙)은 노후 주택 철거 후 올해(2019년)에 착공한다. 가구 수는 세 곳을 합쳐 1,000세대가 넘는다.

개발도 좋지만, 지자체는 주민의 생명과 재산 보호라는 행정의 기본 역할은 잊지 말아야 할 것이다. 특히 개발사업 철거 과정에서 불미스러운 일이 발생하지 않도록 관리처분 인가 이전에 보상금과 제반

한남3재정비촉진구역 내 우사단로10길 풍경. 도로 왼쪽이 한남동, 오른쪽이 보광동이다.

효창5구역 주택재개발 사업 현장. 주택 재개발 사업은 효창동 일대에서 활발하다.

사항에 대한 충분한 사전협의가 이뤄져야 한다.

　서울시는 2017년 '서울특별시 도시 및 주거환경정비조례' 개정을 통해 '사전협의체' 제도를 법제화했다. 구청장이 나서 보상금액 확정 전 협의체를 운영해야 한다는 게 주요 골자다. 실제로 구는 효창 제6주택재개발정비사업 추진 과정에서 사전협의체 운영을 본격화해 이주 대상 주민들로부터 적잖은 호응을 이끌어냈다. 강제집행 없이 철거가 이뤄질 수 있도록 구에서 지속적으로 관심을 기울이겠다. 올바른 제도가 올바른 개발을 이끈다. 속도보다, 사람이 먼저다.

# 해방촌 도시재생을 묻다

| 어떻게 하면 원주민들을 떠나가지 않게 할 것인가

문재인 정부의 핵심 부동산 정책은 '도시재생 뉴딜'이다. 국비 50조 원을 투입, 전국 500곳의 노후 도심과 주거지를 정비하겠다는 게 계획의 요지다. 저출산·저성장 시대이니 만큼 도시재생은 어찌 보면 당연한 수순일 것이다. 재개발·재건축이 과거와 같은 수익을 낼 수 있으리라는 보장이 없기 때문이다.

사람들의 인식과 정서도 많이 바뀌었다. 무조건 철거를 통해 지역을 싹 갈아엎는 것보다 고유한 역사와 문화를 간직한 채 도시를 조금씩 개선해 나가는 방식이 낫지 않느냐 하는 의견이 조금씩 설득력을 얻고 있다.

2013년 제정된 '도시재생 특별법'에 따르면 최근 30년간 인구가 20% 이상 줄었거나 최근 10년간 총 사업체 수가 5% 이상 감소했을 경우 도시재생 대상지가 된다. 전국 3,488개 읍·면·동의 64.2%(2,241곳)가 그러하다.[87]

---

87  변태섭, 〈文정부 핵심공약 도시재생뉴딜 전담조직 출범〉, 《한국일보》, 2017.7.5.

용산의 경우에는 '해방촌'과 '용산전자상가' 일대에서 도시재생이 활발히 이뤄지고 있다. 먼저 해방촌을 살펴보자.

'남산 아래 첫 동네' 해방촌. 광복과 한국전쟁을 전후해 피난민과 월남민들의 집단거주지로 형성됐다.

'남산 아래 첫 동네' 해방촌은 광복과 한국전쟁을 전후해 피난민과 월남민들의 집단거주지로 형성됐다. 정착민 가운데는 평안북도 선천 군 출신 기독교도들이 많았다. 이들은 보성여중고와 같은 기독교 계 열의 학교를 세웠으며, 산업화 과정에서 '요꼬'라고 불리는 스웨터·니트 가내수공업을 발전시키기도 했다. 1970~80년대에는 해방촌에 있는 건물 대부분의 지하에 니트 공장이 있었다. 해방촌오거리 인근 에 자리한 신흥시장에는 아직도 옛 니트 공장이 돌아가고 있다.

해방촌에서 개발 이야기가 전혀 나오지 않았던 것은 아니다. 다만 원주민들의 반대와 고도 제한으로 인해 번번이 실패했다. 특히 서울시는 지난 2009년 해방촌을 남산과 용산 공원을 잇는 녹지축(남산 그린웨이)으로 만들겠다고 선언했으나 이 또한 주민 반대로 흐지부지되고 만다.

니트 산업이 무너지고 개발도 안 되면서 한때 2만 8천 명을 넘었던 지역 인구는 1만 3천 명으로 줄었다. 노후한 건물만큼 고령화도 심하다.

그랬던 해방촌이, 지금은 서울을 대표하는 핫플레이스로 자리 잡

2018년 말 해방촌 테마가로 조성사업 1단계 공사가 끝이 났다.
가로 입구에는 '1945 용산 해방촌' 입간판을 세웠다.

왔다. 2012년경 맞은편 경리단길이 뜨면서 해방촌 일대도 들썩이기 시작한 것. 미군과 외국어 강사 등이 다수 거주하면서 형성된 마을의 이국적 분위기가 젊은이들의 취향을 제대로 저격한 것으로 보인다.

이색 맛집과 카페로 유명한 해방촌 아랫동네 'HBC 가로(한신아파트 입구~기업은행 사거리 550m)'와는 달리 윗동네 신흥시장 일대는 옛 시절의 향수라는 해방촌의 또 다른 매력을 보여줬고, 이는 청년예술가, 사회활동가, 연예인 등 새로운 인구 유입을 이끌기도 했다.

해방촌은 지난 2015년 서울형 도시재생 선도 지역으로 정해졌다. 2016년에는 국토부 도시재생 지원 대상으로도 선정되면서 국비 지원을 약속받았다. 해방촌에는 국·시비 각 50억씩 100억 원의 예산이 투입된다. 2017년 초에는 이를 집행하기 위한 '해방촌 도시재생 활성화 계획'이 최종 확정됐다.

그렇다면 해방촌 도시재생은 어떤 식으로 진행되고 있을까? '해방촌 테마가로 조성사업'이 대표적이다. 1단계(다문화혼적여행길) 공사가 2018년 말 끝이 났다. HBC가로(신흥로 한신아파트 입구~기업은행 사거리 550m 구간) 일대 보행로를 신설, 도로 제한속도를 기존 50km/h 이하에서 30km/h 이하로 낮췄다. 가로 입구에는 '1945 용산 해방촌' 입간판을 세웠고 주변 상가(85곳) 간판도 모두 교체했다.

구는 올해(2019년) 해방촌 테마가로 2, 3단계 공사와 '안전한 생활환경 조성', '녹색마을 만들기' 사업을 한꺼번에 진행한다. 서울시는 최근 해방촌 주민공동이용시설(신흥로3가길 32)을 조성, 도시재생지원센터 등을 입주시키기도 했다.

인프라 구축만큼 구가 신경 쓰는 부분이 바로 '사람'이다. 모든 정책이 그렇지만 도시재생은 특히 민관(民官)이 함께 소통하면서 일을 진

해방촌 도시재생 주민공모사업 협약식. 관은 마을 활동가를 양성하고 이들이 보다 많은 일을 할 수 있도록 '판'을 벌이는 역할을 하면 된다.

행해야 한다. 관이 마중물 역할을 할 수는 있지만 지속적으로 재생을 이끌어가는 주체는 지역 주민이기 때문이다. 관은 마을 활동가를 양성하고 이들이 보다 많은 일을 할 수 있도록 '판'을 벌이는 역할을 하면 된다.

이를 위해 구는 해방촌 주민 모임, 주민 공모사업을 적극 지원하고 있으며 주기적으로 '도시재생대학'도 연다. 호응도 뜨겁다. 2015년 4월 출범한 해방촌 주민협의체는 2016년 4월 2기 임원, 2018년 3월 3기 임원을 선출하면서 본격적인 활동을 이어오고 있다. 2018년 3월 기준 협의체 회원은 612명에 달했다. 협의체는 세입자, 피고용인, 외국인, 학생 등도 모두 참여할 수 있다.

도시재생에 우려되는 부분도 없지 않다. 바로 젠트리피케이션 (gentrification) 문제다. 임대료 상승으로 인해 기존에 살던 사람들이 삶의 터전을 잃고 쫓겨나는 일은 철거 재개발만큼이나 무섭다. 문재인 정부 도시재생 정책으로 인해 수혜지역 집값이 크게 오를 것이라는 전망도 제기되고 있다.[88] 해방촌 일대도 예외는 아니다. 해방촌의 젠트리피케이션은 아직 본격적으로 도래하지 않았지만 이미 각종 우려를 낳고 있다.[89]

그럼에도 불구하고, 지난 2016년 11월 해방촌에서 의미 있는 행사가 열렸다. '신흥시장 활성화와 지역발전을 위한 상생협약식'이 그것이다. 시장 내 건물·토지 소유주 44명이 만장일치로 젠트리피케이션 방지를 위해 향후 6년간 임대료를 동결키로 의견을 모았다. 임대료를 아예 안 올리는 건 아니고 물가상승분만큼만 조금씩 올리기로 했다. 상가건물 임대차보호법에서 인정하는 '보증금 인상률 최대 9% 제한'보다 훨씬 강화된 수준이다. 나는 이러한 상생협약이 해방촌 전역에서 이뤄지길 기대한다. 물론 이보다 구속력이 있는 법령 정비가 우선돼야 할 것이다.

'어떻게 하면 원주민들을 떠나가지 않게 할 것인가'가 해방촌 도시재생에 대한 첫 번째 질문(과제)이라면, '지역의 노후한 주택을 어떻게 개량할 것인가'는 그에 대한 두 번째 질문이라고 할 수 있다. 주변 환경이 좋아지더라도 주거 환경이 열악하면 결국 사람들은 지역을 외면할 수밖에 없기 때문이다.

이에 대한 답변이랄까, 몇 해 전 서울주택도시공사SH가 노후 저층주거지 개발 모델로 선진국형 '지역재생기업(Community Regeneration Corporation, CRC)'을 내놓은 바 있다. CRC는 건설형과 관리형으로 구분되며 건설형이 '서울형 자율주택정비사업 사업비 30~40억 원 규모로

----------

88  이미지, 〈'50兆' 도시재생 시작된다, 노후 주거지 들썩〉, 《조선일보》, 2017.7.18.

89  신현준 외, 『서울, 젠트리피케이션을 말하다』, 푸른숲, 2016, 463쪽.

4층 이하 저층 주거지인 단독·다세대주택 10필지를 하나로 묶어 기존 저층 주택을 허물고 아파트 수준의 생활편의시설을 갖춘 다세대주택 서너 동을 짓는 도시재생 사업.[90]'을 이끈다면, 관리형은 정비된 주택을 묶어서 관리·운영하는 역할을 하게 된다. CRC를 사회적기업으로 키우면 일자리도 다수 만들 수 있다.

지난 2017년, 종로구 창신·숭인 지역에서 CRC가 첫선을 보였다. 협동조합 형태다. 해방촌에서도 현재 CRC 설립이 본격적으로 논의되고 있다. 관이 주도하는 해방촌 도시재생 사업이 2020년 마무리가 되면, CRC를 중심으로 한 주민 주도형 도시재생이 보다 활발하게 이뤄질 것이다. 도시재생이 또 한 번 '진화'를 앞두고 있다.

----------

90  김승훈, 〈공공성·수익성 둘 다 잡고 노후 저층 주거지 살린다〉, 《서울신문》, 2017.6.28.

# 21세기 청년산업의 메카
## ǀ 용산전자상가에 대하여

　박해천이 쓴 『아파트 게임』은 아파트를 둘러싸고 벌어진 대한민국 중산층의 '가족로망스'를 다룬다. 4.19세대(1940년대생), 유신세대(1950년대생), 그리고 386세대(1960년대생)가 어떻게 그들의 아버지 세대에 저항하고 또 아버지 세계에 편입되는지를 흥미롭게 그려낸다.

　4.19세대가 대한민국의 첫 번째 '아파트적 존재'였다면 유신세대는 전세제도를 자산 증식의 지렛대로 활용했다. 386세대에게는 노태우 정권의 신도시 건설이 내 집 마련(중산층 진입)의 기회가 되었다.

　세대 '내부의' 차이를 지우는 세대론의 한계에도 불구하고, 상당히 흥미로운 패턴이 포착된다. 한데 오늘날은 어떠한가. 작가는 말한다.

　아직까지도 집에 대한 미련을 버리지 못한 분들이 계신가요? 저임금, 저금리, 저출산, 고분양가, 즉 '3저 1고'의 시대가 현실화된 마당에 아직도 그런 시대착오적인 꿈을 꾸고 있다니요? 그런 분들께 다시 한 번 말씀 드립니다. 미련을 버리십시오. 여러분에

게 최적화된 주거 형태는 집이 아니라 방입니다.[91]

화려한 개발에는 늘 어두운 이면이 존재한다. 높이 솟아오른 아파트를 보며 상대적 박탈감을 느끼는 이들이 적지 않을 것이다. 과다한 집값은 주거 취약계층, 특히 청년 주거권을 심각하게 위협한다. 연애, 결혼, 출산, 집, 그리고 경력을 포기한 이른바 '오포세대'의 등장 배경이다. 문제는 그 다섯 가지에 인간의 존재 이유, 혹은 인간다움이 모두 담겨있다는 점이다. 청년들이 왜 이런 것들을 다 포기해야 하는가? 나는 정치인으로서, 또 그들의 아버지 세대로서 책임감을 느끼지 않을 수 없다.

청년문제 해결을 위해서는 교육, 일자리, 복지, 산업구조 개편 등 전방위적 접근이 요구된다. 그렇다면 구에서는 어떠한 일을 해왔는가? 부끄럽게도 용산구 역시 이렇다 할 청년정책이 없었다. 그래서 이번 민선 7기부터는 우선 그들의 '목소리'를 듣기로 했다. 2019년 3월 '서울특별시 용산구 청년 기본 조례'를 제정·공포했으며 이를 근거로 215명 규모 청년정책자문단을 구성·운영한다. 청년일자리, 창업, 주택 등 분과별로 젊은이들의 참신한 의견을 발굴, 시행할 예정이다. 이를 위해 100억 원 규모 일자리 기금도 만든다. 순조롭게 진행이 되어가고 있다.

한 가지 더. 아직은 초기 단계에 불과하지만 우리 구는 서울시와 함께 용산전자상가(21만 2123㎡)를 청년들을 위한, 4차 산업혁명의 전진기지 혹은 플랫폼으로 만들고자 한다. 바로 '와이밸리(Y-Valley)'

--------------

91  박해천, 『아파트 게임』, 휴머니스트, 2013, 286~287쪽.

사업이다.

용산전자상가는 오랜 기간 청소년과 청년 문화의 한 축을 담당해왔다. 1987년 옛 청과물시장이 전자상가로 탈바꿈한 이후 전자상가는 개인용 컴퓨터와 전자오락, 애니메이션을 좋아하던 이른바 '용산 키즈(kids)'들에게 있어 일종의 성지(聖地)와 다름없었다. 마치 일본의 아키하바라가 '오타쿠의 성소'로 묘사되는 것처럼 말이다. 1990년대 말 국내에 본격적으로 IT 벤처 붐이 일어날 수 있었던 것도 용산전자상가와 무관치 않다. 현재 IT 업체를 운영하는 30~40대 중에는 학창 시절 용산전자상가를 내 집처럼 들락거렸다는 이들이 많다.

그랬던 전자상가가 한순간에 무너졌다. 2000년대 들어 인터넷 쇼핑이 활성화되면서 오프라인 매장은 판매가 꾸준히 줄었고, 22개동 4,300여 개 상가 중 공실률이 23% 정도로 늘어났다.

하지만 『주역』 계사전이 말하듯 "궁하면 변하고(窮則變) 변하면 통하고(變則通) 통하면 오래간다(通則久)." 용산전자상가는 바야흐로 변화의 시점을 맞이했다. 방법은 도시재생이다. 전자상가는 2017년 초, 2단계 서울형 도시재생 활성화 지역으로 선정돼 2022년까지 200억 원의 마중물 사업비를 지원받게 됐다.

우리 구는 주민, 상인들과 거버넌스를 구축, 10여 차례 '아이디어 캠프'를 열고 세부 사업계획을 논했다. '디지털랩'을 만들어 상인들이 직접 IT 제품을 생산·판매한다거나 '멀티 공대 연합연구실'을 만들어 전국 공과대학생들이 이곳에서 인공지능, 로봇, 드론을 함께 연구할 수 있도록 지원하자는 등 여러 의견이 개진됐다.

서울시는 이를 더 구체화시켰다. 전자상가를 좀 더 직관적으로 와이밸리라 명명했으며-와이밸리의 와이(Y)는 용산(Yongsan)과 젊음

2018년 4월 'Y밸리 혁신플랫폼 선포식'. 서울시는 구 계획을 한층 구체화시켰다.

(Young), 너와 나(You&I), 긍정(Yes)을 뜻한다.- 2017년 구가 서울드래곤
시티 시행사 '서부T&D'로부터 기부채납한 원효전자상가 일부(6,003㎡)
에 '용산전자 상상가(상상하면 이루어지는 상가)'를 조성했다. 3D프린터
등 첨단장비 47종 72대를 갖춘 메이커 스페이스 '디지털 대장간(Digital
blacksmith)'과 5개 대학(숙명여대, 고려대, 연세대, 성균관대, 서울시립대) '현장캠
퍼스', 용산구 '창업지원센터' 등 11개 전략기관이 이곳에 입주해 있
다. 청년 취·창업을 위한 일자리 카페, 학습 및 교육 공간으로도 쓰인
다. 이미 주민(상인) 공모사업과 전자마켓 '다다익선', 각종 교육 프로
그램이 주기적으로 열리면서 용산전자 상상가를 중심으로 유동인구

가 크게 증가한 상황이다.

  구는 기존산업 활성화, 창업지원 및 신산업 육성, 상생 거버넌스 구
축·운영 등 3대 이슈, 13대 과제를 중심으로 도시재생 활성화계획을
수립 중에 있으며 2019년 상반기 중 주민 공청회를 열고 세부 내용을
확정한다. 이런 작업들이 장기적으로 전자상가의 체질을 바꾸게 될
것이다. 물론 그 바탕에는 지역 주민과 상인들이 있다. 해방촌의 그것
과 마찬가지로, 구는 재생사업이 원활히 이뤄질 수 있도록 주민(상인)
공모사업을 다양하게 벌이고 있다. 2018년 한 해만 〈전자랜드 광장
층 이미지 UP 및 소비자신뢰 재생프로젝트〉, 〈와이밸리로 모이자! 다
같이 운동하자구용!!〉, 〈용산8비트레트로 모험지도 Y-QUEST〉, 〈선인
상가 컴퓨터 박물관 조성을 위한 컴퓨터 진품명품쇼〉, 〈밥상날〉, 〈안

활기 넘치는 용산전자상가의 모습. 이곳에서 대한민국 4차 산업혁명을 이끌 '용산 유스'의 탄
생을 기대해 본다.

273

녕하세용.산 함께즐겨용.산〉, 〈용산 투어 메이커 출동!!〉, 〈조선 청년의 9 to 6 for 247〉 등 12개 사업이 주민 공모 형태로 이뤄졌다.

구는 또 최근 용산전자상상가에서 '주민(상인) 공모사업 네트워킹 파티'를 개최, 사업별 성과를 주민들과 함께 나누기도 했다. 공모사업 참가자들 간 친목 도모도 꾀했다.

민관이 힘을 함께 모은다면 전자상가의 부활도 멀지만은 않다. 이곳은 다시 사람이 몰려드는 21세기 청년산업의 메카가 될 것이다. 대한민국 4차 산업혁명을 이끌 '용산 유스(youth·청년)'의 탄생을 기대해 본다.

# 이태원을 새롭게

| 확장과 진화를 거듭하다

    용산은 '다양성(diversity)'의 도시다. 그중에서도 이태원은 늘 무지갯빛으로 환하다. 이태원의 다양성을 어떻게 더 확장, 진화시킬 것인가. 나의 오랜 고민이다.

    과거 이태원은 현재의 경리단길 일대였다. 조선 효종 때 이곳에 큰 배나무 숲을 만들었다 해서 이태원(梨泰院)이란 지명을 얻었다. 임진 왜란 당시 왜군이 인근 운종사라는 절에서 비구니들을 임신시켰다고 해서 이태원(異胎圓)이 되었다는 슬픈 이야기도 전한다.

    이태원이 지금의 꼴을 갖추기 시작한 건 1953년 미군 주둔 이후다. 특히 1957년 미 8군 병사들 외출이 허용되면서 이태원에는 그들을 위한 위락시설이 대거 들어섰다. 1970년대 초반에는 121후송병원이 부평에서 용산으로 이전하면서 관련 종사자, 상인 등 1만 명이 이태원에 자리를 잡았다.

    86아시안게임과 88올림픽을 거치면서 이태원로 일대 쇼핑거리가 크게 부흥했다. 이후 이태원은 미군 중심의 거리에서 벗어나 다국적, 다민족 거리로 인기를 끌었다. 1994년에는 전국에서 첫 번째 '관광특구'로 지정되는 영광도 안았다. 후커힐(hooker hill)을 비롯한 홍등가는 1980년대 정점을 찍고 슬럼으로 변해갔다.

오늘날 이태원은 '인종의 용광로'란 표현이 무색하지 않게 다양한 민족들이 거리를 활보한다. 이탈리아, 터키, 그리스 등 세계 전역의 음식을 파는 레스토랑이 즐비하며 특색 있는 브랜드 제품들이 속속 입점, 유행을 이끄는 트렌드 세터(trend setter)들에게 늘 새로움을 선사한다. 이태원 상권은 지금도 계속 확장되는 중이다. 동으로는 한남동, 서로는 경리단길과 해방촌까지 모두 이태원의 영향력 아래 있다 해도 과언이 아니다. 자랑 같지만, 이태원이 이처럼 활성화된 데는 구청 역할이 적지 않았다.

우선 구는 지난 2010년에 구청사를 원효로에서 이태원으로 옮겼다. 이태원 전역이 내려다보이는 10층짜리 구청 건물은 이제 이태원을 상징하는 대표 건축물로 자리매김했다. 물리적으로 이태원이 가까워진 만큼, 그에 대한 관심도 한층 커질 수밖에 없었다. 나는 상권 활성화를 위해 '세계음식 테마거리', '이화상가 골목', '베트남 퀴논길', '앤틱가구거리'를 순차적으로 조성했다.

세계음식 테마거리는 해밀톤 호텔 뒤편 500m 구간(이태원로27가길)이다. 2012년 행정자치부 '안전한 보행환경' 시범사업으로 국비를 확보, 이듬해까지 도로를 특색 있게 포장하고 계단과 무대, 소공원 등을 설치했다. 또 전선과 통신선을 지중화했으며 주말에는 '차 없는 거리'를 운영, 방문객 호응을 이끌어냈다.

특히 '전 세계 이색 음식을 한 골목에서 맛본다.'는 테마가 내외국 관광객의 흥미를 자극했다. 세계음식거리 방문자 수는 특화거리 조성 이후 3배 이상 늘었다. 말 그대로 '대박'을 터뜨린 것이다.

해밀톤 호텔 뒤편에 세계음식 테마거리를 조성했다.

이화상가 골목(보광로60길)은 '나이지리아 거리'로도 불린다. 1970~80년대는 나이트클럽 등 업소들이 몰려 있던 유흥가였지만 1990년대를 거치면서 슬럼화됐고, 2000년대 이후 비교적 낮은 임대료와 물가 덕분에 나이지리아를 비롯한 아프리카 지역 사람들이 몰려들어 이발소와 식당, 상점 등을 차렸다.

이곳은 한동안 '범죄의 온상'으로 여겨지기도 했다. 국제 마약조직이 암약하고 있다는 소문까지 들렸다. 하지만 2015년 구에서 골목을 정비한 후 분위기가 확 바뀌었다. 가판대, 테라스 등을 모두 없애 가로를 두 배나 넓히고 바닥은 화사하게 포장했다. 상인들도 적극 협조해서 이화상가 골목은 이제 이태원의 새로운 명소가 되었다.

베트남 퀴논길은 용산구청 뒤 소방도로(보광로59길) 335m 구간이다. 지난 2016년 구가 국내 최초 베트남 테마거리를 이곳에 만들었다. 뒤 (6장)에서 다시 다루겠지만, 용산구와 퀴논(꾸이넌)시 우호교류 20주년 (자매결연 19주년)을 기념하는 사업이었다.

베트남 유학생과 결혼이민자, 기업 자원봉사자 등이 거리 조성에 적극 참여했다. 베트남 풍 벽화로 곳곳을 꾸미고 도로와 경관조명, 녹지대, 조형물, 포토존 등을 설치했다. 우선은 퀴논과의 '우정'이 중요했지만, 연간 15만 명에 이르는 베트남 관광객을 잡겠다는 '복심'도 있었다. 이미 성과는 입증됐다. 주말만 되면 이곳에 국내외 관광객들 발길이 끊이지 않는다.

앤틱가구거리(보광로, 녹새평대로26길)는 100여 개 고(古)가구 상점이 밀집해 있는 국내 최대 규모 앤틱가구 특화상권이다. 1970년대 미군과 외국공관원들이 한국을 떠나면서 내놓은 고가구가 모여 자연스럽게 상가가 형성됐다.

구는 2016년 '도로 다이어트' 사업을 통해 가구거리 일대의 보도를 대폭 늘리고 보행자 유입을 이끌었다. 가로변 공영주차장은 모두 폐쇄했으며 거리를 상징하는 조형물과 벤치도 곳곳에 설치했다. 보·차도 경계를 낮춰 보행약자 이동권을 최대한 보장한 것도 주요 특징이다.

앤틱거리가 사람 위주의 '걷기 좋은 길'로 새롭게 태어난 것이다. 이제 사람들은 이곳을 '서울 속 유럽' 혹은 '한국의 몽마르트'라 부른다. 구는 앞으로도 앤틱거리를 '특화상권 활성화 사업지구'로 크게 육성해 나갈 예정이다.

이태원은 세계 전역의 음식은 물론 아시아, 아프리카, 유럽에 이르기까지 다양한 문화를 동시에 체험할 수 있는 국내 최고의 관광 메카다.

매년 엄청난 인파가 몰리는 이태원 지구촌 축제 현장

구의 노력은 인프라 구축에 그치지 않는다. 사람들을 끌어모을 수 있는 '재미난' 이벤트를 항시 기획하고 있다. 그 대표 격이 매년 10월에 열리는 '이태원 지구촌 축제'다.

축제 기간 이틀 동안 구는 이태원로 일대 차량을 전면 통제한다. 그리고 그곳에서 '아침부터 밤까지' 밴드 공연, 패션쇼, DJ 파티, 지구촌 퍼레이드 같은 이벤트를 끝없이 이어간다. 2018년에는 무려 45개국 대사관이 참여, 각국 문화를 소개하고 다채로운 민속 공연을 선보였다.

이태원 지구촌 축제에서 한국인들은 세계 문화의 다양성을, 외국인들은 한국의 멋을 두루 느낄 수 있다. 한해 130만 명~140만 명이 찾는 축제는 다 그럴 만한 이유가 있는 법이다. 나는 2016년에 한국소비자협회가 주관한 '대한민국 소비자 대상'을 받았다. 이태원을 찾는 내외국인들에게 새로운 문화를 경험할 수 있도록 한 공로를 인정받은 것. 나와 직원들의 노력이 상으로 보상을 받은 것 같아 기분이 좋았다. 물론 이대로 안주할 수 없다. 앞으로도 이태원은 '확장'과 '진화'를 거듭할 것이다.

# 발상의 전환이 용산가족을 웃게 만든다
| 공영주차장, 사물인터넷, 용산공예관

이태원에 관한 얘기를 조금 더 해야겠다. 세계 유수 관광지들이 다 그러하듯 이태원도 주말이면 차량과 인파, 쓰레기로 몸살을 앓는다. 그리고 다양성이 너무 강조되다 보니 정작 우리 것에 대한 관심이 사라지는 느낌도 있다. 그래서 우리는 인근 한남동에 250대 규모 공영주차장을 만들었다. 쓰레기 문제에 적극 대응할 수 있도록 사물인터넷도 도입했다. 또 우리 것을 내·외국인에게 제대로 알릴 수 있는 용산공예관도 만들었다. 하나하나 살펴보자.

한남동 공영주차장 건립은 2014년 4월에 시작돼서 2016년 4월에 끝이 났다. 지난 민선 6기 구청장 공약사업이었다. 기존 평면 형태였던 한남동 공영주차장을 지하 3층까지 '입체화'시킨 것. 주차규모가 과거 103대에서 250대로 배 이상 늘어났다. 뿐만 아니다. 주차장 한쪽으로 필로티 구조 3층 건물을 짓고 용산문화예술창작소, 한남동 도서관, 용산구평생학습관, 용산복지재단, 여성플라자, 다문화가족지원센터 등 다채로운 문화·복지시설을 입주시켰다.

한남동 공영주차장 입체화로 이태원 관광특구 일대 주차 문제가 한층 완화됐음은 물론이다. 한남동에 부족했던 여러 편의시설까지 생겼으니 주민들 만족도는 말할 것도 없다.

한남동 공영주차장 입체화로 관광특구 주차문제를 완화시켰다.

나는 공영주차장 개장 뒤 이태원로 500m 구간(이태원 녹사평역~한강진역) 노면 주차장도 전면 폐쇄했다. 그만큼 보도 폭도 넓혔다. 주차 구획을 없애니 차량 통행은 이전보다 훨씬 더 수월해졌고 시민들은 넓어진 길에서 한층 쾌적하게 걸을 수 있게 됐다.

쓰레기 문제도 스마트하게 대응했다. 이태원 관광특구 일대에 '무단투기 스마트 경고판'을 여러 대 설치한 것이다. 스마트 경고판은 낮 시간은 물론 어두운 밤에도 촬영이 가능한 고화질 CCTV 카메라와 음성 출력이 가능한 스피커를 갖췄다. 카메라에는 움직임 감지 기능이 있어 사람이 접근하면 자동으로 녹화가 시작되고 "무단투기를 하지 말라"라는 안내 방송이 나온다. 영어, 중국어 등 외국어도 가능하다.

녹화된 화면은 담당 공무원이 스마트폰으로 확인하고 즉각 대응할 수 있다.

스마트 경고판은 '사물인터넷(IoT)'의 일종이다. IoT란 사물에 센서를 부착, 인터넷을 통해 실시간으로 데이터를 주고받는 기술이나 환경을 말한다.

구는 쓰레기 문제에 한정하지 않고, 이태원 일대 IoT 구축 사업을 대대적으로 벌였다. '2017년 서울시 사물인터넷서비스 실증지역 공모'에서 1위를 차지, 사업비 2억 원을 확보했던 것. 이를 통해 이태원 초입에는 주변 주차정보를 한눈에 알 수 있도록 '스마트 전광판'을 설치했으며 동네 전역에서 와이파이를 '빵빵하게' 이용할 수 있도록 했다. 공중화장실에는 IoT비상벨을 달아 사건사고에 즉각적으로 대응하고 있다.

용산공예관 1층 공예품 판매장. 질 좋은 공예품을 합리적 가격에 구입할 수 있다.

용산공예관 인근 가로수길에서는 주기적으로 공예 플리마켓도 열린다.

다음으로, '용산공예관' 조성은 전통문화를 통해 이태원을 새롭게 한다는 나의 필승 전략이다. 구와 파리크라상의 합작으로 눈길을 끌기도 했다. 구가 옛 여성문화회관 부지를 제공하고 파리크라상이 구에 건물을 지어줬다. 20년간 부설주차장 무상사용이 조건이었지만 구 입장에서는 공사비 60여 억 원을 절감했으니 서로가 윈윈을 한 셈이다.

콘텐츠는 구가 채웠다. 1층은 공예품 판매장, 2층은 공방, 한복·도자기 체험장, 3층은 공예 배움터, 4층은 다목적실, 야외공연장으로 꾸몄다. 시설 운영을 위해 공예가, 임기제 공무원 등 인력도 46명을 새롭게 채용했다.

2018년 2월 오픈 이후 1년 만에 4만 명 가까운 이들이 공예관을 찾았다. 상당한 매출도 올렸다. 내·외국인 모두 한국 전통문화에 대한 관심이 컸기 때문이다. 제대로만 한다면 꼭 성공할 것이라는 내 예상은 이번에도 어긋나지 않았다.

2019년에는 용산공예관~패션파이브 앞 도로 60m 구간을 '모던헤리티지(modern heritage) 문화거리'로 만든다. 사업비 5억 원은 전액 파리크라상이 부담키로 했다. 경관디자인 보도블럭, 명품 가로등 설치로 공예관을 찾는 이들이 더 많아질 것으로 기대된다.

구는 용산공예관 건립 사업으로 2018년 대한민국 지방자치 정책대상 최우수상의 영광을 안았다. "Think different." 틀에 박힌 관념이 아니라 남들과 다르게 생각할 때 혁신이 시작되는 법이다. 기업에만 국한되는 얘기가 아니다. 지방자치시대, 도시경쟁력 확보를 위해서는 행정에서도 이러한 노력이 반드시 선행되어야만 한다.


"정말 중요한 것은 남들과 다르게 생각하고 창의적으로 생각
하는 것이며 이 모든 것은 열정으로부터 나온다."

– 스티브 잡스 자서전 中

제6장

# 안전하고
# 행복한 도시

# 안전이 행복이다

## | 일상을 지켜야 한다

인류사를 돌아보면 한 국가와 도시의 안녕에 가장 중요한 역할을 하는 정책이 치산치수(治山治水)다. 용산과 같이 강을 끼고 있는 도시는 특히 그러하다. 을축년(1925년) 대홍수 때 만초천 제방이 무너지면서 용산의 저지대가 완전히 물에 잠겼던 모습을 사진에서 본 적이 있다. 끔찍했다.

2010년 9월, 그러니까 내가 구청장에 취임한 지 두 달 만에 비슷한 일이 벌어졌다. 시간당 80㎜의 기습적인 폭우가 내려 한강로와 신용산역 일대가 물바다로 변했던 것이다. 피해를 수습한 뒤 나는 정부와 서울시에 한강로 일대 방재사업의 필요성을 강하게 주장했다. 한강로가 이른바 '국가상징거리'인데 이렇게 물난리가 나는 것이 말이 되느냐고 따졌다.

결국 2013년 말에 한강로 일대 방재시설 확충사업이 시작됐다. 무려 507억 원(국비 240억 원, 시비 267억 원)을 투입, 한강교 빗물펌프장과 한강로변 방재시설을 확충하는 대규모 프로젝트다. 통 크게 지원해 준 박원순 서울시장에게 지면을 빌려 다시 한번 감사의 말씀을 전한다.

2018년 4월 한강교 빗물펌프장 준공식에서 내빈들과 함께 시설을 둘러봤다.

빗물펌프장 공사는 2018년 4월에 끝났다. 연면적 2,364㎡ 규모로 분당 1,010톤의 빗물을 처리할 수 있으며 30년 빈도 강우(시간당 95㎜)에도 대응할 수 있다. 한강로 일대 8,539세대 주민들이 더 이상 수해를 걱정하지 않아도 되는 것이다.

한강교 빗물펌프장은 지하 공간을 활용한 '친환경' 시설로도 눈길을 끌었다. 펌프장 전체가 지하로 들어간 시설은 우리나라에서 이곳 하나뿐이다. 지상에 돌출되는 부분은 2m 내외로 이 부분도 수목식재 등 조경을 통해 주변 지형과 조화로운 친환경적 방식으로 건설했다. 주민 의견을 적극 반영한 덕분에 또 하나의 혁신을 이룬 셈이다.

한편, 2017년 6월 한남동에서는 한남빗물펌프장 증설공사가 시작됐다. 2010년 시설 확장이 결정된 지 7년 만의 일이다. 이 또한 서울시 예산 153억 원이 투입되는 큰 사업이다.

한강과 맞닿은 한남동 남부지역도 소쿠리 형태로 물이 한곳에 모이는 지형이라 수해에 대한 우려가 컸다. 공사를 통해 빗물 처리용량을 분당 1,200톤에서 2,560톤 규모로 2배 이상 늘리면 30년 빈도 강우에도 거뜬히 버틸 수 있게 된다. 펌프장이 자리한 한남유수지 공영주차장 입체화 공사와 함께 2019년 중 모든 걸 완벽하게 마무리하겠다.

인프라만큼 중요한 게 바로 수방 훈련이다. 구는 매년 5월부터 10월까지 수방 기간에 재난안전대책본부를 가동, 풍수해 예방에 돌입한다. 지역자율방재단과 일반 주민들이 참여하는 수방 훈련은 빗물받이 덮개 제거, 모래 마대 쌓기, 양수기·수중펌프 가동까지 일련의 절차에 따라 이뤄진다. 우리 생활 주변에 훈련받은 이들이 많아야 한다. 그래야 서로가 서로를 구할 수 있다.

'소리 없는 살인자' 폭염도 이제 두려움의 대상이다. 지구 온난화로 인해 매년 폭염일수가 급증하고 있기 때문이다. 2018년 8월 31일을 기준으로 전국 폭염일수는 31.5일이었다. 이전 최악 폭염으로 기록된 1994년의 폭염일수(전국 31.1일)까지 넘어섰다. 전국에서 4,515명의 온열질환자가 발생했고 이 중 48명이 목숨을 잃었다.

도심에 위치한 용산은 서울에서도 가장 '뜨거운' 지역이다. 구는 매년 6월부터 9월까지 폭염 상황관리 TF팀을 운영한다. 재난도우미와 무더위쉼터, 취약계층 방문건강관리 프로그램 등이 주요 대책이다. 도로·보도 물청소도 확대 시행한다.

나 또한 수시로 공사현장과 동자동 쪽방촌, 무더위쉼터 등을 돌며 근로자와 취약계층, 일반 주민들의 애로사항을 듣는다. 하지만 폭염은 무엇보다 '자기진단'이 중요한 법. 특히 야외근로자라면 일손을 자주 멈추고 그늘에서 휴식을 취할 수 있는 마음의 여유가 필요하다.

풍수해와 폭염대책 기간이 끝나면 곧바로 제설대책이 이어진다. 용산은 남산을 끼고 있어 가파른 길이 많다. 그래서 곳곳이 제설 취약 지역이다. 특히 후암동, 용산2가동, 이태원2동, 한남동 지역은 살짝만 눈이 내려도 일대 교통이 마비되곤 한다.

눈이 오면 구에서 즉각적으로 염화칼슘을 살포하는데, 이 대목에서도 고민이 적지 않다. 도로 결빙을 막기 위해 염화칼슘이 꼭 필요하지만 지하수 오염 같은 문제도 적지 않기 때문이다. 2015년 용산구에서 염화칼슘 피해를 입은 은행나무를 파보니 잔뿌리가 거의 없었다는 보도도 있었다.[92] 친환경 제설제를 사용하는 식으로 정책을 개선해 나가겠다.

눈이 많이 올 때는 제설 인력도 문제가 된다. 구는 최근 '서울시 용산구 건축물관리자의 제설·제빙에 관한 조례'를 공포, 제설·제빙에 관한 책임을 명확히 했다. 소유자가 건축물 내에 거주하는 경우 소유자→점유자→관리자 순으로 제설·제빙 책임이 주어진다. 소유자가 건축물 내 거주하지 않는 경우는 점유자→관리자→소유자 순이다. 별도 합의가 된 경우는 그 순위를 따른다. 물론 조례를 지키지 않는다고 해서 과태료를 부과하거나 제재를 가하는 건 아니다. 권고사항이다. 성숙한 민주시민이라면 이런 조례 없이도 얼마든지 제설에 참여해 주리라고 믿는다. '내 집, 내 점포 앞 눈 치우기'는 이제 선택이 아

----------

92  정은영, 「나무를 지키는 제설의 법칙」, 『작은 것이 아름답다』, 2016년 1-2월호, (http://jaga.or.kr/?p=7317.)

닌 필수다.

　나는 대한민국 현대사가 세월호 사건 이전과 이후로 나뉜다고 본다. 우리 국민들은 무능한 지도자가 얼마나 위험한가를 이때 너무도 뼈저리게 깨달았다. 사람들의 일상이 얼마나 소중한 것인지도 비로소 알게 됐다. 우리는 일상을 지켜야 한다. 안전이 곧 행복이다.

# '싱크홀'과 '용산 붕괴'

| 소 잃고라도 외양간은 고친다

아무리 철저히 대비해도, 사고는 전혀 예상치 못한 곳에서 발생하기 마련이다. 2015년 2월 용산역 앞에서 발생한 싱크홀(땅 꺼짐) 현상이 대표적이다. 버스에서 막 내린 두 남녀가 갑자기 땅속으로 추락하고 말았다.

구에서 원인을 살펴본 결과 인근 주상복합 아파트 공사 과정에서 지하수와 토사가 유출되어 동공(洞空)이 생긴 것으로 확인됐다. 사고 재발 방지를 위해 지하수 유출 차단과 함께 지반 강도를 높이는 대체 공법 시행을 해당 건설사에 강력히 요구했음은 물론이다.

나는 다소 억울하다는 생각도 들었다. 사실상 구에서 싱크홀 예방을 위해 이미 다양한 사업을 선제적으로 벌여왔기 때문이다. 지난 2014년부터 3년간 관내 전체 하수관로 지선274km에 대한 동영상 전수 조사를 마친 게 대표적이다. 촬영된 동영상은 서울시 하수도 지리정보시스템(GIS)에 접목시켜 쉽게 확인할 수 있도록 했다. 전국 최초였다.

구는 또 2017년 도로 함몰 예방을 위한 노면 하부 동공(洞空) 탐사를 시행하기도 했다. 이 또한 전국 자치구 중 최초다. 용산구 지역 내 주요 도로 55㎞ 구간을 대상으로 1차 탐사(데이터 분석)와 2차 조사(천공 및 내시경 촬영)를 진행했다.

결과는 놀라웠다. 발견된 동공이 목표치(35개)를 훌쩍 넘긴 74개에 달했던 것. 1㎞ 당 1.1개로 서울시 평균(0.48개)의 배 이상이었다. 동공이 가장 많이 발견된 곳은 신흥로(23개)였고 효창원로(13개)가 뒤를 이었다. 용산이 구도심이긴 하지만 이 정도로 보수가 많이 필요할 줄은 몰랐다. 보수공사와 함께 이태원로55길 등 23곳(30.4㎞)에 대한 노면 하부 동공탐사도 연달아 이어갔다. 또 동공 발생 주원인이 하수관로 파손에 있는 만큼, 구는 노후 하수관로 보수공사도 대대적으로 시행하고 있다.

2018년 6월 3일, 전혀 예상치 못했던 사건이 또 발생했다. 국제빌딩 주변 제5구역 노후 상가 건물이 갑자기 무너져 버렸다. 천만다행으로 사고는 주말에 발생했고, 인명피해는 거의 없었다. 건물 4층에 살고 있던 여성 1명만 대피 과정에서 발바닥에 열상을 입었다. 만약 평일에 사고가 났더라면? 생각하기도 싫은 대참사다. 실제로 건물 1층에는 유명한 칼국숫집이 있었고 평소 많은 직장인들이 이곳에서 끼니를 해결했었다.

'용산 붕괴'는 지방선거를 불과 열흘 앞둔 시기에 벌어졌다. 반대파는 내 책임이라고 물고 늘어졌다. 또 언론에서는 붕괴 조짐을 눈으로 보고도 적이 조치하지 않았던 담당 공무원을 징계하라고 연일 떠들어댔다.

내 책임이 없는 것은 아니다. 용산구에서 일어나는 일은 모두가 내 책임이다. 하지만, 역시나 억울한 측면이 있었다. 해당 건물은 연면적 301㎡의 근린생활시설로 '건축법 시행령' 제23조의2에 따른 '정기

점검 대상'에 해당되지 않았다. 건축법뿐만 아니라 '시설물 안전관리에 관한 특별법' 상으로도 해당 건물은 규모가 작아 관리 대상에 편입되지 않았다. 거기다 해당 상가는 국제빌딩 주변 제5구역 내에 위치해 있다. '도시 및 주거환경정비법' 상 구역 내 건물은 조합에서 1차적으로 시설을 관리하게끔 돼있다.

공무원이 민원을 접수한 건 사실이다. 하지만 눈으로 벽체 배부름 현상을 확인했다고 해서 이를 건물 붕괴 조짐으로 단정하기는 어렵다. 공무원도 건축, 구조 전문가가 아니기 때문이다.

건물주의 관심도 아쉬운 대목이다. 건물주도 해당 건물이 낡아서 위험하다는 사실을 인지하고 있었다. 하지만 영업을 이유로 보수보강은 계속해서 미뤄왔다. 이를 강제할 만한 제도도 없었다.

문제는 사건 재발을 막는 것이다. 법·제도 정비가 우선돼야 한다. 시설물 안전관리에 관한 특별법상 안전관리 대상 기준을 좀 더 강화해서 제도의 실효성을 높여야 한다. 다행히 정부는 최근 20년 이상 된 노후 건축물 정밀안전점검을 5년 이내 시행하도록 의무화시킨다고 발표했다. 안전점검 방식과 절차도 개선한다. 지자체장이 건축물 관리자 대신 점검업체를 지정토록 해서 공정성도 담보한다.

우리 구는 붕괴 사건 이후 정비구역 내·외 소규모 노후 건축물 안전점검을 그야말로 대대적으로 벌였다. 또 민선 7기 조직개편을 통해 '건축안전센터'를 건축과 내에 설치했으며 건축안전 전담인력도 확충했다. 소 잃고 외양간을 고치는 격이지만, 어찌 됐건 다시는 소를 잃지 말아야 하기 때문이다. 소 잃고라도 외양간은 고쳐야 한다.

주택산업연구원 '서울시 주택노후도 현황분석' 보고서에 따르면 2017년 1월 기준 서울시 내 30년이 넘은 노후주택은 16만 7019동으로 전체(44만 9064동)의 37.2%를 차지한다. 용산 붕괴 같은 사고가 서울 어디에서나 발생할 수 있다는 말이다. 포항 사례에서 알 수 있듯 한반도가 더 이상 지진으로부터 안전한 지대가 아니라는 사실도 경각심을 더한다.

구는 지난 2017년 서부이촌동 중산시범아파트 보수공사를 벌였다. 2018년에는 후암동 서부제일아파트 보수공사도 시행했다. 둘 다 재난위험시설물(D급)로 지정된 노후 건물이다. 예산은 서울시로부터 지원받았다. 방법은 고민하고 예산은 따오면 된다. 구가 조금 더 고민하면 구민이 안전할 수 있다.

주민들에게도 당부의 말씀을 드린다. 사유재산은 원래 각자가 살펴야 한다. 하지만 당장 위험해서 안 되겠다 싶으면 구청에 득달같이 신고해 달라. 필요하면 구청장 집무실로 찾아와서라도 이야기해 주시기 바란다. 그래야 모두가 안전할 수 있다.

이른바 '용산붕괴' 이후 정비구역 안팎으로 노후 건축물 안전점검을 대대적으로 벌였다.
소 잃고도 외양간은 고쳐야 한다.

# 생태 발자국을 줄여라
| 한 사람의 열 걸음보다 열 사람의 한 걸음

빌 매키번이 쓴 『우주의 오아시스 지구』에 따르면 기후가 안정적이던 지난 1만 년 동안 대기 중 이산화탄소 수치는 대략 275ppm 이었다. 지구가 탄소를 이 정도 가지고 있었던 약 1,400만~1,000만 년 전, 해수면은 현재보다 25~40미터, 기온은 3~6도가 더 낮았다. 이산화탄소 수치가 350ppm을 넘기면 지구온난화를 초래, 신생대 제4기 환경에서 형성돼 온 생태계가 교란되어 인간의 존립에 심각한 영향을 끼칠 것이라고 한다. 하지만 이미 그 수치는 2015년 400ppm을 넘어섰다.

"우리는 창세기를 거꾸로 돌리고 있다. 하나씩 만들어내는 게 아니라 하나씩 없애고 있는 것이다.[93]"라는 맥키번의 경고는 그야말로 섬뜩하기까지 하다.

미세먼지 문제에 대해서도 이야기해야겠다. 지름이 10μm 이하면 미세먼지, 지름이 2.5μm 이하면 초미세먼지로 나뉘는데, 아무튼 이것들이 우리 혈관을 타고 온몸을 돌며 심장과 폐, 뇌에 이르기까지 각종

----------

93  빌 매키번, 『우주의 오아시스, 지구』, 김영사, 2013, 48쪽.

질환을 유발한다고 한다. 최근 공기(air)와 종말(apocalypse)을 합친 '에어포칼립스(airpocalypse)'라는 단어까지 생겨났으니, 미세먼지에 대한 공포가 이처럼 크다.

하동군은 지난 2017년 지리산 청정 공기를 담아 '지리 에어(JIRI AIR)'라는 공기캔을 판매하고 나섰다. 마스크는 생활 필수품이 되어버렸고 에어 노마드(air nomad) 족, 즉 깨끗한 공기를 찾아 주거지를 옮기는 '공기 난민'도 증가하고 있다. 웃지 못할 우리의 슬픈 현실이다.

지구온난화를 지연시키고 미세먼지를 줄이려면 우리가 무엇을 해야 할까? 그렇다. 정답은 누구나 알고 있다. 덜 쓰고 덜 버리면 된다. 유식한 말로 '생태 발자국(Ecological Footprint)'을 줄여야 한다.

생태 발자국이란 지난 1996년 캐나다 경제학자 마티스 웨커네이걸과 윌리엄 리스가 만든 지표로 사람이 사는 동안 자연에 남긴 영향을 토지 면적으로 환산한 수치를 말한다. 생태 발자국 수치가 높을수록 생태계 훼손이 많다는 것을 뜻한다. 마티스 웨커네이걸에 따르면 우리가 지속 가능한 세상을 유지하기 위해서는 누구나 자기가 사는 지역의 반경 2만㎡ 이하의 땅에서 나는 자원으로만 생활을 해야 한다. 그렇지 않다면? 수십 년 이내 생물학자들이 우려하는 '제6의 멸종(The Sixth Extinction)'이 현실화될 수도 있다. 물론 인간을 포함해서다.

서울시는 각 자치구와 함께 수년 전부터 '에코 마일리지(eco mileage)' 사업을 진행해 오고 있다. 온실가스 감축을 위해 생활에너지를 절약하는 시민참여 프로그램이다. 전기나 수도, 도시가스 사용을 아껴 마일리지를 쌓으면 이를 지방세 납부, 친환경 제품 구매, 아파트 관리비 납부 등에 사용할 수 있다.

구는 2017년 한화H&R, 성광교회, 숭덕교회 등 6곳을 에코 마일리지 우수단체로 선정, 감사장과 인증 표지를 전달하기도 했다. 2018년에는 해밀톤관광(해밀톤호텔)이 같은 영광을 안았다. 일반 주민들의 참여도 꾸준히 늘고 있는 만큼 구에서도 좀 더 적극적으로 사업을 진행해 나갈 예정이다.

2017년 7월 '서울형 미세먼지 비상저감조치'가 처음 시행됐다. 당일 미세먼지 평균농도가 50㎍/㎥를 초과하거나 익일 '나쁨'(50㎍/㎥ 초과) 이상의 예보가 있으면 서울시장이 해당 조치를 발령한다. 이에 따르면 서울시내 공공기관의 주차장은 전면 폐쇄되고 공사장 조업이 단축된다. 2019년 2월에는 '미세먼지 저감 및 관리에 관한 특별법'이 시행됐다. 정부가 미세먼지 비상저감조치의 법적 근거를 마련한 것이다.

구 차원에서는 도로분진 청소나 건설공사장 비산먼지 지도점검을 강화하면서 나름의 대책을 추진하고 있다. 자동차 공회전도 주요 단속 대상이다. 관내 구립 어린이집과 경로당에는 모두 공기청정기를 설치했다. 친환경 보일러 보급사업, 공동주택 전기차 충전기 설치사업도 차근차근 확대하겠다.

구에서 역점을 둔 분야로 생활쓰레기 감량도 빼놓을 수 없다. 구는 지난 2015년부터 쓰레기 감량을 적극 추진해 왔지만 실질적으로 성과가 드러난 것은 2017년 상반기부터였다. 전년 같은 기간 대비 약 8.3%(2770톤) 가량 쓰레기 발생량을 줄인 것이다. 1일 300kg 이상을 배출하는 사업장에 대한 집중 단속과 시민의식 개선을 위한 다양한 캠페인이 효과를 보인 듯하다.

우리 목표는 2019년까지 생활쓰레기를 20% 줄이는 것이다. 지난 2016년 기준 용산구에서 발생한 생활쓰레기는 3만 4,751톤에 이른다. 거기서 7,000톤을 줄여야 한다. 쉽지 않겠지만 불가능한 것도 아니다.

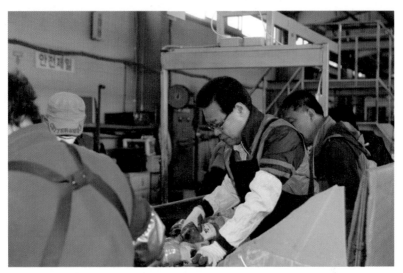

2017년 용산구 재활용선별장에서 선별작업을 체험했다.

쓰레기는 어떻게 줄일 수 있나? 방법은 간단하다. 1회용품 사용을 최소화하고 물건을 재사용하면 된다. 부득이하게 생긴 쓰레기는 분리배출한다. 이것만으로도 상당한 양의 쓰레기를 없앨 수 있다.

나는 2017년 용산구 재활용선별장을 찾아 직접 선별작업에 참여한 적이 있다. 그곳은 수도권 매립지 내 쓰레기 직매립 제로화를 위한 지역 전초기지로 2016년 기준 하루 45톤, 연간 1만 5,715톤의 재활용품을 반입·처리한다. 작업은 쉽지 않았다. 재활용품에 일반 쓰레기가 너무 많이 섞여있었다. 주민들은 본인이 함부로 버린 쓰레기를 골라내느라 온종일 고생하는 이들이 있다는 사실을 한 번쯤 생각해 줬으면 좋겠다.

구는 2015년부터 음식물류폐기물 무선인식(RFID) 대형감량기 사업도 시행하고 있다. 대형감량기는 배출된 음식물쓰레기의 수분 등을 제거해 80% 이상 감량하는 친환경 설비다. 남은 쓰레기도 퇴비로 사용하는 만큼 폐기물 발생량은 사실상 제로화된다. 주변 환경이 깨끗해지니 주민 반응도 좋다. 수수료가 세대별 배출량에 따라 부과되는 만큼 음식물 쓰레기를 줄이려는 자발적 노력도 더해진다.

현재는 100세대 이상 공동주택 또는 150세대 이상 주상복합주택에만 감량기를 설치하고 있는데 그 대상을 확대해 달라는 요청이 늘고 있다. 구는 지속적으로 사업을 늘려서 지역 내 음식물쓰레기 발생을 전국 최소 수준으로 줄이고자 한다.

2017년 7월에 열린 민간시설 공간개방 협약식

'공유도시' 사업도 주목할 만하다. 물건, 공간, 심지어 재능까지 공유해서 자원 활용을 극대화한다는 취지다. 공동체와 지역 경제까지 활성화시킨다는 커다란 구상도 담고 있다.

우리 구는 16개 동주민센터에 '우리 동네 공구함'을 설치하는 등 공유 활성화를 위해 노력하고 있다. 아이 옷, 유아용품을 공유하는 또또 시장(또 쓰고 또 쓰는 시장)도 수차례 열었다. 최근에는 민간시설 개방과 주차장 공유사업에 올인하고 있다. 공유도시 사업에 대한 용산구민들의 인지도는 서울시내 최상위 수준이다. 부족한 자원을 아끼는 데 공유만큼 중요한 키워드는 없다. 공유하면 생활이 더 즐거워진다. 각자의 물건과 재능, 공간을 나누면서 우리는 새로운 공동체, 혹은 과거에 늘 존재했던 '오래된 미래'를 다시금 만들어갈 수 있다.

우리는 지금 "미래를 지킬 수 있느냐, 없느냐" 하는 중대한 갈림길에 서 있다. 깨끗한 물과 공기는 더 이상 당연한 것이 아니다. 그것을 지키지 못할 때 우리는 자연만이 아니라 모든 것을 잃게 될지도 모른다.

참여를 촉구한다. 한 사람의 열 걸음보다 열 사람의 한 걸음이 더 중요하다는 사실을 결코 잊어서는 안 된다.

# 우리는 느리게 걷자

| 보행 친화도시 만들기

우리의 도시구조가 어느새 '자동차의, 자동차에 의한, 자동차를 위한' 모양새가 돼버렸다. 특히 1970년대 이후 진행된 도심재개발은 건물의 대지와 가로를 크게 넓혀 보행자보다 운전자 중심의 공간을 형성하기에 이른다.

최근 서울시가 도입한 '역사도심 보행재생' 사업은 이러한 우리 도시구조를 어느 정도 교정하는 작업이 될 것이다. 시는 조선시대 보행도시의 흔적을 간직한 중구와 종로구 일대의 역사성을 최대한 살리면서 세계적 도시개발 트렌드인 보행 요소를 가미한 사람 중심 도시로 만들겠다는 의지를 보였다.

나 또한 용산을 보행 친화도시로 만들기 위해 노력하고 있다. 육십평생 자가용을 한 번도 사본 적이 없는 '뚜벅이 인생'이어서 더 그렇다. 지금은 빡빡한 일정을 소화하느라 부득이 관용차를 타는 시간이 많지만, 언제나 차를 타는 것보다는 걷는 걸 더 좋아한다. 심심산골에서 농군의 아들로 태어나 언제나 먼 길을 뚜벅뚜벅 걸어 다녔던 게 습관이 됐다. 물론 건강한 습관이다.

소월길 90계단 엘리베이터. 단순히 승강기에 그치지 않고 남산 경관을 아우를 수 있는 전망대를 설치, 지역 명소로 자리 잡을 수 있도록 했다.

우리 구는 지형 특성상 고지대가 많다. 평지라고 해도 철길로 가로막혀 걷기에 적합하지 않은 곳이 여럿 있다. 2012년 5월 진행된 '동 현안 현장소통'에서 후암동 주민들이 소월길 90계단에 엘리베이터를 설치해 달라고 나에게 요청했다. 37.5도에 이르는 급경사로 인해 노약자, 장애인 등 보행약자의 이용이 너무나 불편하다는 이유였다.

나는 즉시 현장을 살피고 관계부서에 엘리베이터 설치를 지시했다. 주민참여 예산 확보와 설계를 거쳐 공사는 2013년 초에 시작됐고 이듬해 1월 작업이 모두 끝났다. 단순히 승강기에 그치지 않고 남산 경관을 아우를 수 있는 전망대를 설치, 지역 명소로 자리 잡을 수 있도록 했다. 기존 계단은 그대로 살렸다. 건강과 환경을 생각한다면 계단도 나쁜 것만은 아니다.

2013년 3월 이태원2동 신년인사회에서는 경리단길과 해방촌을 잇는 노후된 보도육교를 철거하고 횡단보도를 설치해 달라는 민원이 접수됐다. 보행환경 개선을 위해 보도육교는 '적'이 분명하다. 하지만 당장 드넓은 도로를 안전하게 건너기 위해서는 보도육교가 반드시 필요하다. 책임기관인 서울지방경찰청으로부터 해당 도로에 횡단보도 설치는 불가하다는 답변까지 받았다.

결국 우리는 보도육교 해체를 보류하고 유지·보수 쪽으로 가닥을 잡았다. 2014년 6월 해당 육교에 엘리베이터를 2대 설치했으며 계단과 난간, 바닥재 등을 새로 정비했다. 경리단길과 해방촌을 오가는 많은 이들이 보다 편하고 안전하게 녹사평대로를 건널 수 있게 됐다.

2016년에는 이촌고가차도와 삼각지고가차도에 엘리베이터를 설치해서 주민들이 철로(경부선)를 건너기가 한결 수월해졌다.

2017년 용산가족공원 앞 보도육교, 2018년 해방촌 108계단과 한남동 지하차도, 남산2호터널 앞 보도육교에서도 유사한 작업이 이어졌다.

올해(2019년)는 녹사평 보도육교와 북한남삼거리 보도육교 등 3곳에 엘리베이터를 놓겠다. 이용률이 적은 일부 육교를 제외하고 사실상 관내 모든 보도육교에 임기 중 엘리베이터 설치를 마무리할 생각이다.

장기적으로는 보도육교 자체를 최소화시키는 방향으로 가야 한다. 이를 위해서라도 철길(경부선, 경원선) 지하화가 필요하다. 우선 경부선과 관련해서, 나는 오래전부터 국토교통부와 서울시에 서울역~한강 구간 등 경부선 철도 지하화를 요구해 왔다. 2012년에는 구민 24만 명 중 16만 명이 철도 지하화 촉구 서명운동에 참여하기도 했다.

2019년 1월 한남동 지하차도 엘리베이터 준공식. 나는 이곳을 지역의 또 다른 명소로 키우고자 한다.

결국 서울시가 나섰다. 2017년 '경부선 지하화에 따른 용산공원 일대 구상 용역'으로 서울역부터 노량진역까지 철도 지하화가 공론화됐다. 경부선 부지에 66만㎡의 새 땅이 생기면 각종 업무·상업·문화시설이 자리할 수 있는 것이다.

경원선 지하화도 구가 앞장섰다. 용산역~반포대교 북단 구간 지하화 기본구상 용역을 지난 2016년에 마무리했으며 지금도 지속적으로 국토부와 협의를 이어오고 있다. 제3차 국가철도망 구축계획(2016~2025년)에 반영된 용산~청량리~망우역 2복선화 사업이 실제로 진행될 때는 용산 구간 지하화가 함께 이뤄질 수 있도록 최선을 다하겠다.

철도 지하화의 이점은 경제적 측면과 환경적 측면, 도시계획적 측면을 모두 아우르는 것이다. 나는 무엇보다 우리 구민들이 고가를 타지 않고 다니는 모습을 상상하면 가슴이 뛴다. 철로로 인해 끊겼던 지역 간 교류도 보다 활발해지리라 믿는다.

보행도시를 만드는 데 있어서 또 다른 고민거리는 안전이다. 특히 노약자 교통사고를 획기적으로 개선할 필요가 있다. 우리 구는 어린이·노인보호구역 확충, 태양광 LED 교통안전표지판 설치, 보행자용 방호울타리 신설 등 다양한 방법으로 교통사고 예방을 위해 노력하고 있다.

어린이 교통사고는 60%가 폭이 좁은 생활도로에서 발생하는데, 소규모 어린이집 주변은 법적으로 보호구역 지정이 어렵다. 구는 2017년 상반기에 전수조사를 거쳐 소규모 어린이집 주변 53곳에 '어린이 보호' 유사 노면표시를 실시하는 등 최소한의 안전장치를 마련한 바 있다. 보다 확실한 조치를 위해서는 법·제도 개선이 필요할 것이다.

한발 더 나아가자. 보행자 안전을 위해서는 차량 속도 규제와 같은 소극적인 정책에서 벗어나 "도로 자체와 생활권 환경의 일부를 다시 디자인하여 여러 이용자와 이동 수간의 요구를 합리적으로 충족시켜 보행과 주행이 상호 배타적인 관계에 있지 않도록 해야 한다.[94]" 이러한 취지를 통해 도입된 게 바로 '차로 폭 줄이기' 혹은 '도로 다이어트'다.

100여 개 고가구 상점이 밀집해 있는 이태원 앤틱가구거리. '도로 다이어트'를 통해 보행친화 거리로 새롭게 태어났다.

용산의 경우 앤틱가구거리와 해방촌 HBC가로 일대에서 관련 사업을 진행한 바 있다. 차도를 줄여 보도 폭을 넓히고 곳곳에 쉼터를 설치했다. 길 자체가 경사지긴 하지만 보·차도 경계를 최대한 낮춰 휠

94  김세훈, 『도시에서 도시를 찾다』, 한숲, 2017, 178쪽.

체어를 포함한 보행약자도 큰 어려움 없이 거리를 확보할 수 있다.

차로 폭이 넓으면 사고가 더 자주 발생할 수밖에 없다. 운전자는 불확실성이 낮다고 판단되는 도로에서 주행 속도를 높이는 경향이 있기 때문이다. 결과적으로, 어느 정도의 불확실성이 있는 생활권 도로가 그렇지 않은 도로보다 더 안전하다.[95] 도로 다이어트 사업은 단지 미관을 개선하는 데 그치지 않고 보행자의 안전을 확보하는 훌륭한 수단이 될 것이다.

용산은 오래된 도시다. 골목과 소로 등 옛 보행도시의 흔적을 다수 간직하고 있다. 구는 간간이 관광안내지도를 제작·배포하는데, 지역의 개성을 살린 도보여행 코스를 항상 함께 소개하고 있다. '천주교성지 및 순례자길', '다문화 체험길', '순국열사추모길' 등등. 총 거리와 소요 시간도 함께 표기해서 초행자들에게 실질적인 도움이 되도록 했다. 한글판 외 영문판과 중문판, 일문판도 제작한다. 이 지도를 들고 세계 각국의 여행자들이 용산 곳곳을 두 발로 누빌 수 있길 바란다. (이 책도 물론 도움이 될 수 있다. 4장 '역사와 문화는 용산의 힘' 편을 잘 활용해 주시기 바란다.)

----------

95  김세훈, 앞의 책, 182~183쪽.

# 자치가 민주주의다

| 21세기의 새로운 전통

2015년 4월 3일, 호남고속철도 개통을 기념한 특별한 행사가 열렸다. 내가 광주광역시 광산구 일일 명예구청장으로 임명되어 광산구청으로 출근을 한 것이다. 교통편은 물론 KTX였다. 용산역을 출발한 열차는 광명, 천안아산, 오송, 공주, 논산, 익산, 정읍을 지나 종착지인 송정역까지 300㎞가 넘는 거리를 불과 2시간 만에 주파했다. 민형배 당시 광산구청장은 구청 정문까지 나와 우리 일행을 따뜻하게 맞아줬다.

같은 달 14일에는 광산구청장이 용산구 일일 명예구청장이 되어 일행들과 함께 KTX를 타고 서울을 찾았다. 우리 또한 그들을 구청 정문에서 환대했다. 민형배 전 구청장은 "광산구가 용산구의 형제가 되었다. 광산구는 빛(불)이 있는 도시이고, 용산은 용(龍)이 있는 도시이니, 용과 불이 만나 상생의 기운이 가득할 것"이라고 덕담을 했다.

민형배 전 구청장은 신문기자와 시민사회단체 활동가, 전남대 연구교수, 참여정부 청와대 행정관과 비서관 등 다양한 경력을 거친 인물이다. 지금은 대통령비서실에서 사회정책비서관으로 일하고 있다. 나는 그와 이야기를 나누면서 '말보다 실천을 먼저 하는 참 목민관'이

311

라는 인상을 받았다.

그의 철학과 정책은 『자치가 진보다』라는 책에서 보다 상세히 확인할 수 있다. 그는 "구청 일은 관리행정의 성격이 강했고, 공직자들 또한 광역시를 '보조한다'는 인식을 갖고 일하고 있었다. 오래된 습속으로 굳어지다 보니 지자체 소속공직자들은 '자치'라는 말을 실현 불가능한 이상으로 여겼다. 공직자의 자리를 자치의 주체가 아니라 통치의 객체로 생각하는 듯했다. 무늬만 자치였다.[96]"라고 지적한다.

책에는 '자치'라는 이름의 '진보'를 이루기 위해 불철주야 애쓰는 민형배 구청장의 모습이 꾸밈없이 그려졌다. 동감되는 부분이 많았다. 우리네 지방자치는, 나이는 이미 성인이 되었을지 몰라도 여전히 걸음마를 떼지 못한 다소 기형적인 모습을 보이고 있기 때문이다.

사실상 산업화시대에는 '중앙집권' 혹은 '국가주의'가 일정 부분 필요한 것이었다. 하지만 이제는 그렇지 않다. 국내총생산GDP가 국민 행복을 보장하는 것도 아니다. 오히려 GDP가 일정 수준 이상 올라가면 행복감이 줄어든다는 보고도 있다. 오로지 생산력을 높이기 위해 일에 몰두하다 보니 자신과 이웃을 돌볼 여유가 없어졌기 때문이다.

전세 계약기간에 맞춰 2년마다 '강제적 이주'를 하는 상황은 자신이 사는 지역에 대한 애착도 잃게 만들었다. 하지만 인간은 결국 사회적 동물이다. 상호 간의 인정과 사랑 없이는 생에 대한 만족을 얻을 수 없다. 사람들은 이제 더 많은 생산보다 더 많은 관계를 원한다. 중앙집권은 옛날 방식이다. 지역 분권과 자치는 이런 시대적 변화를 정확히 담아내고 있다.

----------

96 민형배, 『자치가 진보다』, 메디치, 2013, 79쪽

자치를 실현하는 방법은 크게 두 가지다. 하나는 중앙정부에서 지자체에 권한을 이양해 주는 것이고 다른 하나는 마을 주민들이 자발적 결사를 통해 자치를 실현하는 것이다. 전자가 하향식이라면 후자는 상향식 모델이다.

하향식 모델은 중앙정부의 역할이 중요하다. 다행히도, 2017년 김부겸 행정안전부 장관은 대통령 업무 보고를 통해 "연방제 수준의 자치분권국가 초석을 마련하기 위해 중앙의 권한을 지방에 획기적으로 이양하고 지방재정을 확충"하겠다고 말했다. "현재 8 대 2인 국세 대 지방세 비중을 장기적으로 6 대 4 수준까지 개선하겠다.[97]"는 언급도 했다.

2018년에는 대통령 소속 자치분권위원회가 나섰다. 6대 전략 33개 과제를 중심으로 한 '자치분권 종합계획'을 수립한 것이다. 이에 따라 정부는 지방이양일괄법을 제정, 중앙에 밀집된 사무 기능을 포괄적으로 지방에 이양키로 했다. 광역단위 자치경찰제도 2019년에 도입된다. 국세와 지방세 비율도 장기적으로 6 대 4까지 개편해 나갈 예정이다.

바람직한 일이 아닐 수 없다. 특히 지자체 재정자립도가 10년째 제자리를 지키고 있는 현실에서 중앙정부의 분권 의지는 자치의 기틀을 마련하는 데 적잖은 영향을 끼칠 것이다. 지자체 권한이 커지고 재정이 추가로 확보되면 구에서 할 수 있는 일이 지금보다 훨씬 더 많아진다. 도시계획에서부터 복지정책까지, 복잡다단한 주민 욕구에 부합해 보다 자유롭고 특색 있게 사업을 구상하고 실천할 수 있다.

나는 요즘 특히나 자치분권에 대한 목소리를 높이고 있는 중이다. 지난 2018년 9월에 전국시장군수구청장협의회 대표회장으로 추대됐

---

97  라동철, 〈연방제 수준 '자치분권국가' 기틀 마련〉, 《국민일보》, 2017.8.29

기 때문이다. 전국시장군수구청장협의회는 지역 발전과 지방분권 확대를 위해 지난 2000년 설립된 단체다. 전국 226개 기초 자치단체장이 모두 여기 속해있다. 이왕 단체의 수장이 되었으니, 최대한의 지방분권을 이룰 수 있도록 남은 임기 동안 최선을 다할 것이다.

상향식 모델에 대해서는 조금 더 길게 언급해야겠다. 진정한 의미에서 자치를 이야기한다면 '단체자치'보다 '주민자치'가 우선이 돼야 하기 때문이다. 그것이 바로 민주주의 가치를 제대로 실현하는 길이기도 하다.

상향식 모델의 대표적인 사업이 '마을 만들기'다. 주민이 자발적으로 할 수도 있지만 현재는 관의 도움이 필요한 경우가 많다. 우리 구는 공모사업 형태로 마을공동체 형성을 위해 많은 노력을 기울이고 있다. 사업 방식은 다양하다. 주민들이 모여서 인문학 공부를 한다든지, 마을 브랜드(BI)를 만든다든지, 자녀 교육을 한다든지, 청소년을 가르친다든지 등등. 어떤 식으로든 공동체를 만들어서 유의미한 활동을 벌이면 된다.

젊은이들이 먼저 호응하고 나섰다. 보광동에서 공방을 운영하는 청년 예술가들은 '모조리 다 쓸어버린다'는 모토로 '보광 클린저스'를 결성, 주 1회씩 골목길 청소를 진행했다. 이들은 "공방만 꾸밀 게 아니라 동네도 예쁘게 가꿔보려 한다."라며 "혼자하면 외롭지만 함께하니 즐겁더라."라고 말했다.

남영동 쪽방촌에서는 목수 생활을 해본 적이 있는 열 명 안팎의 주민들이 의기투합해 이웃 주민들을 위한 수납 선반을 만들어주고 있다. 다리 뻗을 공간도 없이 좁은 데서 불편하게 살아가는 이웃들을 위해 집안 곳곳에 선반을 달아주는 '선반지기' 모임이다.

후암동 주민들의 활동은 괄목할 만하다. 우선 2016년에 후암동 '두텁바위(厚岩)'와 '남산'을 세련되게 표현한 마을 브랜드(BI)를 만들어 특허를 받았다. 2017년에는 마을 지도를 만들고 '다 같이 돌자! 후암동한 바퀴' 프로그램을 진행, 호응을 얻었다. 또 2018년에는 '후암동민의 날'을 만들었고 2019년부터는 마을 브랜드를 활용, '로컬기업'까지운영하고 나섰다. 마을공동체가 드디어 일자리로 '진화'한 것이다.

2018년 제1회 후암동민의 날 선포식

아이러니하게도, 외부적인 시련이 닥치면 이에 대한 반작용으로주민자치가 발현되기도 한다. 용산구도 화상경마장(마권 장외발매소)에대항하는 과정에서 주민 커뮤니티가 조성됐다.

2013년 9월 마사회는 용산역 인근에 있던 화상경마장을 청파로로이전키로 했다. 문제는 용산 화상경마장의 위치가 학교 및 주거지역과 근접했다는 점이다. 인근 주민들은 화상경마장이 들어선다는 것을 알게 된 이후 이를 적극적으로 반대하고 나섰다. 하지만 마사회는 용산 화상경마장이 법으로 정한 교육환경보호구역 200m보다 20m가량 더 떨어졌다는 점을 내세워 용산구의회의 반대 결의안 통과에도 불구하고 정식 개장을 강행했다.

이에 성심여중·고교 학생들과 학부모들은 1,000일이 넘는 반대 집회와 학교보건법 등 관련 법률 개정안의 입법 청원을 진행했다. 하지만 화상경마장은 용산구민 12만 명이 참여한 서명운동과 박원순 서울시장의 지속적 폐장 요구에도 불구하고 여전히 꿈쩍도 하지 않았다. 헌데 그 모든 게 결국 정권의 문제였다. 문재인 대통령 취임 100일을 갓 넘긴 2017년 8월 27일, 용산구민들과 한국마사회, 더불어민주당 을지로위원회는 '용산 화상경마장 폐쇄를 위한 협약식'을 가졌다. 그리고 경마장 운영은 그해 연말에 끝이 났다.

용산 화상경마장 폐쇄를 이끈 추방대책위원회는 노숙농성 1,444일 만인 2018년 1월 4일에 해산했다. 기념 조형물 제막식도 열었다. 실로 감격적인 순간이었다. 다소 늦은 감은 있지만, 마사회의 결단에도 박수를 보낸다. 심지어 마사회는 기존 화상경마장 건물을 가난한 농어촌 대학생들을 위한 기숙사로 활용키로 했다. 구는 또 최근 마사회와 사회적 가치 창출을 위한 업무협약도 맺었다. 건물 저층부 일부를 구민을 위한 시설로 고쳐 쓴다. 이런 걸 두고 '고진감래'라 했던가. 힘든 일이 지나면 즐거운 일이 오게 마련이다. 이 모든 걸 이끈 우리 주민들의 '의지'에 다시 한번 경의를 표한다.

주민자치란 산업화 이전, 우리 전통사회가 갖고 있던 공동체 문화를 오늘의 현실에 맞게 재정립하는 과정이라고 볼 수 있다. 개인에 대한 억압과 여성에 대한 차별 등 일부 비합리적 요소를 제하면 우리의 전통은 대체로 훌륭했다고 생각한다.

온고지신(溫故知新). 옛것을 알고 이를 미루어 새것을 만들어야 한다. 오랜 공동체 문화의 '함께'라는 의식과 '자율'을 내세운 오늘의 개인주의가 효과적으로 결합한다면 비로소 제대로 된 주민자치를 꽃피울 수 있다. 자치와 민주주의를 실현할, 21세기의 새로운 전통을 기대해 본다.

# 최대한의 지방분권!

| 전국 시장·군수·구청장님께 드리는 글

유난히도 더웠던 여름이 가을바람에 잊힙니다. 추석은 잘 보내셨는지요? 인사가 늦었습니다. 전국시장군수구청장협의회 민선 7기 제1차년도 대표회장을 맡은 용산의 성장현입니다.

"최대한의 지방분권"이란 포부로 출사표를 던진 게 두 달 전입니다. 이제 시작에 불과하지만, 도움 주시고 성원해 주신 우리 ○○○시장(군수·구청장) 님께 감사의 말씀 전합니다. 가진 역량을 다해서 조직을 운영토록 하겠습니다. 시장(군수·구청장) 님의 애정 어린 지도, 그리고 따끔한 편달을 기다립니다.

지금으로부터 152년 전, 그러니까 1866년 가을의 일입니다. 김포와 강화도 사이 이른바 염하(鹽河)에 프랑스 극동함대가 들이닥쳤습니다. 프랑스군은 한 달간 강화유수부를 점령하고 도서 345권과 은괴를 약탈한 뒤 불을 지르고 달아났습니다. 병인양요입니다.

1871년 신미양요와 1875년 운요호사건, 그리고 1876년 강화도조약. 이후는 우리가 아는 치욕의 근대사입니다. 그 가운데 용산이 있었습니다. 임오군란 당시 흥선대원군이 청에 납치된 곳, 갑오개혁 당시 일본군이 주둔했던 곳, 모두 용산입니다.

일제는 이곳에 군사기지를 만들었고 많은 이들이 삶의 터전을 잃었습니다. 해방 후에는 그 땅을 미군부대가 차지했지요. 그마저 이제 역사(歷史)가 됐습니다. 참여정부가 용산 미군 기지 이전을 선포한 지 13년 만인 올해, 주한미군사령부 평택 이전이 진행되고 있습니다.

오늘(9월 28일)은 유관순 열사가 순국한 날입니다. 98년이 흘렀습니다. 열사는 모진 고문을 견디지 못해 순국했고 이태원 공동묘지에 묻혔습니다. 이곳 무덤들은 1936년경 망우리 공동묘지로 이장되는데 이때 유관순 열사의 무덤도 실전(失傳)되고 맙니다.

저는 이 이야기를 듣고 이태원 언덕에 유 열사 추모비를 만들도록 관계 부서에 지시를 했습니다. 2014년의 일입니다. 이후 매년 추모제를 이어오고 있지요. 2016년 식목일에는 천안에서 가져온 흙과 소나무로 비석 앞을 가꾸기도 했습니다. 역사를 바로 세우고자 하는 지방정부의 작은 노력입니다.

용산에는 백범 김구 선생과 이동녕 선생, 이봉창 의사를 비롯한 7위 선열의 묘, 그리고 안중근 의사의 허묘(墟墓)도 있습니다. 20년 동안 아무도 돌보지 않고 방치됐던 시설입니다. 뒤늦은 감이 있지만 지난 2016년부터 이들 위패를 모신 효창공원 의열사를 일반에 상시 개방하고 있습니다. 매년 합설(合設) 제례도 이어오고 있지요.

위대한 선열들과 수많은 무명씨들이 초인적 의지로 만든 대한민국입니다. 아팠던 70년 분단 세월도 이제 새 전기를 맞이하고 있습니다. 지난 19일 남북의 두 정상은 "아름다운 우리 강산을 핵무기와 핵 위협 없는 평화의 터전으로 만들겠다"라고 15만 평양시민 앞에서 선언했습니다.

남북 군 수뇌부가 군사합의서에 날인하는 장면도 인상적이었습니다.

사실상의 '종전 선언'을 지켜보노라니 문득 제 20대 군 복무 시절이 떠오르더군요. 고등학교를 졸업하자마자 입대를 했던 저는 강원도 2사단 수색대로 배치가 됐습니다. 멀지 않은 곳에 북한이 있었고 혹시라도 전쟁이 일어나지 않을까 걱정했던 날도 많았습니다.

더욱이 제가 정착한 용산이란 땅은 국방부를 비롯한 대한민국 군대의 모든 수뇌부가 모여있는 장소입니다. 전쟁이 날 경우 첫 번째 타깃이 될 확률이 높습니다. 비록 과거처럼 전쟁에 대한 우려가 크지는 않지만, '코리아 디스카운트(Korea discount)'라는 말처럼 우리 정치, 경제 구조와 사람들 의식 속에는 항시 걱정과 불안이 잠재해 있었지요.

드디어 평화로운 한반도가 도래하고 있습니다. 우리 지방정부도 '담대한 여정'에 함께 나서야 할 때입니다. 자라나는 아이들에게 전쟁 없는 나라, 그리고 더욱더 번영한 대한민국을 물려줄 수 있도록 전국 시장군수구청장협의회가 제 몫을 다해야 되겠습니다.

2019년 2월 청와대에서 열린 전국 시장군수구청장 초청 오찬간담회에서 나는 '지방분권'을 다시 한번 강조했다.

다가올 '통일' 대한민국은 '분권'에서 새 동력을 마련해야 합니다. 삼국을 통일했던 신라가 5소경(小京)을 설치, 금성(경주)에 편중됐던 힘을 지방에 분산시켰던 것과 유사합니다. 분권 국가였던 고려 시대에는 청자, 금속활자 같은 화려한 문화가 꽃을 피우기도 했습니다.

최근 대통령 소속 자치분권위원회가 '자치분권 종합계획'을 수립하고 "지역의 자율성·다양성·창의성이 발휘될 수 있는 새로운 국가운영체계"를 만들겠다고 공언했습니다. 6대 전략 33개 과제로 로드맵도 마련했지요. 이러한 일들이 단지 선언에 그치지 않도록 협의회장 이름으로 최대한의 관심을 기울이겠습니다.

서울-지방 상생도 빼놓을 수 없습니다. 저는 용산구청장이기에 앞서 순천 두메산골 출신 시골 사람입니다. 몸은 서울에 있지만 항시 고향 산천이 그립습니다. 지방이 살아야 대한민국이 산다는 뻔한 얘기는 않겠습니다. 저는 오히려 지방에서 배울 점이 더 많다고 생각합니다. 고(故) 신영복 선생의 말씀처럼 혁신은 항상 변방에서 일어나는 법이지요. 우리 지방정부는 디테일이 강합니다. 우리의 행정은 현실이며 살아 숨 쉬고 있습니다. 순천에서 순천만 습지를 세계적 관광지로 키워낸 것처럼 '지역발 혁신사례'가 우리 주위에 수없이 쌓여있습니다. 우리는 지방정부로서 정당하게 성년 대우를 받을 자격이 있습니다. 독립의 시기가 다가왔습니다.


존경하는 ○○○ 시장(군수·구청장) 님,

10월에는 용산을 찾아주시기 바랍니다. 10월 13~14일 양일간 이태원에서 지구촌 축제를 엽니다. 한때 '미군 기지촌'이란 오명을 얻었던 이태원이 이제는 세계인이 찾는 국제적 명소가 됐습니다. 제가 구청장이 된 이후 가장 크게 관심을 기울인 지역이기도 합니다.

올해는 45개국 대사관이 각자의 부스를 차립니다. 저희도 과거시험 재현, 줄타기 공연 등으로 우리의 전통을 세계인에게 선보이겠습니다. 이왕이면 한반도를 넘어 세계 평화도 한번 이야기해 볼까 합니다. 시장(군수·구청장) 님도 충분히 즐기실 수 있으리라 믿습니다.

시장(군수·구청장) 님의 초대도 기쁜 마음으로 기다립니다. 불러만 주신다면 언제든 찾아뵙고 인사드리겠습니다. 감사합니다.

2018. 9. 28

성장현 전국시장군수구청장협의회 대표회장 拜上

# 협업하고 연대하라

| 21세기의 새로운 전통

 

기초자치단체장의 권한은 생각보다 크지 않다. 재정적 한계도 분명하다. 구에서 뭔가 특색 있는 사업이라도 하나 벌일라치면 '혈세낭비'라는 프레임으로 공격당하기 일쑤다. 주민들이 우려하는 것은 당연하다. 섣부른 투자와 선심성 공약으로 실패한 정책을 우리 주변에서 얼마든지 찾아볼 수 있기 때문이다. 게다가 사회는 고도로 복잡해졌다. 지자체의 사업 추진 과정에서도 예상치 못한 난관이 수없이 발생한다. 최소한의 투자로, 최대한의 효과를 거두기 위한 고심은 날로 커질 수밖에 없다. '네트워크 정부(governing by network)'라 불리는 새 시스템이 매력적인 이유가 여기에 있다.

네트워크 정부는 스티브 골드스미스와 윌리엄 에거스가 쓴 동명의 책에 등장하는 개념이다. 다양한 수준의 정부와 비영리단체 등으로 구성된 네트워크에 의해 공공서비스를 제공하는 시스템을 말한다.[98]

----------

98 몇 가지 이점이 네트워크 운동의 강력한 추진제가 되어 왔다. 전문화, 혁신, 속도, 유연성, 범위의 확장 등이 그것이다. 스티브 골드스미스 외, 『네트워크 정부』, 한울아카데미, 2014, 59쪽.

숙명여자대학교와 함께하는 어린이 영어캠프. 우리 구 교육사업은 숙명여자대학교를 빼놓고 이야기할 수 없다.

우리 구 역시 네트워크 정부의 모습을 띠고 있다. 낮은 수준의 대민 서비스를 제외하면 타 기관, 단체, 지역주민과의 협업 없이 처리할 수 있는 일은 이제 거의 남아있지 않다. 교육, 복지, 일자리, 문화, 안전, 환경 등 모든 분야가 다 그러하다.

특히 구 교육사업은 숙명여자대학교를 빼놓고 이야기할 수 없다. 청소년 전공 연구 프로그램에서부터 캠퍼스 타운, 어린이 영어캠프, 위기 청소년 멘토링, 숙명 방과 후 교실, 평생학습 프로그램(YES 아카데미)에 이르기까지 구와 숙명여대와의 연계사업은 무척이나 다채롭다.

지역과 대학이 끈끈히 이어져 있는 셈이다.

　개인적으로 캠퍼스 타운 사업에 대한 기대가 크다. 이는 대학가 일대를 특색 있는 거리로 변화시켜 청년문제와 지역문제를 동시에 해결하기 위한 대학·공공 협력사업을 말한다. 용문전통시장 및 청년창업 활성화('가치업, 같이업! 학생 공모전', '새내기 장사꾼' 등), 지역 문화유산 활성화('효창 독립로드 조성', '청파길 투어' 등)를 동시에 이뤄낼 수 있도록 구에서도 지원을 아끼지 않겠다.

　문재인 정부가 쏟아낸 각종 복지정책이 대한민국을 변화시키고 있다. 하지만 정부주도 복지사업은 상당한 지방 재원 분담(matching)이 요구된다. 한정된 재원으로 지역에서 나름의 특색 있는 정책을 선보이는 데는 부담이 따를 수밖에 없다. 방법은 역시 네트워크다. 어떤 분야보다 공적 가치가 풍부한 복지사업은 민간과의 협업이 가장 용이한 분야라고 할 수 있다.

　우리 구는 2017년 8월 ㈜예스코와 저소득층 지원 업무협약을 체결했다. 예스코는 구의 추천을 받아 홀몸 어르신 가구 등을 방문, 노후 가스레인지를 무상으로 점검·교체해 주고 있다. 한부모가정에게는 교복을 지원한다. 구는 한국야쿠르트와도 협약을 맺었다. 야쿠르트 아주머니들이 홀몸 어르신 가구 972세대에 음료를 제공함과 동시에 안부 확인을 병행한다. 홀몸어르신들의 고독사를 방지하기 위해서다.

　구 희망복지지원단은 지역사회와 연계한 복지서비스, 이른바 '통합 사례관리'를 전문으로 하는 기관이다. 지원단은 사례관리 우수사례를 묶어 매년 책자로도 발행하는데, 네트워크 운동의 정수가 바로 여기에 담긴다. 각 동에서도 복지 분야 협업을 강화하는 중이다. 예컨대 한강로동 주민센터는 삼각지에 위치한 국립맹학교 학생들과 함께

매월 둘째, 넷째 주 목요일마다 저소득 어르신을 위한 안마서비스 사업을 펼친다.

앞서(3장) 얘기했듯이, 구는 관내 위치한 HDC신라면세점, 서울드래곤시티 등 지역에 위치한 기업체와도 긴밀히 협조, 취약계층 및 관내 주민들의 일자리 확보에 앞장섰다. LG유플러스는 2016년 하반기에 구청 추천을 받아 지역 내 사회적 배려계층을 영업 전문 인재로 채용하기도 했다.

용산구 사회적 경제 지원센터에 입주한 여러 기업들도 취약계층 취업지원을 위해 노력하고 있다. 대신 구는 이들 기업이 생산한 제품의 판로 확보에 도움을 주려 한다. 지역경제의 선순환 구조를 만드는 것, 그것이 바로 '상생'이다.

2016년 6월에는 구청과 경찰서가 '안전하고 깨끗한 용산' 실현을 위한 업무협약을 맺었다. 강남역 살인사건을 비롯해 여성을 대상으로 하는 범죄가 증가하는 가운데 이에 대한 치안대책을 마련한 것.

협약에 따라 우리 구 환경미화원은 새벽 청소업무 외 범죄예방 신고 요원으로도 활동한다. 대신 경찰관은 야간 순찰 시 쓰레기 무단투기 행위자에 대한 계도 활동을 펼친다. 이처럼 서로가 부담이 되지 않는 선에서 최대한의 협조가 이뤄질 수 있도록 가이드라인을 마련했다.

주택가 골목에 설치된 헌옷수거함은 각 지자체가 골머리를 앓는 문제 중의 하나다. 장애인 단체와 보훈 단체, 혹은 이를 사칭한 개인 업자들이 임의로 수거함을 설치하고 헌 옷을 팔아 수익을 올리는 구조다 보니 제대로 관리되지 않는 수거함도 많을뿐더러 헌옷수거함 주위로 각종 폐기물이 쌓이는 모습을 수시로 확인할 수 있다. 한 집 건너 하나씩 과다하게 설치된 수량도 문제다. 때로 차량과 사람의 통행에 불편을 주기도 한다.

우리 구 역시 수거함 철거를 요구하는 민원이 빗발쳤는데, 2016년 초 비영리단체 간 연대를 통해 문제해결의 실마리를 찾았다. 지체장애인협회, 기능장애인협회, 고엽제전우회, 특수임무유공자회를 하나로 묶어 이른바 '의류 재활용 협의회'를 구성한 것이다. 이후 1,000개에 가까웠던 수거함을 4분의 1로 줄이고 철저한 관리가 이뤄질 수 있도록 했다. 협의회는 수익금 중 일부를 활용, 연말 이웃돕기 성금도 내고 있다. "도대체 그분들을 어떻게 설득했나요?" 타 구에서도 문의가 많이 들어오는데, 별다른 게 없다. 오로지 끝없는 소통만이 민간의 협조를 이끌어낼 수 있다.

2018년 초, 서울시 자치구청장협의회 일원으로 일본의 '행복동네' 후쿠이현(福井縣)을 다녀온 적이 있다. 일자리, 교육, 복지 정책을 기업과 학교, 주민들이 함께 풀어간다는 점에서 상당한 감동을 받았다. 특히 후쿠이현 사바에 시(市)는 상공정책과, 학교교육과, 육아지원과를 칸막이 없이 운영, 공무원들이 수시로 소통하며 저출산·고령화 문제에 '통합적으로' 대응하고 있었다. 우리도 그런 시스템을 갖출 수 있도록 남은 임기 동안 최선을 다하겠다.

# 우정은 바다도 메운다

| 세계 평화로 가는 길

베트남 퀴논(꾸이년)시와 23년째 이어오고 있는 국제교류사업 역시 지역의 광범위한 네트워크가 없으면 불가능했다. 퀴논은 베트남 전쟁(제2차 인도차이나 전쟁, 1960~1975년) 당시 파월 한국군 맹호부대가 주둔했던, 최대 격전지 중 하나다. 그 맹호부대가 1948년 용산구 삼각지에서 수도경비사령부라는 이름으로 창설됐으니 양 도시의 관계는 '악연'으로 시작이 된 셈이다. 하지만 1996년 구 대표단이 처음 퀴논을 찾은 뒤 양 도시의 관계는 급속도로 달라졌다. 1997년 6월 자매결연을 맺었고, 특히 민선 5기 이후부터는 교류를 전방위적으로 확대해오고 있다.

2011년부터 시작된 베트남 우수학생 유학 지원사업은 어학연수 비용을 지원하고 기숙사비도 면제해 주는 등 숙명여자대학교의 적극적인 협조 덕에 가능했다. 지역주민들도 나서서 학생들의 생활비를 지원해 주었다. 내 수양딸들인 부이 티 리리, 팜휜 이꽌, 버티 홍 프엉이 덕분에 무사히 학업을 마쳤다. 강정애 총장을 비롯한 숙대 관계자들과 지역 주민들에게 지면을 빌려 감사의 뜻을 전한다.

328

내 수양딸들 버티 홍 프엉(맨 왼쪽)과 팜휜 이꽌(왼쪽에서 세 번째)의 졸업식. 강정애 숙명여대 총장(맨 오른쪽)과 함께 기념촬영을 했다.

나는 이들 유학생들이 향후 한국과 베트남을 잇는 인재로 활약할 것을 기대하고 있다. 실제 부이 티 리리는 2016년 한 해 동안 퀴논시에 설치된 용산국제교류사무소에서 현지인들에게 한국어를 가르쳤으며 2017년부터 CJ 빈딘성 비나 사료공장 인사부에서 근무하고 있다.

이꽌 역시 퀴논시에서 한국어 선생님으로 활동했다. 지금은 취직을 위해 한국에 돌아온 상태다. 이꽌은 최근 한 언론과의 인터뷰에서 "한국 유학 체험과 한-베트남 교류 사업의 경험을 살려서 베트남 경제

발전을 돕는 일을 하고 싶다.[99]"라고 말한 바 있다. 앞으로의 활약을 기대하겠다.

우리 구는 퀴논 시 무주택 빈곤 가정과 라이따이한 가정을 위해 2013년부터 퀴논 프억미 지역에 매년 2채씩 집을 지어왔다. 이른바 '사랑의 집짓기' 사업이다. 현재 1934년생 할머니부터 2살배기 아이까지 17세대 52명이 이곳에서 함께 생활하고 있다. 최근에는 이들이 자립할 수 있도록 가축 구입비도 지원했다. 새마을운동용산구지회, 나진산업㈜, 용산구상공회, 국제라이온스협회354-A지구 등 여러 단체, 기업이 사업을 후원하고 있다.

순천향대학교서울병원, 아모레퍼시픽, 서울 사랑의 열매와 함께한 백내장 치료기기 지원 사업도 현지 반응이 무척이나 뜨겁다. 지난 2013년 퀴논시립병원 내 백내장치료센터 개원을 지원한 것. 지금도 '베트남의 슈바이처' 이성진 순천향대 안과 교수가 퀴논시 백내장 치료사업을 주도하고 있다. 현재까지 3,500여 명이 혜택을 받았다. 환자 대부분이 고령이시고 베트남 전쟁의 아픔을 겪었던 분들이다. 강한 자외선으로 인해 잃어버린 시력을 우리가 되찾게 해줬으니 이방인에 대한 원망이 이제는 조금 풀어지지 않았을까 감히 생각하고 있다.

2016년에는 퀴논 시와의 우호교류 20주기를 맞아 현지에 한국어 교실인 '꾸이년 세종학당'을 설치하기도 했다. 이를 위해 전국 지자체 최초로 세종학당재단과 한국어·한국문화의 국외 보급 확대를 위한 업무협약을 맺었다. 구와 퀴논시가 함께 공간(베트남 빈딩성 퀴논시 트란카오반 109)을 마련했고 세종학당재단이 인력과 교재를 지원했다.

----------

99   김도형, 〈구청장의 베트남 딸들 "과거는 과거, 지금이 중요"〉, 《한겨레》, 2018.10.11.

2018년 꾸이년 세종학당 개강식.

처음에는 40명 모집에 수강생 800명이 몰릴 정도로 '선풍적인' 인기를 끌었다. 지금은 규모를 키워서 한 학기에 10개반 300명 규모로 수업을 진행하고 있다. 현재까지 현지인 2,400명이 이곳을 거쳐 갔다. 중고등학생뿐 아니라 퀴논대학 대학생과 퀴논시 공무원, 마을 어르신까지 다양한 이들이 시설을 이용하고 있다. 구는 꾸이년 세종학당 사업으로 2018년 문화체육관광부 장관 표창을 받기도 했다.

베트남 축구에 '박항서 매직'이 있다면 지방정부에는 용산이 있지 않을까. 이를 증명이라도 하듯 2016년 용산에는 퀴논길이, 퀴논에는 용산거리가 조성됐다. 베트남에서 외국 도시를 도로명으로 명명한

2018년에는 호 꾸옥 중 빈딘성장으로부터 '베트남 주석 우호훈장'을 받았다. 한국 기초단체장이 주석 우호훈장을 받은 건 내가 처음이다.

것은 용산거리가 처음이다. 퀴논길이 이태원의 새 명소가 되었음은 앞서(5장) 소개한 바와 같다.

앞으로는 경제 분야로 교류를 더욱 확대하겠다. 지난 2018년, 퀴논시가 위치한 빈딩성에서 경제특구 일부(48헥타르)를 우리 기업에 50년간 무상 제공키로 했다. 여기서 우리나라 기업이 신재생에너지 개발사업을 벌인다. 2019년 40메가 와트(MW) 규모로 시작해서 차차 규모를 키워갈 것이다.

빈딩성은 최근 한국아시아우호재단에도 교육공무원연수원 용지 19만㎡를 50년간 무상 제공키로 했다. 업무협약 과정에서 우리 구가 또 적잖이 힘을 보탰다. 나는 2018년 한국 기초단체장 최초로 베트남 주석 우호훈장을 받았다. 가문의 영광이다. 나는 이 훈장을 통해 우리 구 풀뿌리 외교가 국가적인 교류·협력 정책과 더불어 대한민국 외교의 지평을 넓히는 데 큰 역할을 하고 있다고 자부할 수 있게 됐다. 베트남은 문재인 정부가 추진하는 '신남방정책'의 핵심 파트너다. 우리 구가 또한 그 파트너가 되겠다.

우리들의 진심 어린 노력 덕분일까. 퀴논에 있던 '한국군 증오비'가 어느새 '희생자 위령비'로 비명이 바뀌었다. 그동안 우리가 해왔던 모든 일들이 양국의 아픈 상처를 보듬는 과정이었던 셈이다. 함께 해준 이들에게 감사하다. "친구 사이 우정은 바다도 메운다."라는 베트남 속담처럼, 앞으로도 세계 속의 여러 도시들과 우호 관계를 이어가겠다. 작은 교류가 '세계 평화'의 출발점이다.

# 새 가치를 만들다

우리 삶의 모든 중대한 순간들은 단 한 번뿐, 다시 돌아오지 않는다.
이렇게 다시 돌아오지 못함을 완전히 알고 있어야만 인간은 인간
일 수 있다.[100]

밀란 쿤데라의 처녀작 『농담』은 치기 어린 시절 한순간의 실수가
어떻게 인생을 파괴시키는지, 또한 의미로 가득했던 세상이 어떻게
'무의미의 장'으로 바뀔 수 있는지를 세심하게 묘사했다. 나 또한 한
순간의 실수로 10년을 잃었다. 무상(無常)의 바닥을 들여다봤다. 하지
만 역설적으로 의미란 결국 무의미를 안감으로 한다는 사실을 깨달
았다. 내가 지금 한순간도 헛되이 보내지 않으려 애쓰는 이유다.

"용산구민의 행복지수가 서울시 1위를 넘어 대한민국 1위가 될 수
있도록 굵직굵직한 지역 현안부터 작은 일까지도 열심히 하는 구청
장이 될 것을 다시 한번 약속드립니다."

----------

100  밀란 쿤데라, 『농담』, 민음사, 2009, 213쪽.

지난 민선 6기 출사표의 한 구절이다. 나는 지금도 그 구절을 마음 깊이 새기고 있다. 글을 쓰면서 수십 번 반성했다. 최선을 다했지만, 여전히 부족한 부분이 많았기 때문이다.

본문에 용산의 역사를 기술하느라 적지 않은 분량을 할애했다. "역사를 기억하는 자라야 미래를 논할 수 있다"라는 철학 때문이다. 사실상 모든 역사는 유사한 형태로 반복된다. 우리는 역사를 알면, 실패와 과오 또한 최소화할 수 있다.

풍수지리학의 '지기쇠왕설(地氣衰旺說)'에 따르면 땅도 사람처럼 기운이 왕성해지거나 쇠약해지며 변화를 거듭한다. 전형적인 배산임수로, 용산은 누가 봐도 '명당'임에 분명하지만 어찌 된 일인지 오랫동안 외국군 주둔이라는 아픔을 당해왔다. 용산참사와 같은 뼈아픈 일도 경험했다. 기운이 쇠했던 탓이다. 그리고 이제는, 그 기운이 왕성해질 일만 남은 것 같다.

우리 용산의 미래를 한마디로 정의한다면 '통일 대한민국의 중심'이라고 말할 수 있을 것이다. 통일시대 중앙역이 서울역이냐 용산역이냐 하는 논쟁이 있는데, 사실 우리 구 입장에서는 별반 차이가 없다. 어느 쪽이든 이곳 용산에 대륙으로 향할 유라시아 철도 출발역이 생긴다는 뜻이다.

지금은 무산됐지만 한때 서울시청이 용산으로 이전을 준비하기도 했다. 최근에는 청와대를 용산으로 옮겨야 한다는 목소리도 심심찮게 들려온다. 이 모든 것이 우리 용산에 대한 관심의 소치일 것이다.

용산은 나에게 제2의 고향이다. 삭풍이 불던 1978년 겨울, 순천에서 탄 서울행 완행열차가 나를 내려준 곳이 바로 이곳 용산이었다. 그후 40년, 이 땅은 내가 처음 보았던 그때와 참으로 많이 달라졌다.

오늘날 대한민국에서 가장 핫한 곳이 용산이라 해도 과언이 아니다. 사람들이 이 땅을 주목하는 데는 그만한 이유가 있다. 나는 이제야 비로소 용산이 제대로 평가받을 시점이 되었다고 생각한다.

내가 처음 정치를 꿈꾼 건 1971년, 그러니까 내 나이 겨우 열여섯 살 때의 일이다. 당시 김대중 대통령 후보의 유세 현장을 찾았다가 그의 열변에 완전히 매료되었다. 꿈 많던 소년은 어느새 중늙은이가 되었는데, 당신의 뜻을 제대로 이어가고 있는지 늘 조바심이 든다.

하지만 적어도 이 책을 쓰면서 나는 나름대로 새로운 '가치'를 만들기 위해 무던히도 애썼다는 생각이 들었다. 그 가치는 물론 나와 당신, 그리고 우리의 '관계 맺음'에 기초한다. 어느 젊은 시인의 글귀를 인용하는 것으로 마무리를 해야겠다.

새로운 시대란 오래된 달력을 넘길 때 오는 것이 아니라 내가 당신을 보는 혹은 당신이 나를 바라보는 서로의 눈동자에서 태어나는 것인지도 모르겠습니다.[101]

---

101 박준, 『운다고 달라지는 일은 아무것도 없겠지만』, 난다, 2017, 188쪽.